丰子恺
自述：
我这一生

中国青年出版社

目录

童年记忆

姓 ········· 003
我的母亲 ········· 005
中举人 ········· 009
清明 ········· 014
梦痕 ········· 017
忆儿时 ········· 022
端阳忆旧 ········· 028
学画回忆 ········· 030
过年 ········· 037
私塾生活 ········· 045
视觉的粮食 ········· 049
我与手头字 ········· 059

苦学经验

旧话 —— 065
伯豪之死 —— 071
我的苦学经验 —— 079
记音乐研究会中所见之一 —— 091
记音乐研究会中所见之二 —— 099
立达五周年纪念感想 —— 104
写生世界（上）—— 107
写生世界（下）—— 109
为青年说弘一法师 —— 113
读丏师遗札 —— 124
丰子恺自述 —— 131

居缘缘堂

作父亲 ～～～～～～～～～～～～～ 135
塘栖 ～～～～～～～～～～～～～～～ 138
送考 ～～～～～～～～～～～～～～～ 141
谈自己的画 ～～～～～～～～～～～ 145
不惑之礼 ～～～～～～～～～～～～ 154

艺术逃难

辞缘缘堂 ………………………… 159
桐庐负暄 ………………………… 181
决心 …………………………… 209
一饭之恩 ………………………… 212
还我缘缘堂 ……………………… 216
未来的国民——新枚 …………… 220
宜山遇炸记 ……………………… 224
教师日记 ………………………… 230
桂林初面 ………………………… 262
狂欢之夜 ………………………… 265
"艺术的逃难" …………………… 268
沙坪的酒 ………………………… 275
谢谢重庆 ………………………… 279
胜利还乡记 ……………………… 283
湖畔夜饮 ………………………… 287
再访梅兰芳 ……………………… 291

日月楼中

检查我的思想	299
我的心愿	306
敬礼	308
小感	311
胜读十年书	312
古稀之贺	315
新年随笔	319
我译《源氏物语》	322
新春试笔	326
新的欢喜	329
韶华之贱，无过于今日	332

艺术年表

1898年（清光绪二十四年，戊戌）1岁 ∞∞∞∞∞∞∞∞∞∞∞∞ 357

1903年（癸卯）6岁 ∞∞∞∞∞∞∞∞∞∞∞∞ 357

……

1975年（乙卯）78岁 ∞∞∞∞∞∞∞∞∞∞∞∞ 373

……

童年记忆

姓[1]

我姓丰。丰这个姓,据我们所晓得,少得很。在我故乡的石门湾里,也"只此一家",跑到外边来,更少听见有姓丰的人。所以人家问了我尊姓之后,总说:"难得,难得!"

因这缘故,我小时候受了这姓的暗示,大有自命不凡的心理。然而并非单为姓丰难得,又因为在石门湾里,姓丰的只有我们一家,而中举人的也只有我父亲一人。在石门湾里,大家似乎以为姓丰必是举人,而举人必是姓丰的。记得我幼时,父亲的用人褚老五抱我去看戏回来,途中对我说:"石门湾里没有第二个老爷,只有丰家里是老爷,你大起来也做老爷,丰老爷!"

科举废了,父亲死了。我十岁的时候,做短工的黄半仙有一天晚上对我的大姐说:"新桥头米店里有一个丰官,不晓得是什么地方人。"大姐同母亲都很奇怪,命黄半仙当夜去打听,是否的确姓丰?哪里人?意思似乎说,姓丰会有第二家的?不要是冒牌?

黄半仙回来,说:"的确姓丰,'养鞠须丰'的'丰',说是斜桥人。"大姐含着长烟管说:"难道真的?不要是'酆鲍史唐'的'酆'

---

[1] 原载《小说月报》1927 年 7 月 10 日第 18 卷第 7 号。

吧？"但也不再追究。

　　后来我游杭州、上海、东京,朋友中也没有同姓者。姓丰的果然只有我一人。然而不拘我一向何等自命不凡地做人,总做不出一点姓丰的特色来,到现在还是与非姓丰的一样混日子,举人也尽管不中,倒反而为了这姓的怪僻,屡屡打麻烦:人家问起"尊姓？"我说"敝姓丰",人家总要讨添,或者误听为"冯"。旅馆里,城门口查夜的警察,甚至疑我假造,说:"没有这姓！"

　　最近在宁绍轮船里,一个钱庄商人教了我一个很简明的说法:我上轮船,钻进房舱里,先有这个肥胖的钱庄商人在内。他照例问我:"尊姓？"我说:"丰,咸丰皇帝的丰。"大概时代相隔太远,一时教他想不起咸丰皇帝,他茫然不懂。我用指在掌中空划,又说:"五谷丰登的丰。"大概"五谷丰登"一句成语,钱庄上用不到,他也一向不曾听见过,他又茫然不懂。于是我摸出铅笔来,在香烟盒上写了一个"丰"字给他看,他恍然大悟似的说:"啊！不错不错,汇丰银行的丰！"

　　啊,不错不错！汇丰银行的确比咸丰皇帝时髦,比五谷丰登通用！以后别人问我的时候我就这样回答了。

我的母亲[1]

中国文化馆要我写一篇《我的母亲》,并寄我母亲的照片一张。照片我有一张四寸的肖像。一向挂在我的书桌的对面。已有放大的挂在堂上,这一张小的不妨送人。但是《我的母亲》一文从何处说起呢?看看母亲的肖像,想起了母亲的坐姿。母亲生前没有摄取坐像的照片,但这姿态清楚地摄入在我脑海中的底片上,不过没有晒出。现在就用笔墨代替显影液和定影液,把我母亲的坐像晒出来吧:我的母亲坐在我家老屋的西北角里的八仙椅子上,眼睛里发出严肃的光辉,口角上表出慈爱的笑容。

老屋的西北角里的八仙椅子,是母亲的老位子。从我小时候直到她逝世前数月,母亲空下来总是坐在这把椅子上,这是很不舒服的一个座位:我家的老屋是一所三开间的楼厅,右边一间是我的堂兄家,左边一间是我的堂叔家,中央一间是我家。但是没有板壁隔开,只拿在左右的两排八仙椅子当作三份人家的界限。所以母亲坐的椅子,背后凌空。若是沙发椅子,三面是柔软的厚壁,凌空原无妨碍。但我家的八仙椅子是木造的,坐板和靠背成九十度角,靠背只是疏疏的几根

---

[1] 原载《我的母亲》(中国文化馆香港分馆出版 1948 年 9 月版)。

木条，其高只及人的肩膀。母亲坐着没处搁头，很不安稳。母亲又防椅子的脚摆在泥土上要霉烂，用二三寸高的木座子衬在椅子脚下，因此这只八仙椅子特别高，母亲坐上去两脚须得挂空，很不便利。所谓西北角，就是左边最里面的一只椅子。这椅子的里面就是通过退堂的门。退堂里就是灶间。母亲坐在椅子上向里面顾，可以看见灶头。风从里面吹出的时候，烟灰和油气都吹在母亲身上，很不卫生。堂前隔着三四尺阔的一条天井便是墙门。墙外面便是我们的染坊店。母亲坐在椅子里向外面望，可以看见杂沓往来的顾客，听到沸反盈天的市井声，很不清静。但我的母亲一向坐在我家老屋西北角里的这样不安稳、不便利、不卫生、不清静的一只八仙椅子上，眼睛发出严肃的光辉，口角上表出慈爱的笑容。母亲为什么老是坐在这样不舒服的椅子里呢？因为这位子在我家中最为重要。母亲坐在这位子里可以顾到灶上，又可以顾到店里。母亲为兼顾内外，便顾不到座位的安稳不安稳，便利不便利，卫生不卫生和清静不清静了。

我四岁时，父亲中了举人，同年祖母逝世，父亲丁艰在家，郁郁不乐，以诗酒自娱，不管家事，丁艰终而科举废，父亲就从此隐遁。这期间家事店事，内外都归母亲一人兼理。我从书堂出来，照例走向坐在西北角里的椅子上的母亲的身边，向她讨点东西吃吃。母亲口角上表出亲爱的笑容，伸手除下挂在椅子头顶的"饿杀猫篮"，拿起饼饵给我吃；同时眼睛里发出严肃的光辉，给我几句勉励。

我九岁的时候，父亲遗下了母亲和我们姐弟六人，薄田数亩和染坊店一间而逝世。我家内外一切责任全部归母亲负担。此后她坐在那椅子上的时间愈加多了。工人们常来坐在里面的凳子上，同母亲谈家事；店伙们常来坐在外面的椅子上，同母亲谈店事；父亲的朋友和亲戚邻人常来坐在对面的椅子上，同母亲交涉或应酬。我从学堂里放假回家，又照例走向西北角里的椅子边，同母亲讨个铜板。有时这四班人同时来到,使得母亲招架不住,于是她用了眼睛的严肃的光辉来命令,警戒,或交涉;同时又用了口角上的慈爱的笑容来劝勉,抚爱,或应酬。当时的我看惯了这种光景,以为母亲是天生成坐在这只椅子上的,而且天生成有四班人向她缠绕不清的。

我十七岁离开母亲,到远方求学。临行的时候,母亲眼睛里发出严肃的光辉,诫告我待人接物求学立身的大道;口角上表出慈爱的笑容,关照我起居饮食一切的细事。她给我准备学费,她给我置备行李,她给我制一罐猪油炒米粉,放在我的网篮里;她给我做一个小线板,上面插两只引线放在我的箱子里,然后送我出门。放假归来的时候,我一进店门,就望见母亲坐在西北角里的八仙椅子上。她欢迎我归家,口角上表出慈爱的笑容,她探问我的学业,眼睛里发出严肃的光辉。晚上她亲自上灶,烧些我所爱吃的菜蔬给我吃,灯下她详询我的学校生活,加以勉励,教训,或责备。

我廿二岁毕业后,赴远方服务,不克依居母亲膝下,惟假期归省。每次归家,依然看见母亲坐在西北角里的椅子上,眼睛里发出严肃的光辉,口角上表出慈爱的笑容。她像贤主一般招待我,又像良师一般教训我。

只是她的头发已由灰白渐渐转成银白了。

我三十岁时,弃职归家,读书著述奉母,母亲还是每天坐在西北角里的八仙椅子上,眼睛里发出严肃的光辉,口角上表出慈爱的笑容。

我三十三岁时,母亲逝世。我家老屋西北角里的八仙椅子上,从此不再有我母亲坐着了。然而我每逢看见这只椅子的时候,脑际一定浮出母亲的坐像——眼睛里发出严肃的光辉,口角上表出慈爱的笑容。她是我的母亲,同时又是我的父亲。她以一身任严父兼慈母之职而训诲我抚养我,从我呱呱坠地的时候直到三十三岁,不,直到现在。陶渊明诗云:"昔闻长者言,掩耳每不喜。"我也犯这个毛病;我曾经全部接受了母亲的慈爱，但不会全部接受她的训诲。所以现在我每次在想象中瞻望母亲的坐像，对于她口角上的慈爱的笑容觉得十分感谢，对于她眼睛里的严肃的光辉，觉得十分恐惧。这光辉每次给我以深刻的警惕和有力的勉励。

中举人

我的父亲是清朝光绪年间最后一科的举人。他中举人时我只四岁,隐约记得一些,听人传说一些情况,写这篇笔记。话须得从头说起:

我家在明末清初就住在石门湾。上代已不可知,只晓得我的祖父名小康,行八,在这里开一爿染坊店,叫作丰同裕。这店到了抗日战争开始时才烧毁。祖父早死,祖母沈氏,生下一女一男,即我的姑母和父亲。祖母读书识字,常躺在鸦片灯边看《缀白裘》等书。打瞌睡时,往往烧破书角。我童年时还看到过这些烧残的书。她又爱好行乐。镇上演戏文时,她总到场,先叫人搬一只高椅子去,大家都认识这是丰八娘娘的椅子。她又请了会吹弹的人,在家里教我的姑母和父亲学唱戏。邻近沈家的四相公常在背后批评她:"丰八老太婆发昏了,教儿子女儿唱徽调。"因为那时唱戏是下等人的事。但我祖母听到了满不在乎。我后来读《浮生六记》,觉得我的祖母颇有些像那芸娘。

父亲名鐄,字斛泉,廿六七岁时就参与大比。大比者,就是考举人,三年一次,在杭州贡院中举行,时间总在秋天。那时没有火车,便坐船去。运河直通杭州,约八九十里[1]。在船中一宿,次日便到。于是在贡院附近租一个"下处",等候进场。祖母临行叮嘱他:"斛泉,到了杭州,勿再埋头用功,先去玩玩西湖。胸襟开朗,文章自然生色。"但我父亲总是忧心忡忡,因为祖母一方面旷达,一方面非常好强。曾经对人说:"坟上不立旗杆,我是不去的。"那时定例:中了举人,祖坟上可以立两个旗杆。中了举人,不但家族亲戚都体面,连已死的祖宗也光荣。祖母定要立了旗杆才到坟上,就是定要我父亲在她生前中举人。我推想父亲当时的心情多么沉重,哪有兴致玩西湖呢?

每次考毕回家,在家静候福音。过了中秋消息沉沉,便确定这次没有考中,只得再在家里饮酒,看书,吸鸦片,进修三年,再去大比。这样地过了三次,即九年,祖母日渐年老,经常卧病。我推想当时父亲的心里多么焦灼!但到了他三十六岁那年,果然考中了。那时我年方四岁,奶妈抱了我挤在人丛中看他拜北阙,情景隐约在目。那时的情况是这样:

父亲考毕回家,天天闷闷不乐,早眠晏起,茶饭无心。祖母躺在床上,请医吃药。有一天,中秋过后,正是发榜的时候,染店里的管账先生,即我的堂房伯伯,名叫亚卿,大家叫他"麻子三大伯"的,早晨到店,心血来潮,说要到南高桥头去等"报事船"。大家笑他发呆,他不顾管,径自去了。他的儿子名叫乐生,是个顽皮孩子(关于此人,我另有记录),跟了他去。父子两人在南高桥上站了一会,看见一只快船驶来,锣声喧喧不绝。他就问:"谁中了?"船上人说:"丰鐄,丰鐄!"乐生先跑,麻子三大伯跟着他跑。旁人不知就里,都说:"乐生又闯了祸了,他老子在抓他呢。"

---

[1] "约八九十里"应为"八九十里"。为尊重原作起见,书中类似的情况及民国年间的语言习惯均未改动。

麻子三大伯跑回来，闯进店里，口中大喊"斛泉中了！斛泉中了！"父亲正在蒙被而卧。麻子三大伯喊到他床前，父亲讨厌他，回说："你不要瞎说，是四哥，不是我！"四哥者，是我的一个堂伯，名叫丰锦，字浣江，那年和父亲一同去大比的。但过了不久，报事船已经转进后河，锣声敲到我家里来了。"丰鐄接诰封！丰鐄接诰封！"一大群人跟了进来。我父亲这才披衣起床，到楼下去盥洗。祖母闻讯，也扶病起床。

我家房子是向东的，于是在厅上向北设张桌子，点起香烛，等候新老爷来拜北阙。麻子三大伯跑到市里，看见团子、粽子就拿，拿回来招待报事人。那些卖团子、粽子的人，绝不同他计较。因为他们都想同新贵的人家结点缘。但后来总是付清价钱的。父亲戴了红缨帽，穿了外套走出来，向北三跪九叩，然后开诰封。祖母从头上拔下一支金挖耳来，将诰封挑开，这金挖耳就归报事人获得。报事人取出"金花"来，插在父亲头上，又插在母亲和祖母头上。这金花是纸做的，轻巧得很。据说皇帝发下的时候，是真金的，经过人手，换了银花，再换了铜花，最后换了纸花。但不拘怎样，总之是光荣。表演这一套的时候，我家里挤满了人。因为数十年来石门湾不曾出过举人，所以这一次特别稀奇。我年方四岁，由奶妈抱着，挤在人丛中看热闹，虽然莫名其妙，但到现在还保留着模糊的印象。

两个报事人留着，住在店楼上写"报单"。报单用红纸，写宋体字："喜报贵府老爷丰鐄高中庚子辛丑恩政并科第八十七名举人。"自己家里挂四张，亲戚每家送两张。这"恩政并科"便是最后一科，此后就废科举，办学堂了。本来，中了举人之后，再到北京"会试"，便可中进士，做官。举人叫作金门槛，很不容易跨进；一跨进之后，会试就很容易，因为人数很少，大都录取。但我的父亲考中的是最后一科，所以不得会试，没有官做，只得在家里设塾授徒，坐冷板凳了。

这是后话。且说写报单的人回去之后，我家就举行"开贺"。房子狭窄，把灶头拆掉，全部粉饰，挂灯，结彩。附近各县知事，以及远近亲友都来贺喜，并送贺仪。这贺仪倒是一笔收入。有些人要"高攀"，特别送得重。客人进门时，外面放炮三声，里面乐人吹打。客人叩头，主人还礼。礼毕，请客吃"跑马桌"。跑马桌者，不拘什么时候，请他吃一桌酒。这样，免得大排筵席，倒是又简便又隆重的办法。开贺三天，祖母天天扶病下楼来看，病也似乎好了一点。父亲应酬辛劳，全靠鸦片借力。但祖母经过这番兴奋，终于病势日渐沉重起来。父亲连忙在祖坟上立旗杆。不多久，祖母病危了。弥留时问父亲："坟上旗杆立好了吗？"父亲回答："立好了。"祖母含笑而逝。于是开吊，出丧，又是一番热闹，不亚于开贺的时候。大家说："这老太太真好福气！"我还记得祖母躺在尸床上时，父亲拿一叠纸照在她紧闭的眼前，含泪说道："妈，我还没有把文章给你看过。"其声呜咽，闻者下泪。后来我知道，这是父亲考中举人的文章的稿子。那时已不用八股文而用策论，题目是《汉宣帝信赏必罚，综核名实论》和《唐太宗盟突厥于便桥，宋真宗盟契丹于澶州论》。

父亲三十六岁中举人，四十二岁就死于肺病。这五六年中，他的生活实在很寂寥。每天除授徒外，只是饮酒看书吸鸦片。他不吃肥肉，难得吃些极精的火腿。秋天爱吃蟹，向市上买了许多，养在缸里，每天晚酌吃一只。逢到七夕、中秋、重阳佳节，我们姐妹四五人也都得吃。下午放学后，他总在附近沈子庄开的鸦片馆里度过。晚酌后，在家吸鸦片，直到更深，再吃夜饭。我的三个姐姐陪着他吃。吃的是一个皮蛋，一碗冬菜。皮蛋切成三份，父亲吃一份，姐姐们分食两份。我年幼早睡，是没有资格参与的。父亲的生活不得不如此清苦。因为染坊店收入有限，束脩更为微薄，加上两爿大商店（油车、当铺）的"出官"每年送一二百元外，别无进账。父亲自己过着清苦的生活，他的族人和亲戚却沾光不少。凡是同他并辈的亲族，都称老爷奶奶，下一辈的都称少爷小姐。利用这地位而作威作福的，颇不乏人。我是嫡派的少爷。常来当差的褚老五，带了我上街去，街上的人都起敬，糕店送我糕，果店送我果，总是满载而归。但这一点荣华也难久居，我九岁上，父亲死去，我们就变成孤儿寡妇之家了。

清明

清明例行扫墓。扫墓照理是悲哀的事。所以古人说："鸦啼雀噪昏乔木,清明寒食谁家哭。"又说："佳节清明桃李笑,野田荒冢只生愁。"然而在我幼时,清明扫墓是一件无上的乐事。人们借佛游春,我们是"借墓游春"。我父亲有八首《扫墓竹枝词》:

别却春风又一年,梨花似雪柳如烟。
家人预埋上坟事,五日前头折纸钱。

风柔日丽艳阳天,老幼人人笑口开。
三岁玉儿娇小甚,也教抱上画船来。

双双画桨荡轻波,一路春风笑语和。
望见坟前堤岸上,松阴更比去年多。

壶榼纷陈拜跪忙,闲来坐憩树荫凉。
村姑三五来窥看,中有谁家新嫁娘。

周围堤岸视桑麻,剪去枯藤只剩花。

更有儿童知算计，松球拾得去煎茶。

荆榛坡上试跻攀，极目云烟杳霭闲，
恰得村夫遥指处，如烟如雾是含山。

纸灰扬起满林风，杯酒空浇奠已终。
却觅儿童归去也，红裳遥在菜花中。

解将锦缆趁斜晖，水上蜻蜓逐队飞。
赢受一番春色足，野花载得满船归。

这里的"三岁玉儿"，就是现在执笔写此文的七十老翁。我的小名叫作"慈玉"。

清明三天，我们每天都去上坟。第一天，寒食，下午上"杨庄坟"。杨庄坟离镇五六里路，水路不通，必须步行。老幼都不去，我七八岁就参加。茂生大伯挑了一担祭品走在前面，大家跟他走，一路上采桃花，偷新蚕豆，不亦乐乎。到了坟上，大家息足，茂生大伯到附近农家去，借一只桌子和两只条凳来，于是陈设祭品，依次跪拜。拜过之后，自由玩耍。有的吃甜麦塌饼，有的吃粽子，有的拔蚕豆梗来做笛子。蚕豆梗是方形的，在上面摘几个洞，作为笛孔。然后再摘一段豌豆梗来，装在这笛的一端，笛便做成。指按笛孔，口吹豌豆梗，发音竟也悠扬可听。可惜这种笛寿命不长。拿回家里，第二天就枯干，吹不响了。祭扫完毕，茂生大伯去还桌子凳子，照例送两个甜麦塌饼和一串粽子，作为酬谢。然后诸人一同在夕阳中回去。杨庄坟上只有一株大松树，临着一个池塘。父亲说这叫作"美人照镜"。现在，几十年不去，不知美人是否还在照镜。闭上眼睛，情景宛在目前。

正清明那天，上"大家坟"。这就是去上同族公共的祖坟。坟共有五六处，须用两只船，整整上一天。同族共有五家，轮流做主。白天上坟，晚上吃上坟酒。这笔费用由祭田开销。祖宗们心计长，恐怕子孙不肖，上不起坟，叫他们变成饿鬼。因此特置几亩祭田，租给农民。轮到谁家主持上坟，由谁家收租。雇船办酒之外，费用总有余裕。因此大家高兴做主。而小孩子尤其高兴，因为可以整天在乡下游玩，在草地上吃午饭。船里烧出来的饭菜，滋味特别好。因为，据老人们说，家里有灶君菩萨，把饭菜的好滋味先尝了去；而船里没有灶君菩萨，所以船里烧出来的饭菜滋味特别好。孩子们还有一件乐事，是抢鸡蛋吃。每到一个坟上，除对祖宗的一桌祭品以外，必定还有一只小匾，内设小鱼、小肉、鸡蛋，酒和香烛，是请地主吃的，叫作拜坟墓土地。孩子们中，谁先向坟墓土地叩头，谁先抢得鸡蛋。我难得抢到，觉得这鸡蛋的确比平常的好吃。上了一天坟回来，晚上是吃上坟酒。酒有四五桌，因为出嫁姑娘也都来吃。吃酒时，长辈总要训斥小辈，被训斥的，主要是乐谦、乐生和月生。因为乐谦盗卖坟树，乐生、月生作恶为非，上坟往往不到而吃上坟酒必到。

第三天上私房坟。我家的私房坟，又称为旗杆坟。去上的就是我们一家人，父母和我们姐弟数人。吃了早中饭，雇一只客船，慢吞吞地荡去。水路五六里，不久就到。祭扫期间，附近三竺庵里的和尚来问讯，送我们些春笋。我们也到这庵里去玩，看见竹林很大，身入其中，不见天日。我们终年住在那市井尘嚣中的低小狭窄的百年老屋里，一朝来到乡村田野，感觉异常新鲜，心情特别快适，好似邀游五湖四海。因此我们把清明扫墓当作无上的乐事。我的父亲孜孜兀兀地在穷乡僻壤的蓬门败屋之中度送短促的一生，我想起了感到无限的同情。

梦痕 [1]

我的左额上有一条同眉毛一般长短的疤。这是我儿时游戏中在门槛上跌破了头颅而结成的。相面先生说这是破相,这是缺陷。但我自己美其名曰"梦痕"。因为这是我的梦一般的儿童时代所遗留下来的惟一的痕迹。由这痕迹可以探寻我的儿童时代的美丽的梦。

我四五岁时,有一天,我家为了"打送"[2]某家的小客人,母亲、姑母、婶母和诸姊们都在做米粉包子。厅屋的中间放一只大匾,匾的中央放一只大盘,盘内盛着一大堆粘土一般的米粉,和一大碗做馅用的甜甜的豆沙。母亲们大家围坐在大匾的四周。各人卷起衣袖,向盘内摘取一块米粉来,捏做一只碗的形状;夹取一筷豆沙来藏在这碗内;然后把碗口收拢来,做成一个圆子。

再用手法把圆子捏成三角形,扭出三条绞丝花纹的脊梁来;最后在脊梁凑合的中心点上打一个红色的"寿"字印子,包子便做成。一圈一圈地陈列在大匾内,样子很是好看。大家一边做,一边兴高采烈地说笑。有时说谁的做得太小,谁的做得太大;有时盛称姑母的做得

---

1 原载《人间世》1934年7月20日第8期,原名《疤》。
2 作者家乡风俗,即亲戚家的孩子第一次上门来做客,辞去时,主人家必做几盘包子送他,名曰"打送"。

太玲珑，有时笑指母亲的做得像个饼。笑语之声，充满一堂。这是年中难得的全家欢笑的日子。而在我，做孩子们的，在这种日子更有无上的欢乐；在准备做包子时，我得先吃一碗甜甜的豆沙。做的时候，我只要噪闹一下子，母亲们会另做一只小包子来给我当场就吃。新鲜的米粉和新鲜的豆沙，热热地做出来就吃，味道最好不过的。我往往吃一只不够，再噪闹一下子就得吃第二只。倘然吃第二只还不够，我可嚷着要替她们打寿字印子。这印子是不容易打的：蘸的水太多了，打出来一塌糊涂，看不出寿字；蘸的水太少了，打出来又不清楚；况且位置要摆得正，歪了就难看；打坏了又不能揩抹涂改。所以我嚷着要打印子，是母亲们所最怕的事。她们便会和我商量，把做圆子收口时摘下来的一小粒米粉给我，叫我"自己做来自己吃"。这正是我所盼望的主目的！开了这个例之后，各人做圆子收口时摘下来的米粉，就都得照例归我所有。再不够时还得要求向大盘中扭一把米粉来，自由捏造各种粘土手工：捏一个人，团拢了，改捏一个狗；再团拢了，再改捏一支水烟管……捏到手上的龌龊都混入其中，而雪白的米粉变成了灰色的时候，我再向她们要一朵豆沙来，裹成各种三不像的东西，吃下肚子里去。这一天因为我噪得特别厉害些，姑母做了两只小巧玲珑的包子给我吃，母亲又外加摘一团米粉给我玩。为求自由，我不在那场上吃弄，拿了到店堂里，和五哥哥一同玩弄。五哥哥者，后来我知道是我们店里的学徒，但在当时我只知道他是我儿时的最亲爱的伴侣。他的年纪比我长，智力比我高，胆量比我大，他常做出种种我所意想不到的玩意儿来，使得我惊奇。这一天我把包子和米粉拿出去同他共玩，他就寻出几个印泥菩萨的小型的红泥印子来，教我印米粉菩萨。

后来我们争执起来，他拿了他的米粉菩萨逃，我就拿了我的米粉菩萨追。追到排门旁边，我跌了一跤，额骨磕在排门槛上，磕了眼睛大小的一个洞,便昏迷不省。等到知觉的时候,我已被抱在母亲手里,外科郎中蔡德本先生,正在用布条向我的头上重重叠叠地包裹。

自从我跌伤以后,五哥哥每天乘店里空闲的时候到楼上来省问我。来时必然偷偷地从衣袖里摸出些我所爱玩的东西来——例如关在自来火匣子里的几只叩头虫,洋皮纸人头,老菱壳做成的小脚,顺治铜钿磨成的小刀等——送给我玩,直到我额上结成这个疤。

讲起我额上的疤的来由,我的回想中印象最清楚的人物,莫如五哥哥。而五哥哥的种种可惊可喜的行状,与我的儿童时代的欢乐,也便跟了这回想而历历地浮出到眼前来。

他的行为的顽皮,我现在想起了还觉吃惊。但这种行为对于当时的我,有莫大的吸引力,使我时时刻刻追随他,自愿地做他的从者。他用手捉住一条大蜈蚣,摘去了它的有毒的钩爪,而藏在衣袖里,走到各处,随时拿出来吓人。我跟了他走,欣赏他的把戏。他有时偷偷地把这条蜈蚣放在别人的瓜皮帽子上,让它沿着那人的额骨爬下去,吓得那人直跳起来。有时怀着这条蜈蚣去登坑,等候邻席的登坑者正在拉粪的时候,把蜈蚣丢在他的裤子上,使得那人扭着裤子乱跳,累了满身的粪。又有时当众人面前他偷把这条蜈蚣放在自己的额上,假装被咬的样子而号啕大哭起来,使得满座的人惊惶失措,七手八脚地为他营救。正在危急存亡的时候,他伸起手来收拾了这条蜈蚣,忽然破涕为笑,一缕烟逃走了。后来这套戏法渐渐做穿,有的人警告他说,若是再拿出蜈蚣来,要打头颈拳了。于是他换出别种花头来:他躲在门口,等候警告打头颈拳的人将走出门,突然大叫一声,倒身在门槛边的地上,乱滚乱撞,哭着嚷着,说是践踏了一条臂膀粗的大蛇,但蛇是已经钻进榻底下去了。走出门来的人被他这一吓,实在魂飞魄散;但见他的受难比他更深,也无可奈何他,只怪自己的运气不好。他看见一群人蹲在岸边钓鱼,便参加进去,和蹲着的人闲谈。同时偷偷地把其中相接近的两人的辫子梢头结住了，自己就走开，躲到远处去作壁上观。被结住的两人中若有一人起身欲去，滑稽剧就演出来给他看了。诸如此类的恶戏，不胜枚举。

现在回想他这种玩耍，实在近于为虐的戏谑。但当时他热心地创作，而热心地欣赏的孩子，也不止我一个。世间的严正的教育者，请稍稍原谅他的顽皮！我们的儿时，在私塾里偷偷地玩了一个折纸手工，是要遭先生用铜笔套管在额骨上猛钉几下，外加在至圣先师孔子之神位面前跪一支香的！

况且我们的五哥哥也曾用他的智力和技术来发明种种富有趣味的玩意，我现在想起了还可以神往。暮春的时候，他领我到田野去偷新蚕豆。把嫩的生吃了，而用老的来做"蚕豆水龙"。其做法，用煤头纸火把老蚕豆荚熏得半熟，剪去其下端，用手一捏，荚里的两粒豆就从下端滑出，再将荚的顶端稍稍剪去一点，使成一个小孔。然后把豆荚放在水里，待它装满了水，以一手的指捏住其下端而取出来，再以另一手的指用力压榨豆荚，一条细长的水带便从豆荚的顶端的小孔内射出。制法精巧的，射水可达一二丈之远。他又教我"豆梗笛"的做法：摘取豌豆的嫩梗长约寸许，以一端塞入口中轻轻咬嚼，吹时便发嗜嗜之音。再摘取蚕豆梗的下段，长约四五寸，用指爪在梗上均匀地开几个洞，做成豆的样子。然后把豌豆梗插入这笛的一端，用两手的指随意启闭各洞而吹奏起来，其音宛如无腔之短笛。他又教我用洋蜡烛的油作种种的浇造和塑造，用芋艿或番薯镌刻种种的印版，大类现今的木版画。……诸如此类的玩意，亦复不胜枚举。

现在我对这些儿时的乐事久已缘远了。但在说起我额上的疤的来由时，还能热烈地回忆神情活跃的五哥哥和这种兴致蓬勃的玩意儿。谁言我左额上的疤痕是缺陷？这是我的儿时欢乐的佐证，我的黄金时代的遗迹。过去的事，一切都同梦幻一般地消灭，没有痕迹留存了。

只有这个疤,好像是"脊杖二十,刺配军州"时打在脸上的金印,永久地明显地录着过去的事实,一说起就可使我历历地回忆前尘。仿佛我是在儿童世界的本贯地方犯了罪,被刺配到这成人社会的"远恶军州"来的。这无期的流刑虽然使我永无还乡之望,但凭这脸上的金印,还可回溯往昔,追寻故乡的美丽的梦啊!

忆儿时[1]

一

我回忆儿时,有三件不能忘却的事。

第一件是养蚕。那是我五六岁时、我祖母在日的事。我祖母是一个豪爽而善于享乐的人,良辰佳节不肯轻轻放过。养蚕也每年大规模地举行。其实,我长大后才晓得,祖母的养蚕并非专为图利,叶贵的年头常要蚀本,然而她喜欢这暮春的点缀,故每年大规模地举行。我所喜欢的,最初是蚕落地铺。那时我们的三开间的厅上、地上统是蚕,架着经纬的跳板,以便通行及饲叶。蒋五伯挑了担到地里去采叶,我与诸姐跟了去,去吃桑葚。蚕落地铺的时候,桑葚已很紫而甜了,比杨梅好吃得多。我们吃饱之后,又用一张大叶做一只碗,采了一碗桑葚,跟了蒋五伯回来。蒋五伯饲蚕,我就以走跳板为戏乐,常常失足翻落地铺里,压死许多蚕宝宝,祖母忙喊蒋五伯抱我起来,不许我再走。然而这满屋的跳板,像棋盘街一样,又很低,走起来一点也不怕,真是有趣。这真是一年一度的难得的乐事!所以虽然祖母禁止,我总

---

[1] 写于1927年。原载《小说月报》1927年6月10日第18卷第6号。

是每天要去走。

蚕上山之后，全家静静守护，那时不许小孩子们噪了，我暂时感到沉闷。然而过了几天，采茧，做丝，热闹的空气又浓起来了。我们每年照例请牛桥头七娘娘来做丝。蒋五伯每天买枇杷和软糕来给采茧、做丝、烧火的人吃。大家认为现在是辛苦而有希望的时候，应该享受这点心，都不客气地取食。我也无功受禄地天天吃多量的枇杷与软糕，这又是乐事。

七娘娘做丝休息的时候，捧了水烟筒，伸出她左手上的短少半段的小指给我看，对我说：做丝的时候，丝车后面，是万万不可走近去的。她的小指，便是小时候不留心被丝车轴棒轧脱的。她又说："小囡囡不可走近丝车后面去，只管坐在我身旁，吃枇杷，吃软糕。还有做丝做出来的蚕蛹，叫妈妈油炒一炒，真好吃哩！"然而我始终不要吃蚕蛹，大概是我爸爸和诸姐都不要吃的缘故。我所乐的，只是那时候家里的非常的空气。日常固定不动的堂窗、长台、八仙椅子，都收拾去，而变成不常见的丝车、匾、缸。又不断地公然地可以吃小食。

丝做好后，蒋五伯口中唱着"要吃枇杷，来年蚕罢"，收拾丝车，恢复一切陈设。我感到一种兴尽的寂寥。然而对于这种变换，倒也觉得新奇而有趣。

现在我回忆这儿时的事，常常使我神往！祖母、蒋五伯、七娘娘和诸姐都像童话里、戏剧里的人物了。且在我看来，他们当时这剧的主人公便是我。何等甜美的回忆！只是这剧的题材，现在我仔细想想觉得不好：养蚕做丝，在生计上原是幸福的，然其本身是数万的生灵的杀虐！《西青散记》里面有两句仙人的诗句："自织藕丝衫子嫩，可怜辛苦赦春蚕。"安得人间也发明织藕丝的丝车，而尽赦天下的春蚕的性命！

我七岁上祖母死了,我家不复养蚕。不久父亲与诸姐弟相继死亡,家道衰落了,我的幸福的儿时也过去了。因此这回忆一面使我永远神往,一面又使我永远忏悔。

二

第二件不能忘却的事,是父亲的中秋赏月,而赏月之乐的中心,在于吃蟹。我的父亲中了举人之后,科举就废,他无事在家,每天吃酒,看书。他不要吃羊、牛、猪肉,而喜欢吃鱼、虾之类。而对于蟹,尤其喜欢。自七八月起直到冬天,父亲平日的晚酌规定吃一只蟹,一碗隔壁豆腐店里买来的开锅热豆腐干。他的晚酌,时间总在黄昏。八仙桌上一盏洋油灯,一把紫砂酒壶,一只盛热豆腐干的碎瓷盖碗,一把水烟筒,一本书,桌子角上一只端坐的老猫,我脑中这印象非常深刻,到现在还可以清楚地浮现出来,我在旁边看,有时他给我一只蟹脚或半块豆腐干。然我喜欢蟹脚。蟹的味道真好,我们五个姊妹兄弟,都喜欢吃,也是为了父亲喜欢吃的缘故。只有母亲与我们相反,喜欢吃肉,而不喜欢又不会吃蟹,吃的时候常常被蟹螯上的刺刺开手指,出血;而且抉剔得很不干净,父亲常常说她是外行。父亲说:吃蟹是风雅的事,吃法也要内行才懂得。先折蟹脚,后开蟹斗……脚上的拳头[1]里的肉怎样可以吃干净,脐里的肉怎样可以剔出……脚爪可以当作剔肉的针……蟹螯上的骨头可以拼成一只很好看的蝴蝶……父亲吃蟹真是内行,吃得非常干净。所以陈妈妈说:"老爷吃下来的蟹壳,

---

1 即关节。

真是蟹壳。"

蟹的储藏所，就在天井角落里的缸里，经常总养着十来只。到了七夕、七月半、中秋、重阳等节候上，缸里的蟹就满了，那时我们都有得吃，而且每人得吃一大只，或一只半。尤其是中秋一天，兴致更浓。在深黄昏，移桌子到隔壁的白场上的月光下面去吃。更深人静，明月底下只有我们一家的人，恰好围成一桌，此外只有一个供差使的红英坐在旁边。大家谈笑，看月亮，他们——父亲和诸姐——直到月落时光，我则半途睡去，与父亲和诸姐不分而散。

这原是为了父亲嗜蟹，以吃蟹为中心而举行的。故这种夜宴，不仅限于中秋，有蟹的节季里的月夜，无端也要举行数次。不过不是良辰佳节，我们少吃一点，有时两人分吃一只。我们都学父亲，剥得很精细，剥出来的肉不是立刻吃的，都积受在蟹斗里，剥完之后，放一点姜醋，拌一拌，就作为下饭的菜，此外没有别的菜了。因为父亲吃菜是很省的，而且他说蟹是至味，吃蟹时混吃别的菜肴，是乏味的。我们也学他，半蟹斗的蟹肉，过两碗饭还有余，就可得父亲的称赞，又可以白口吃下余多的蟹肉，所以大家都勉励节省。现在回想那时候，半条蟹腿肉要过两大口饭，这滋味真好！自父亲死了以后，我不曾再尝这种好滋味。现在，我已经自己做父亲，况且已经茹素，当然永远不会再尝这滋味了。唉！儿时欢乐，何等使我神往！

然而这一剧的题材，仍是生灵的杀虐！因此这回忆一面使我永远神往，一面又使我永远忏悔。

三

第三件不能忘却的事，是与隔壁豆腐店里的王囡囡的交游，而这交游的中心，在于钓鱼。

那是我十二三岁时的事，隔壁豆腐店里的王囡囡是当时我的小伴侣中的大阿哥。他是独子，他的母亲、祖母和大伯，都很疼爱他，给他很多的钱和玩具，而且每天放任他在外游玩。他家与我家贴邻而居。我家的人们每天赴市，必须经过他家的豆腐店的门口，两家的人们朝夕相见，互相来往。小孩们也朝夕相见，互相来往。此外他家对于我家似乎还有一种邻人以上的深切的交谊，故他家的人对于我特别要好，他的祖母常常拿自产的豆腐干、豆腐衣等来送给我父亲下酒。同时在小侣伴中，王囡囡也特别和我要好。他的年纪比我大，气力比我好，生活比我丰富，我们一道游玩的时候，他时时引导我，照顾我，犹似长兄对于幼弟。我们有时就在我家的染坊店里的榻上玩耍，有时相偕出游。他的祖母每次看见我俩一同玩耍，必叮嘱囡囡好好看待我，勿要相骂。我听人说，他家似乎曾经患难，而我父亲曾经帮他们忙，所以他家大人们吩咐王囡囡照应我。

　　我起初不会钓鱼，是王囡囡教我的。他叫他大伯买两副钓竿，一副送我，一副他自己用。他到米桶里去捉许多米虫，浸在盛水的罐头里，领了我到木场桥头去钓鱼。他教给我看，先捉起一个米虫来，把钓钩由虫尾穿进，直穿到头部。然后放下水去。他又说："浮珠一动，你要立刻拉，那么钩子钩住鱼的颚，鱼就逃不脱。"我照他所教的试验，果然第一天钓了十几头白条，然而都是他帮我拉钓竿的。

　　第二天，他手里拿了半罐头扑杀的花蝇，又来约我去钓鱼。途中他对我说："不一定是米虫，用苍蝇钓鱼更好。鱼喜欢吃苍蝇！"这一天我们钓了一小桶各种的鱼。回家的时候，他把鱼桶送到我家里，说他不要。我母亲就叫红英去煎一煎，给我下晚饭。

　　自此以后，我只管欢喜钓鱼。不一定要王囡囡陪去，自己一人也去钓，又学得了掘蚯蚓来钓鱼的方法。而且钓来的鱼，不仅够自己下晚饭，还可送给店里的人吃，或给猫吃。我记得这时候我的热心钓鱼，不仅出于游戏欲，又有几分功利的兴味在内。有三四个夏季，我热心于钓鱼，给母亲省了不少的菜蔬钱。

后来我长大了，赴他乡入学，不复有钓鱼的工夫。但在书中常常读到赞咏钓鱼的文句，例如什么"独钓寒江雪"，什么"渔樵度此身"，才知道钓鱼原来是很风雅的事。后来又晓得有所谓"游钓之地"的美名称，是形容人的故乡的。我大受其煽惑，为之大发牢骚：我想："钓鱼确是雅的，我的故乡，确是我的游钓之地，确是可怀的故乡。"但是现在想想，不幸而这题材也是生灵的杀虐！

我的黄金时代很短，可怀念的又只有这三件事。不幸而都是杀生取乐，都使我永远忏悔。

端阳忆旧[1]

我写民间生活的漫画中，门上往往有一个王字。读者都不解其意。有的以为这门里的人家姓王。我在重庆的画展中，有人重订一幅这类的画，特别关照会场司订件的人，说："请他画时在门上改写一个李字。因为我姓李。"这买画人把画当作自己家里看，其欣赏态度可谓特殊之极！而我的在门上写王字，也可说是悖事之至！因为这门上的王字原是端五日正午用雄黄酒写上的。我幼时看见我乡家家户户如此，所以我画如此。岂知这办法只限于某一地带；又只限于我幼时，现在大家懒得行古之道了。许多读者不懂这王字的意思，也是难怪的。

我幼时，即四十余年前，我乡端午节过得很隆重：我的大姐一月前头就制"老虎头"，预备这一天给自家及亲戚家的儿童佩带。染坊店里的伙计祁官，端午的早晨忙于制造蒲剑：向野塘采许多蒲叶来，选取最像宝剑的叶，加以剑柄，预备正午时和桃叶一并挂在每个人的床上。我的母亲呢，忙于"打蚊烟"和捉蜘蛛：向药店买一大包苍术白芷来，放在火炉里，教它发出香气，拿到每间房屋里去熏。同时，买许多鸡蛋来，在每个的顶上敲一个小洞，放进一只蜘蛛去，用纸把

---

[1] 原载《申报·自由谈》1947年6月23日。

洞封好，把蛋放在打蚊烟的火炉里煨。煨熟了，打开蛋来，取去蜘蛛的尸体，把蛋给孩子们吃。到了正午，又把一包雄黄放在一大碗绍兴酒里，调匀了，叫祁官拿到每间屋的角落里去，用口来喷。喷剩的浓雄黄，用指蘸了，在每一扇门上写王字；又用指捞一点来塞在每个孩子肚脐眼里。据说，老虎头，桃叶，蒲剑可以驱邪；蜘蛛煨蛋可以祛病；苍术白芷和雄黄可以驱除毒虫及毒气。至于门上的王字呢，据说是消毒药的储蓄；日后如有人被蜈蚣毒蛇等咬了，可向门上去捞取一点端午日午时所制的良药来，敷上患处，即可消毒止痛云。

　　世相无常，现在这种古道已经不可多见，端阳的面目全非昔比了。我独记惦门上这个王字。并非要当作DDT用，却是为了画中的门上的点缀。光裸裸的画一扇门，怪单调的，在门上画点东西呢，像是门牌，又不好看。惟有这个王字，既有装饰的效果，又有端阳的回想与纪念的意味。从前日本废除纸伞而流行"蝙蝠伞"[1]的时候，日本的画家大为惋惜。因为在直线形过多的市街风景中，圆线的纸伞大有对比作用，有时一幅市街风景画全靠一顶纸伞而生色；而蝙蝠伞的对比效果，是远不及纸伞的。现在我的心情，正与当时的日本画家相似。用实利的眼光看，这事近于削足适履。这原是"艺术的非人情"。

1　即布制的洋伞。

学画回忆 [1]

假如有人探寻我儿时的事,为我作传记或讣启,可以为我说得极漂亮:"七岁入塾即擅长丹青。课余常摹古人笔意,写人物花鸟之图,以为游戏。同塾年长诸生竞欲乞得其作品而珍藏之,甚至争夺殴打。师闻其事,命出画观之,不信,谓之曰:'汝真能画,立为我作至圣先师孔子像!不成,当受罚。'某从容研墨伸纸,挥毫立就,神颖晔然。师弃戒尺于地,叹曰:'吾无以教汝矣!'遂装裱其画,悬诸塾中,命诸生朝夕礼拜焉。于是亲友竞乞其画像,所作无不惟妙惟肖。……"百年后的人读了这段记载,便会赞叹道:"七岁就有作品,真是天才,神童!"

朋友来信要我写些关于儿时学画的回忆的话。我就根据上面的一段话写些吧。上面的话都是事实,不过欠详明些,宜解释之如下:

我七八岁时——到底是七岁或八岁,现在记不清楚了。但都可说,说得小了可说是照外国算法的;说得大了可说是照中国算法的。——入私塾,先读《三字经》,后来又读《千家诗》。《千家诗》每页上端有一幅木版画,记得第一幅画的是一只大象和一个人,在那里耕田,

---

[1] 写于1934年2月。原载《良友》1935年3月第103期。

后来我知道这是二十四孝中的大舜耕田图。但当时并不知道画的是什么意思,只觉得看上端的画,比读下面的"云淡风轻近午天"有趣。我家开着染坊店,我向染匠司务讨些颜料来,溶化在小盅子里,用笔蘸了为书上的单色画着色,涂一只红象,一个蓝人,一片紫地,自以为得意。但那书的纸不是道林纸,而是很薄的中国纸,颜料涂在上面的纸上,会渗透下面好几层。我的颜料笔又吸得饱,透得更深。等得着好色,翻开书来一看,下面七八页上,都有一只红象、一个蓝人和一片紫地,好像用三色版套印的。

第二天上书的时候,父亲——就是我的先生——就骂,几乎要打手心;不知被母亲或是大姐劝住了,终于没有打。我抽抽咽咽地哭了一顿,把颜料盅子藏在扶梯底下了。晚上,等到先生——就是我的父亲——上鸦片馆去了,我再向扶梯底下取出颜料盅子,叫红英——管我的女仆——到店堂里去偷几张煤头纸来,就在扶梯底下的半桌上的"洋油手照"底下描色彩画。画一个红人,一只蓝狗,一间紫房子……这些画的最初的鉴赏者,便是红英。后来母亲和诸姐也看到了,她们都说"好";可是我没有给父亲看,防恐吃手心。这就叫作"七岁入塾即擅长丹青"。况且向染坊店里讨来的颜料不止丹和青呢!

后来,我在父亲晒书的时候找到了一部人物画谱,翻一翻,看见里面花样很多,便偷偷地取出了,藏在自己的抽斗里。晚上,又偷偷地拿到扶梯底下的半桌上去给红英看。这回不想再在书上着色;却想照样描几幅看,但是一幅也描不像。亏得红英想工好,教我向习字簿上撕下一张纸来,印着了描。记得最初印着描的是人物谱上的柳柳州像。当时第一次印描没有经验,笔上墨水吸得太饱,习字簿上的纸又太薄,结果描是描成了,但原本上渗透了墨水,弄得很龌龊,曾经受大姐的责骂。这本书至今还存在,最近我晒旧书时候还翻出这个弄龌龊了的柳柳州像来看:穿了很长的袍子,两臂高高地向左右伸起,仰起头作大笑状。但周身都是斑斓的墨点,便是我当日印上去的。回思我当日最初就印这幅画的原因,大概是为了他高举两臂作大笑状,好像我的父亲打呵欠的模样,所以特别有兴味吧。后来,我的"印画"的技术渐渐进步。大约十二三岁的时候(父亲已经弃世,我在另一私塾读书了),我已把这本人物谱统统印全。所用的纸是雪白的连史纸,而且所印的画都着色。着色所用的颜料仍旧是染坊里的,但不复用原色。我自己会配出各种的间色来,在画上施以复杂华丽的色彩,同塾的学生看了都很欢喜,大家说:"比原本上的好看得多!"而且大家向我讨画,拿去贴在灶间里,当作灶君菩萨;或者贴在床前,当作新年里买的"花纸儿"。所以说我"课余常摹古人笔意,写人物花鸟之图,以为游戏。同塾年长诸生竞欲乞得其作品而珍藏之",也都有因;不过其事实是如此。

至于学生夺画像殴打,先生请我画至圣先师孔子像,悬诸塾中,命诸生晨夕礼拜,也都是确凿的事实,你听我说吧:那时候我们在私塾中弄画,同在现在社会里抽鸦片一样,是不敢公开的。我好像是一个土贩或私售灯吃的,同学们好像是上了瘾的鸦片鬼,大家在暗头里作勾当。先生坐在案桌上的时候,我们的画具和画都藏好,大家一摇一摆地读"幼学"书。等到下午,照例一个大块头来拖先生出去吃茶了,我们便拿出来弄画。我先一幅幅地印出来,然后一幅幅地涂颜料。同学们便像看病时向医生挂号一样,依次认定自己所欲得的画。得画的人对我有一种报酬,但不是稿费或润笔,而是种种玩意儿:金铃子一对连纸匣;挖空老菱壳一只,可以加上绳子去当作陀螺抽的;"云"字顺治铜钱一枚(有的顺治铜钱,后面有一个字,字共有二十种。我们儿时听大人说,积得了一套,用绳编成宝剑形状,挂在床上,夜间一切鬼都不敢来。但其中,好像是"云"字,最不易得;往往为缺少此一字而编不成宝剑。故这种铜钱在当时的我们之间是一种贵重的赠品），或者铜管子（就是当时炮船上新用的后膛枪子弹的壳）一个。有一次，两个同学为交换一张画，意见冲突，相打起来，被先生知道了。先生审问之下，知道相打的原因是为画；追求画的来源，知道是我所作，使厉声喊我走过去。我料想是吃戒尺了，低着头不睬，但觉得手心里火热了。终于先生走过来了。我已吓得魂不附体；但他走到我的座位旁边，并不拉我的手，却问我："这画是不是你画的？"我回答一个"是"字，预备吃戒尺了。他把我的身体拉开，抽开我的抽斗，搜查起来。我的画谱、颜料，以及印好而未着色的画，就都被他搜出。我以为这些东西全被没收了；结果不然，他但把画谱拿了去，坐在自己的椅子上一张一张地观赏起来。过了好一会，先生旋转头来叱一声："读！"大家朗朗地读："混沌初开，乾坤始奠……"这件案子便停顿了。我偷眼看先生，见他把画谱一张一张地翻下去，一直翻到底。放假的时候我夹了书包走到他面前去作一个揖，他换了一种与前不同的语气对我说："这书明天给你。"

明天早上我到塾，先生翻出画谱中的孔子像，对我说："你能看了样画一个大的吗？"我没有防到先生也会要我画起画来，有些"受宠若惊"的感觉，支吾地回答说："能。"其实我向来只是"印"，不能"放大"。这个"能"字是被先生的威严吓出来的。说出之后心头发一阵闷，好像一块大石头吞在肚里了。先生继续说："我去买张纸来，你给我放大了画一张，也要着色彩的。"我只得说"好"。同学们看见先生要我画画了，大家装出惊奇和羡慕的脸色，对着我看。我却带着一肚皮心事，直到放假。

放假时我夹了书包和先生交给我的一张纸回家，便去向大姐商量。大姐教我，用一张画方格子的纸，套在画谱的书页中间。画谱纸很薄，孔子像就有经纬格子范围着了。大姐又拿缝纫用的尺和粉线袋给我在先生交给我的大纸上弹了大方格子，然后向镜箱中取出她画眉毛用的柳条枝来，烧一烧焦，教我依方格子放大的画法。那时候我们家里还没有铅笔和三角板、米突[1]尺，我现在回想大姐所教我的画法，其聪明实在值得佩服。我依照她的指导，竟用柳条枝把一个孔子像的底稿描成了；同画谱上的完全一样，不过大得多，同我自己的身体差不多大。我伴着了热烈的兴味，用毛笔勾出线条；又用大盆子调了多量的颜料，着上色彩，一个鲜明华丽而伟大的孔子像就出现在纸上。店里的伙计，作坊里的司务，看见了这幅孔子像，大家说"出色！"还有几个老妈子，尤加热烈地称赞我的"聪明"和画的"齐整"，并且说："将来哥儿给我画个容像，死了挂在灵前，也沾些风光。"我在许多伙计、司务和老妈子的盛称声中，俨然地成了一个小画家。但听到老妈子要托我画容像，心中却有些儿着慌。我原来只会"依样画葫芦"的！全靠那格子放大的枪花，把书上的小画改成为我的"大作"；又全靠那颜色的文饰，使书上的线描一变而为我的"丹青"。格子放大是大姐教我的，颜料是染匠司务给我的，归到我自己名下的工作，仍旧只有"依样画葫芦"。如今老妈子要我画容像，说"不会画"有伤体面；说"会画"将来如何兑现？且置之不答，先把画缴给先生去。先生看了点头。次日画就粘贴在堂名匾下的板壁上。学生们每天早上到塾，两手捧着书包向它拜一下；晚上散学，再向它拜一下。我也如此。

自从我的"大作"在塾中的堂前发表以后，同学们就给我一个绰号"画家"。每天来访先生的那个大块头看了画，点点头对先生说："可以。"这时候学校初兴，先生忽然要把我们的私塾大加改良了。他买一架风琴来，自己先练习几天，然后教我们唱"男儿第一志气高，年纪不妨小"的歌。又请一个朋友来教我们学体操。我们都很高兴。有

---

[1] 即米，metre 的音译。

一天，先生呼我走过去，拿出一本书和一大块黄布来，和蔼地对我说："你给我在黄布上画一条龙，"又翻开书来，继续说，"照这条龙一样。"原来这是体操时用的国旗。我接受了这命令，只得又去向大姐商量；再用老法子把龙放大，然后描线，涂色。但这回的颜料不是从染坊店里拿来，是由先生买来的铅粉、牛皮胶和红、黄、蓝各种颜色。我把牛皮胶煮溶了，加入铅粉，调制各种不透明的颜料，涂到黄布上，同西洋中世纪的 fresco[1] 画法相似。龙旗画成了，就被高高地张在竹竿上，引导学生通过市镇，到野外去体操。我悔不在体操后偷把那龙旗藏过了，好让我的传记里添两句："其画龙点睛后忽不见，盖已乘云上天矣。"我的"画家"绰号自此更盛行；而老妈子的画像也催促得更紧了。

我再向大姐商量。她说二姐丈会画肖像，叫我到他家去"偷关子"。我到二姐丈家，果然看见他们有种种特别的画具：玻璃九宫格、擦笔、conte、米突尺、三角板。我向二姐丈请教了些笔法，借了些画具，又借了一包照片来，作为练习的样本。因为那时我们家乡地方没有照相馆，我家里没有可用玻璃格子放大的四寸半身照片。回家以后，我每天一放学就埋头在擦笔照相画中。这原是为了老妈子的要求而"抱佛脚"的；可是她没有照相，只有一个人。我的玻璃格子不能罩到她的脸孔上去，没有办法给她画像。天下事有会巧妙地解决的。大姐在我借来的一包样本中选出某老妇人的一张照片来，说："把这个人的下巴改尖些，就活像我们的老妈子了。"我依计而行，果然画了一幅八九分像的肖像画，外加在擦笔上面涂以漂亮的淡彩：粉红色的肌肉，翠蓝色的上衣，花带镶边；耳朵上外加挂上一双金黄色的珠耳环。老妈子看见珠耳环，心花盛开，即使完全不像，也说"像"了。自此以

---

1 即壁画。

后，亲戚家死了人我就有差使——画容像。活着的亲戚也拿一张小照来叫我放大，挂在厢房里；预备将来可现成地移挂在灵前。我十七岁出外求学，年假、暑假回家时还常常接受这种义务生意。直到我十九岁时，从先生学了木炭写生画，读了美术的论著，方才把此业抛弃。到现在，在故乡的几位老伯伯和老太太之间，我的擦笔肖像画家的名誉依旧健在；不过他们大都以为我近来"不肯"画了，不再来请教我。前年还有一位老太太把她的新死了的丈夫的四寸照片寄到我上海的寓所来，哀求地托我写照。此道我久已生疏，早已没有画具，况且又没有时间和兴味。但无法对她说明，就把照片送到霞飞路的某照相馆里，托他们放大为廿四寸的，寄了去。后遂无问津者。

假如我早得学木炭写生画，早得受美术论著的指导，我的学画不会走这条崎岖的小径。唉，可笑的回忆，可耻的回忆，写在这里，给世间学画的人作借镜吧。

过年

我幼时不知道阳历,只知道阴历。到了十二月十五,过年的空气开始浓重起来了。我们染坊店里三个染匠司务全是绍兴人,十二月十六日要回乡。十五日,店里办一桌酒,替他们送行。这是提早举办的年酒。商店旧例,年酒席上的一只全鸡,摆法大有道理:鸡头向着谁,谁要免职。所以上菜的时候,要特别当心。但我家的店规模很小,店里三个,作场里三个人,共只有六个人,这六个人极少有变动,所以这种顾虑极少。但母亲还是当心,上菜时关照仆人,必须把鸡头向着空位。

十六日,司务们一上去[1],染缸封了,不再收货,农民们此时也要过年,不再拿布出来染了。店里不须接生意,但是要算账。整个上午,农民们来店还账,应接不暇。下午,管账先生送进一包银圆来,交母亲收藏。这半个月正是收获时期,一家一店许多人的生活都从这里开花。有的农民不来还账,须得下乡去收。所以必须另雇两个人去收账。他们早出晚归,有时拿了鸡或米回来。因为那农家付不出钱,将鸡或米来抵偿。年底往往阴雨,收账的人,拖泥带水回来,非常辛苦。所

---

1 按作者家乡一带习惯,凡是去浙东各地,称为"上去"。

以每天的夜饭必须有酒有肉。学堂早已放年假，我空闲无事，上午总在店里帮忙，写"全收"簿子[1]。吃过中饭，管账先生拿全收簿子去一算，把算出来的总数同现款一对，两相符合，一天的工作便完成了。

从腊月二十日起，每天吃夜饭时光，街上叫"火烛小心"。一个人"蓬蓬"地敲着竹筒，口中高叫："寒天腊月！火烛小心！柴间灰堆！灶前灶后！前门闩闩！后门关关！……"这声调有些凄惨。大家提高警惕。我家的贴邻是王囡囡豆腐店，豆腐店日夜烧砻糠，火烛更为可怕。然而大家都说不怕，因为明朝时光刘伯温曾在这一带地方造一条石门槛，保证这石门槛以内永无火灾。

廿三日晚上送灶，灶君菩萨每年上天约一星期，廿三夜上去，大年夜回来。这菩萨据说是天神派下来监视人家的，每家一个。大约就像政府委任官吏一般，不过人数（神数）更多。他们高踞在人家的灶山上，嗅取饭菜的香气。每逢初一、月半，必须点起香烛来拜他。廿三这一天，家家烧赤豆糯米饭，先盛一大碗供在灶君面前，然后全家来吃。吃过之后，黄昏时分，父亲穿了大礼服来灶前膜拜，跟着，我们大家跪拜。拜过之后，将灶君的神像从灶山上请下来，放进一顶灶轿里。这灶轿是白天从市上买来的，用红绿纸张糊成，两旁贴着一副对联，上写"上天奏善事，下界保平安"。我们拿些冬青柏子，插在灶轿两旁，再拿一串纸做的金元宝挂在轿上；又拿一点糖塌饼来，粘在灶君菩萨的嘴上。这样一来，他上去见了天神，粘嘴粘舌的，说话不清楚，免得把人家的恶事全盘说出。于是父亲恭恭敬敬地捧了灶轿，捧到大门外去烧化。烧化时必须抢出一只纸元宝，拿进来藏在橱里，预祝明年有真金元宝进门之意。送灶君上天之后，陈妈妈就烧菜给父

---

[1] 年底收账，账收回后，记在"全收"簿子上，表示已不欠账。

亲下酒，说这酒菜味道一定很好，因为没有灶君先吸取其香气。父亲也笑着称赞酒菜好吃。我现在回想，他是假痴假呆、逢场作乐。因为他中了这末代举人，科举就废，不得伸展，蜗居在这穷乡僻壤的蓬门败屋中，无以自慰，惟有利用年中行事，聊资消遣，亦"四时佳兴与人同"之意耳。

廿三送灶之后，家中就忙着打年糕。这糯米年糕又大又韧，自己不会打，必须请一个男工来帮忙。这男工大都是陆阿二，又名五阿二。因为他姓陆，而他的父亲行五。两枕"当家年糕"，约有三尺长；此外许多较小的年糕，有二尺长的，有一尺长的；还有红糖年糕，白糖年糕。此外是元宝、百合、橘子等种种小摆设，这些都由母亲和姐姐们去做。我也洗了手去参加，但总做不好，结果是自己吃了。姐姐们又做许多小年糕，形式仿照大年糕，是预备廿七夜过年时拜小年菩萨用的。

廿七夜过年，是个盛典。白天忙着烧祭品：猪头、全鸡、大鱼、大肉，都是装大盘子的。吃过夜饭之后，把两张八仙桌接起来，上面供设"六神牌"，前面围着大红桌围，摆着巨大的锡制的香炉蜡台。桌上供着许多祭品，两旁围着年糕。我们这厅屋是三家公用的，我家居中，右边是五叔家，左边是嘉林哥家，三家同时祭起年菩萨来，屋子里灯火辉煌，香烟缭绕，气象好不繁华！三家比较起来，我家的供桌最为体面。何况我们还有小年菩萨，即在大桌旁边设两张茶几，也是接长的，也供一位小菩萨像，用小香炉蜡台，设小盆祭品，竟像是小人国里的过年。记得那时我所欣赏的，是"六神牌"和祭品盘上的红纸盖。这六神牌画得非常精美，一共六版，每版上画好几个菩萨，佛、观音、玉皇大帝、孔子、文昌帝君、魁星……都包括在内。平时折好了供在堂前，不许打开来看，这时候才展览了。祭品盘上的红纸盖，都是我的姑母剪的，"福禄寿喜"、"一品当朝"、"平升三级"等字，都剪出来，巧妙地嵌在里头。我那时只七八岁，就喜爱这些东西,这说明我对美术有缘。

绝大多数人家廿七夜过年。所以这晚上商店都开门,直到后半夜送神后才关门。我们约伴出门散步,买花炮。花炮种类繁多,我们所买的,不是两响头的炮仗和劈劈啪啪的鞭炮,而是雪炮、流星、金转银盘、水老鼠、万花筒等好看的花炮。其中万花筒最好看,然而价贵不易多得。买回去在天井里放,大可增加过年的喜气。我把一串鞭炮拆散来,一个一个地放。点着了火立刻拿一个罐头来罩住,"咚"的一声,连罐头也跳起来。我起初不敢拿在手里放。后来经乐生哥哥(关于此人另有专文)教导,竟胆敢拿在手里放了。两指轻轻捏住鞭炮的末端,一点上火,立刻把头旋向后面。渐渐老练了,即行若无事。

正在放花炮的时候,隔壁谭三姑娘……送万花筒来了。这谭三姑娘的丈夫谭福山,是开炮仗店的。年年过年,总是特制了万花筒来分送邻居,以供新年添兴之用。此时谭三姑娘打扮得花枝招展,声音好比莺啼燕语。厅堂里的空气忽然波动起来。如果真有年菩萨在尚飨,此时恐怕都"停杯投箸不能食"了。

夜半时分,父亲在旁边的半桌上饮酒,我们陪着他吃饭。直到后半夜,方才送神。我带着欢乐的疲倦躺在床上,钻进被窝里,蒙眬之中听见远近各处爆竹之声不绝,想见这时候石门湾的天空中,定有无数年菩萨餍足了酒肉,腾空驾雾归天去了。

"廿七、廿八活急杀,廿九、三十勿有拉[1],初一、初二扮睹客,你没铜钱我有拉[2]。"这是石门湾人形容某些债户的歌。年中拖欠的债,年底要来讨,所以到了廿七、廿八,便活急杀。到了廿九、三十,有

---

1 方言,意即不在这儿、不在家。
2 方言,意即我这儿有。

的人逃往别处去避债,故曰勿有拉。但是有些人有钱不肯还债,要留着新年里自用。一到元旦,照例不准讨债,他便好公然地扮睹客,而且慷慨得很了。我家没有这种情形,但是总有人来借掇,也很受累。况且家事也忙得很:要掸灰尘,要祭祖宗,要送年礼。倘是月小,更加忙迫了。

年底这一天,是准备通夜不眠的。店里早已摆出风灯,插上岁烛。吃年夜饭时,把所有的碗筷都拿出来,预祝来年人丁兴旺。吃饭碗数,不可成单,必须成双。如果吃三碗,必须再盛一次,那怕盛一点点也好,总之要凑成双数。吃饭时母亲分送压岁钱,我得的记得是四角,用红纸包好。我全部用以买花炮。吃过年夜饭,还有一出滑稽戏呢。这叫作"毛糙纸揩窠"。"窠"就是屁股。一个人拿一张糙纸,把另一人的嘴揩一揩。意思是说:你这嘴巴是屁股,你过去一年中所说的不祥的话,例如"要死"之类,都等于放屁。但是人都不愿被揩,尽量逃避。然而揩的人很调皮,出其不意,突如其来,那怕你极小心的人,也总会被揩。有时其人出前门去了。大家就不提防他。岂知他绕个圈子,悄悄地从后门进来,终于被揩了去。此时笑声、喊声充满了一堂。过年的欢乐空气更加浓重了。

于是陈妈妈烧起火来放"泼留"。把糯米谷放进热镬子里,一只手用铲刀[1]搅拌,一只手用箬帽遮盖。那些糯谷受到热度,爆裂开来,若非用箬帽遮盖,势必纷纷落地,所以必须遮盖。放好之后,拿出来堆在桌子上,叫大家拣泼留。"泼留"两字应该怎样写,我实在想不出,这里不过照声音记录罢了。拣泼留,就是把砻糠拣出,剩下纯粹的泼留,新年里客人来拜年,请他吃糖汤,放些泼留。我们小孩子也

---

[1] 即锅铲。

参加拣泼留，但是一面拣，一面吃。一粒糯米放成蚕豆来大，像朵梅花，又香又热，滋味实在好极了。

黄昏，渐渐有人提了灯笼来收账了。我们就忙着"吃串"。听来好像是"吃菜"。其实是把每一百铜钱的串头绳解下来，取出其中三四文，只剩九十六七文，或甚至九十二三文，当作一百文去还账。吃下来的"串"，归我们姐弟们作零用。我们用这些钱还账，但我们收来的账，也是吃过串的钱。店员经验丰富，一看就知道这是"九五串"，那是"九二串"的。你以伪来，我以伪去，大家不计较了。这里还得表明：那时没有钞票，只有银洋、铜板和铜钱。银洋一元等于三百个铜板，一个铜板等于十个铜钱。我那时母亲给我的零用钱，是每天一个铜板即十文铜钱。我用五文买一包花生，两文买两块油沸豆腐干，还有三文随意花用。

街上提着灯笼讨账的，络绎不绝。直到天色将晓，还有人提着灯笼急急忙忙地跑来跑去。这只灯笼是千万少不得的。提灯笼，表示还是大年夜，可以讨债；如果不提灯笼，那就是新年元旦，欠债的可以打你几记耳光，要你保他三年顺境。因为大年初一讨债是禁忌的。但这时候我家早已结账，关店，正在点起了香烛迎接灶君菩萨。此时通行吃接灶圆子。管账先生一面吃圆子，一面向我母亲报告账务。说到赢余，笑容满面。母亲照例额外送他十只银角子，给他"新年里吃青果茶"。他告别回去，我们也收拾，睡觉。但是睡不到二个钟头，又得起来，拜年的乡下客人已经来了。

年初一上午忙着招待拜年客人。街上挤满了穿新衣服的农民，男女老幼，熙熙攘攘，吃烧卖，上酒馆，买花纸[1]，看戏法，到处拥挤，

---

1 即年画。

而最热闹的是赌摊。原来从初一到初四,这四天是不禁赌的。掷骰子、推牌九,还有打宝,一堆一堆的人,个个兴致勃勃,连警察也参加在内。下午,农民大都进去了,街上较清,但赌摊还是闹热,有的通夜不收。

初二开始,镇上的亲友来往拜年。我父亲戴着红缨帽子,穿着外套,带着跟班出门。同时也有穿礼服的到我家拜年。如果不遇,留下一张红片子。父亲死后,母亲叫我也穿着礼服去拜年。我实在很不高兴。因为一个十一二岁的孩子穿大礼服上街,大家注目,有讥笑的,也有叹羡的,叫我非常难受。现在回想,母亲也是一片苦心。她不管科举已废,还希望我将来也中个举人,重振家声,所以把我如此打扮,聊以慰情。

正月初四,是新年最大的一个节日,因为这天晚上接财神。别的行事,如送灶、过年等,排场大小不定,有简单的,有丰盛的,都按家之有无。独有接财神,家家郑重其事,而且越是贫寒之家,排场越是体面。大约他们想:敬神丰盛,可以邀得神的恩宠,今后让他们发财。

接财神的形式,大致和过年相似,两张桌子接长来,供设六神牌,外加财神像,点起大红烛。但不先行礼,先由父亲穿了大礼服,拿了一股香,到下西弄的财神堂前行礼,三跪九叩,然后拿了香回来,插在香炉中,算是接得财神回来了。于是大家行礼。这晚上金吾放夜,市中各店通夜开门,大家接财神。所以要买东西,那怕后半夜,也可以买得。父亲这晚上兴致特别好,饮酒过半,叫把谭三姑娘送的大万花筒放起来。这万花筒果然很大,每个共有三套。一枝火树银花低了,就有另一枝继续升起来,凡三次。谭福山做得真巧。……我们放大万花筒时,为要尽量增大它的利用率,邀请所有的邻居都出来看。作者谭福山也被邀在内。次家闻得这大万花筒是他做的,都向他看。……

初五以后,过年的事基本结束。但是拜年,吃年酒,酬谢往还,也很热闹。厨房里年菜很多,客人来了,搬出就是。但是到了正月半,也差不多吃完了。所以有一句话:"拜年拜到正月半,烂溏鸡屎炒青菜。"我的父亲不爱吃肉,喜欢吃素,我们都看他样。所以我们家里,大年夜就烧好一大缸萝卜丝油豆腐,油很重,滋味很好。每餐盛出一碗来,放在锅子里一热,便是最好的饭菜。我至今还是忘不了这种好滋味。但叫家里人照烧起来,总不及童年时的好吃,怪哉!

正月十五,在古代是一个元宵佳节,然而赛灯之事,久已废止,只有市上卖些兔子灯、蝴蝶灯等,聊以应名而已。二十日,染匠司务下来[1],各店照常开门做生意,学堂也开学。过年的笔记也就全部结束。

---

[1] 按作者家乡一带习惯,从浙东来到浙西,称为"下来"。

私塾生活[1]

我的学童时代,就是六十年前的时代。那时候,我国还没有学校,儿童上学,进的是私塾。怎么叫作私塾呢?就是一个先生在自己家里开办一个学堂,让亲戚、朋友、邻居家的小孩子来上学。有的只有七八个学生,有的十几个,至多也不过二三十个,不能再多了。因为家里屋子有限,先生只有一人。这位先生大都是想考官还没有考取的人,或者一辈子考不取的老人。那时候要做官,必须去考。小考一年一次,大考三年一次。考不取的,就在家里开私塾,教学生。学生每逢过年,送几块银洋给先生,作为学费,称为"修敬"。每逢端午、中秋,也必须送些礼物给先生,例如鱼、肉、粽子、月饼之类。私塾没有星期天,也没有暑假;只有年假,放一个多月。倘先生有事,随时可以放假。

私塾里不讲时间,因为那时绝大多数人家没有自鸣钟。学生早上入学,中午"放饭学",下午再入学,傍晚"放夜学",这些时间都没有一定,全看先生的生活情况。先生起得迟的,学生早上不妨迟到。先生有了事情,晚上就早点"放夜学"。学生早上入学,先生大都尚

---

[1] 原载《儿童时代》1962 年 9 月第 17 期。

未起身，学生挟了书包走进学堂，先双手捧了书包向堂前的孔夫子牌位拜三拜，然后坐在规定的座位里。倘先生已经起来了，坐在学堂里，那么学生拜过孔夫子之后，须得再向先生拜一拜，然后归座。座位并不是课桌，就是先生家里的普通桌子，或者是自己家里搬来的桌子。座位并不排成一列，零零星星地安排，就同普通人家的房间布置一样。课堂里没有黑板，实际上也用不到黑板。因为先生教书是一个一个教的。先生叫声"张三"，张三便拿了书走到先生的书桌旁边，站着听先生教。教毕，先生再叫"李四"，李四便也拿了书走过去受教……每天每人教多少时光，教多少书，没有一定，全看先生高兴。他高兴时，多教点；不高兴时，少教点。这些先生家里大都是穷的，有的全靠学生年终送的"修敬"过日子。因此做教书先生，人们称为"坐冷板凳"；意思是说这种职业是很清苦的。因此先生家里柴米成问题的时候，先生就不高兴，教书也很懒。

　　还有，私塾先生大都是吸鸦片的。小朋友们，你们知道什么叫作鸦片？待我告诉你们。鸦片是一种烟，是躺在床上吸的。吸得久了，天天非吸几次不可，不吸就要打呵欠，流鼻涕，头晕眼花，同生病一样，这叫作"鸦片上瘾"。上了瘾的人很苦：又费钱，又费时间，又伤身体。那么你要问：他们为什么要吸呢？只因那时外国帝国主义欺侮我们中国人，贩进这种毒品来教大家吃，好让中国一天一天弱起来。那时中国政府怕外国人，不爱人民，就让大家去吸，便害了许多人，而读书人受害的最多。因为吸了鸦片，精神一时很好，读得进书，但不吸就读不进，因此不少读书人都上了当。

　　私塾没有课程表。但大都有个规定：早上"习字"，上午"背旧书"，下午"上新书"，放夜学之前"对课"。

　　私塾里读的书只有一种，是语文。像现在学校里的算术、图画、音乐、体操……那时一概没有。语文之外，只有两种小课，即"习字"

和"对课"。而这两种小课都是和语文有关的，只算是语文中的一部分。而所谓"语文"，也并不是现在那种教科书，却是一种古代的文言文章，那书名叫作《大学》、《中庸》、《论语》、《孟子》……这种书都很难读，就是现在的青年人、壮年人，也不容易懂得，何况小朋友。但先生不管小朋友懂不懂，硬要他们读，而且必须读熟，能背。小朋友读的时候很苦，不懂得意思，照先生教的念，好比教不懂外国语的人说外国语。然而那时的小朋友苦得很，非硬记、硬读、硬背不可，因为背不出先生要用"戒尺"打手心，或者打后脑。戒尺就是一尺长的一条方木棍。

上午，先生起来了，捧了水烟管走进学堂里，学生便一齐大声念书，比小菜场里还要嘈杂。因为就要"背旧书"了，大家便临时"抱佛脚"。先生坐下来，叫声"张三"，张三就拿了书走到先生书桌面前，把书放在桌上了，背转身子，一摇一摆地背诵昨天、前天和大前天读过的书。倘背错了，或者背不下去了，先生就用戒尺在他后脑上打一下，然后把书丢在地上。这个张三只得摸摸后脑，拾了书，回到座位里去再读，明天再背。于是先生再叫"李四"……一个一个地来背旧书。背旧书时，多数人挨打，但是也有背不出而不挨打的，那是先生自己的儿子或者亲戚。背好旧书，一个上午差不多了，就放饭学，学生回家吃饭。

下午，先生倘是吸鸦片的，要三点多钟才进学堂来。"上新书"也是一个一个上的。上的办法：先生教你读两遍或三遍，即先生读一句，你顺一句。教过之后，要你自己当场读一遍给先生听。但那些书是很难读的，难字很多，先生完全不讲解意义，只是教你跟了他"唱"。所以唱过二三遍之后，自己不一定读得出。越是读不出，后脑上挨打越多；后脑上打得越多，越是读不出。先生书桌前的地上，眼泪是经常不干的！因此有的学生，上一天晚上请父亲或哥哥等先把明天的生书教会，免得挨打。

　　新书上完后，将近放学，先生把早上交来的习字簿用红笔加批，发给学生。批有两种：写得好的，圈一圈；写得不好的，直一直；写错的，打个叉。直的叫作"吃烂木头"，叉的叫作"吃洋钢叉"。有的学生，家长发给零用钱，以习字簿为标准：一圈一个铜钱；一个烂木头抵消一个铜钱；一个洋钢叉抵消两个铜钱。

　　发完习字簿，最后一件事是"对课"。先生昨天在你的"课簿"上写两个或三个字，你拿回家去，对他两个或三个字，第二天早上交在先生桌上。此时先生逐一翻开来看，对得好的，圈一圈；对得不好的，他替你改一改。然后再出一个新课，让你拿回去对好了，明天来交卷。怎么叫对课呢？譬如先生出"红花"两字，你对"绿叶"；先生出"春风"，你对"秋雨"；先生出"明月夜"，你对"艳阳天"……对课要讲词性，要讲平仄。（怎么叫作词性和平仄，说来话多，我暂时不讲了。）这算是私塾里最有兴味的一课。然而对得太坏，也不免挨打手心。对过课之后，先生喊一声："去！"学生就打好书包，向孔夫子牌位拜三拜，再向先生拜一拜，一缕烟似的跑出学堂去了。这时候个个学生很开心，一路上手挽着手，跳跳蹦蹦，乱叫乱嚷，欢天喜地地回家去，犹如牢狱里释放的犯人一般。

　　今天讲得太多了。下次有机会再和小朋友谈旧话吧。

视觉的粮食[1]

世间一切美术的建设与企图，无非为了追求视觉的慰藉。视觉的需要慰藉，同口的需要食物一样，故美术可说是视觉的粮食。人类得到了饱食暖衣，物质的感觉满足以后，自然会进而追求精神的感觉——视觉——的快适。故从文化上看，人类不妨说是"饱暖思美术"的动物。

我个人的美术研究的动机，逃不出这公例，也是为了追求视觉的粮食。约三十年之前，我还是一个黄金时代的儿童，只知道人应该饱食暖衣，梦也不曾想到衣食的来源。美术研究的动机的萌芽，在这时光最宜于发生。我在母亲的保护之下获得了饱食暖衣之后，每天所企求的就是"看"。无论什么，只要是新奇的，好看的，我都要看。现在我还可历历地回忆：玩具，花纸，吹大糖担，新年里的龙灯，迎会，戏法，戏文，以及难得见到的花灯……曾经给我的视觉以何等的慰藉，给我的心情以何等热烈的兴奋！

就中最有力地抽发我的美术研究心的萌芽的，要算玩具与花灯。当我们的儿童时代，玩具的制造不及现今的发达。我们所能享用的，

---

[1] 写于1935年11月13日。原载《中学生》。

还只是竹龙、泥猫、大阿福,以及江北船上所制造的各种简单的玩具而已。然而我记得:我特别爱好的是印泥菩萨的模型。这东西现在已经几乎绝迹,在深乡间也许还有流行。其玩法是教儿童自己用粘土在模型里印塑人物像的,所以在种种玩具中,对于这种玩具觉得兴味最浓。我们向江北人买几个红沙泥烧料的阴文的模型,和一块黄泥(或者自己去田里攫取一块青色的田泥,印出来也很好看),就可自由印塑。我曾记得,这种红沙泥模型只要两文钱一个。有弥勒佛像,有观世音像,有关帝像,有文昌像,还有孙行者,猪八戒,蚌壳精、白蛇精各像,还有猫、狗、马、象、宝塔、牌坊等种种模型。我向母亲讨得一个铜板,可以选办五种模型,和一大块黄泥(这是随型附送,不取分文的),拿回家来制作许多的小雕塑。明天再讨一个铜板,又可以添办五种模型。积了几天,我已把江北人担子所有的模型都买来,而我的案头就像罗汉堂一般陈列着种种的造像了。我记得,这只江北船离了我们的石门湾之后,不久又开来了一只船,这船里也挑上一担红沙泥模型来,我得知了这个消息之后,立刻去探找,果然被我找到,而且在这担子上发现了许多与前者不同的新模型。我的欢喜不可名状!恐怕被人买光,立刻筹集巨款,把所有的新模型买了回来,又热心地从事塑造。案头充满了焦黄的泥像,我觉得单调起来,就设法办得铅粉和胶水,用洗净的旧笔为各像涂饰。又向我们的染坊作场里讨些洋红洋绿来,调入铅粉中,在各像上施以种种的色彩。更进一步,我觉得单靠江北船上供给的模型,终不自由。照我的游戏欲的要求,非自己设法制造模型不可。我先用粘土作模型,自己用小刀雕刻阴文的物象,晒干,另用湿粘土塑印。然而这尝试是失败的:那粘土制的模型易裂,易粘,雕得又不高明,印出来的全不足观。失败真是成功之母!有一天,计上心来:我用洋蜡烛油作模型,又细致,又坚韧,又滑润,又易于奏刀。材料虽然太费一点,但是刻坏了可以溶去再刻,并不损失材料。刻成了一种物象,印出了几个,就可把这模型溶去,另刻别的物象。这样,我只要牺牲半支洋蜡烛,便可无穷地创作我的浮雕,谁说这是太费呢。这时候我正在私塾读书。这种雕刻美术在私塾里是同私造货币一样地被严禁的。我不能拿到塾里去弄,只能假后回家来创作。因此荒废了我的《孟子》的熟读。我记得,曾经为此吃先生的警告和母亲的责备。终于不得不疏远这种美术而回到我的《孟子》里。现在回想,我当时何以在许多玩具中特别爱好这种塑造呢?其中大有道理:这种玩具,最富于美术意味,最合于儿童心理,我认为是着实应该提倡的。竹龙,泥猫,大阿福之类,固然也是一种美术的工艺。然而形状固定,没有变化;又只供鉴赏,不可创作。儿童是欢喜变化的,又是抱着热烈的创作欲的。故固定的玩具,往往容易使他们一玩就厌。那种塑印的红沙泥模型,在一切玩具中实最富有造型美术的意义,又最富有变化。故我认为自己的偏好是极有因的。现今机械工业发达,玩具工厂林立。但我常常留意各玩具店的陈列窗,觉得很失望。新式的玩具,不过质料比前精致些,形色比前美丽些,在意匠上其实并没有多大的进步,多数的新玩具,还是形状固定,没有变化,甚至缺乏美术意味的东西。想起旧日那种红沙泥模型的绝迹,不觉深为惋惜。只有数年前,曾在上海的日本玩具店里看见过同类的玩具:一只纸匣内,装着六个白磁制的小模型,有人像,动物像,器物型,三块有色彩的油灰,和两把塑造用的竹刀。这是以我小时所爱好的红沙泥模型为原则而改良精制的。我对它着实有些儿憧憬!它曾经是我幼时所热烈追求的对象,它曾经供给我的视觉以充分的粮食,它是我的美术研究的最初的启发者。想不到在二十余年之后,它会在外国人的地方穿了改良的新装而与我重见的!

更规模地诱导我美术制作的兴味的,是迎花灯。在我们石门湾地方,花灯不是每年例行的兴事。大约隔数年或十数年举行一次。时候总在春天,春耕已毕而蚕子未出的空当里,全镇上的人一致兴奋,努力制造各式的花灯;四周农村里的人也一致兴奋,天天夜里跑到镇上来看灯,仿佛是千载一遇的盛会。我的儿童时代总算是幸运的,有一年躬逢其盛。那时候虽然已到了清朝末年,不是十分太平的时代;但民生尚安,同现在比较起来,真可说是盛世了。我家旧有一顶彩伞,它的年龄比我长,是我的父亲少年时代和我姑母二人合作的。平时宝藏在箱笼里,每逢迎花灯,就拿出来参加。我以前没有见过它,那时在灯烛辉煌中第一次看见它,视觉感到异常的快适。所谓彩伞,形式大体像古代的阳伞,但作六面形,每面由三张扁方形的黑纸用绿色绫条粘接而成,即全体由三六十八张黑纸围成。这些黑纸上便是施美术工作的地方。伞的里面点着灯,但黑纸很厚,不透光,只有黑纸上用针刺孔的部分映出灯光来。故制作的主要工夫就是刺孔。这十八张黑纸,无异十八幅书画。每张的四周刺着装饰图案的带模样,例如万字,八结,回纹,或各种花鸟的变化。带模样的中央,便是书画的地方。若是书,则笔笔剪空,空处粘着白色的熟矾纸,映着明亮的灯光;此外的空地上又刺着种种图案花纹,作为装饰的背景。若是画,则画中的主体(譬如画的是举案齐眉,则梁鸿、孟光二人是主体)剪空,空处粘白色的熟矾纸,纸上绘着这主体的彩色图,使在灯光中灿烂地映出。其余的背景(譬如梁鸿的书桌,室内的光景,窗外的花木等)用针刺出,映着灯光历历可辨。这种表现方法,我现在回想,觉得其刺激比一切绘画都强烈。自来绘画之中,西洋文艺复兴期的宗教画,刺激最弱。为了他们把画面上远近大小一切物象都详细描写,变成了照相式的东西,看时不得要领,印象薄弱,到了十九世纪末的后期印象派,这点方被注意。他们用粗大的线条,浓厚的色彩,与单纯的手法描写各物,务使画中的主体强明地显现在观者的眼前。这原是取法于东洋的。东洋的粗笔画，向来取这么单纯明快的表现法，有时甚至完全不写背景，仅把一块石头或一枝梅花孤零零地描在白纸上，使观者所得印象十分强明。然而，这些画远不及我们那顶彩伞的画的强明：那画中的主体用黑纸作背景，又映在灯光中，显得非常触目；而且背景并非全黑，那针刺的小孔，隐隐地映出各种陪衬的物象来，与主体有机地造成一个美满的画面。其实这种彩伞不宜拿了在路上走，应该是停置在一处，供人细细观赏的。我家的那顶彩伞，尤富有这个要求。因为在全镇上的出品中，我们的彩伞是被公推为最精致而高尚的，字由我的父亲手书，句语典雅，笔致坚秀；画是我姑母的手笔，取材优美，布局匀称。针刺的工作也全由他们亲自担任，疏密适宜，因之光的明暗十分调和，比较起去年我乡的灯会中所见新的作品，题着"提倡新生活"的花台，画着摩登美女的花盆来，其工粗雅俗之差，不可以道里计了。我由这顶彩伞的欣赏，渐渐转入创作的要求。得了我大姊的援助，在灯期中立刻买起黑纸来，裁成十八小幅。作画，写字，加以图案，安排十八幅书画。然后剪空字画，粘贴矾纸，把一个盛老烟的布袋衬在它们底下，用针刺孔。我们不但日里赶作，晚上也常常牺牲了看灯，伏在室内工作。虽然因为工作过于繁重，没有完成，灯会已散，但这一番的尝试，给了我美术制作的最初的欢喜。我们于灯会散后在屋里张起这顶自制的小彩伞来，共相欣赏，比较，批评。自然远不及大彩伞的高明。但是，能知道自己的不高明，我们的鉴赏眼已有几分进步了。我的学书学画的动机，即肇始于此。我的美术研究的兴味，因了这次灯会期间的彩伞的试制而更加浓重了。去年的春天，我乡又发起灯会。这是我生所逢到的第三次：但第二次我糊口于远方，未曾亲逢，我所亲逢的这是第二次。照上述的因缘看来，去年我应该踊跃参加。然而不然，我只陪了亲友勉强看几次灯。非但自己不制作，有时连看都懒得。这是什么缘故？一时自己也说不清，大约要写完了这篇文章方才明白。

言归本题：最有力地抽发我的美术研究心的萌芽的，是上述的玩具和花灯。然而，给我的视觉以最充分的粮食的，也只有这种玩具和花灯。那种红沙泥模型的塑印，原是很幼稚的一种手工，给孩儿们玩玩的东西，说不上美术研究。那种彩伞的制作也只是雕虫小技，仅供消闲娱乐而已，不能说是正大的美术创作。然而前面说过，世间一切美术的建设与企图，无非为了追求视觉的慰藉。上两者在美术上虽是玩具或小技，但其对于当时的我，一个十来岁的儿童，的确奏了极伟大的美术的效果，给了我最充分的视觉的粮食。因为自此以后，我的年纪渐长，美术研究之志渐大；我的经历渐多，美术鉴赏之眼渐高。研究之志渐大，就舍去目前的小慰藉的追求而从事奋斗；鉴赏之眼渐高，就发现眼前缺乏可以慰藉视觉的景象，而退入苟安，陷入空想。美术是人生的"乐园"，儿童是人生的"黄金时代"。然而出了黄金时代，美术的乐园就减色，可胜叹哉！

怎样会减色呢？让我继续告诉我的读者罢：为了上述的因缘，我幼时酷好描画。最初我热心于印《芥子园人物谱》。所谓印，就是拿薄纸盖在画谱上，用毛笔依样印写。写好了添上颜色，当作自己的作品。后来进小学校，看见了商务印书馆出版的《铅笔画临本》、《水彩画临本》，就开始临摹，觉得前此之印写，太幼稚了。临得惟妙惟肖，就当作自己的佳作。后来进中学校，知道学画要看着实物而描写，就开始写生，觉得前此之临摹，太幼稚了。写生一把茶壶，看去同实物一样，就当作自己的杰作！后来我看到了西洋画，知道了西洋画专门学校的研究方法，又觉得前此的描画都等于儿戏，欲追求更多的视觉的粮食，非从事专门的美术研究不可。我就练习石膏模型木炭写生。奋斗就从这里开始。大凡研究各种学问，往往在初学时尝到甜味，一认真学习起来，就吃尽苦头。有时简直好像脱离了本题，转入另外一种坚苦的工作中。为了学习绘画而研究坚苦的石膏模型写生，正是一个适例。近来世间颇反对以石膏模型写生当作绘画基本练习的人。西洋的新派画家，视此道为陈腐的旧法，中国写意派画家或非画家，也鄙视此道，以为这是画家所不屑做的机械工作。我觉得他们未免胆子太大，把画道看得太小了。我始终确信，绘画以"肖似"为起码条件，同人生以衣食为起码条件一样。谋衣食固然不及讲学问道德一般清高，然而衣食不足，学问道德无从讲起，除非伯夷、叔齐之流。学画也如此，单求肖似固然不及讲笔法气韵的清高。然而不肖似物象，笔法气韵亦无从寄托。有之，只有立体派构成派之流。苏东坡诗云："论画以形似，见与儿童邻。"正是诗人的夸张之谈。订正起来，应把他第一句诗中的"以"字改为"重"字才行。话归本题：我从事石膏模型写生之后，为它吃了不少的苦。因为石膏模型都是人的裸体像，而人体是世界最难描得肖似的东西。五官，四肢，一看似觉很简单，独不知形的无定，线的刚柔，光的变化，色的含混，在描写上是最困难的工作。我曾经费了十余小时的工夫描一个 Venus 像，然而失败了。因为注意了各小部分，疏忽了全体的形状和调子，以致近看各部皆肖似，而走远来一望，各部大小不称，浓淡失调，全体姿势不对。我曾经用尽了眼力描写一个 Laocoon 像，然而也失败了。因为注意了部分和全体的相称，疏忽了用笔的刚柔，把他全身的肌肉画成起伏的岩石一般。我曾在灯光下描写 Homeros 像，一直描到深夜不能成功。为的是他的卷发和胡须太多，无论如何找不出系统的调子，因之画面散漫无章，表不出某种方向的灯光底下的状态来。放下木炭条，靠在椅背上休息的时光，我就想起：我在这里努力这种全体姿势的研究，肌肉起伏的研究，卷发胡须的研究，谁知也是为了追求视觉的慰藉呢？这些苦工，似乎与慰藉相去太远，似乎与前述的玩具和彩伞全不相关，谁知它们是出于同一要求之下的工作呢！我知道了，我是正在舍弃了目前的小慰藉而从事奋斗，希望由此获得更大的慰藉。

　　说来自己也不相信：经过了长期的石膏模型奋斗之后，我的环境渐渐变态起来了。我觉得眼前的"形状世界"不复如昔日之混沌，各种形状都能对我表示一种意味，犹如各个人的脸孔一般。地上的泥形，天上的云影，墙上的裂纹，桌上的水痕，都对我表示一种态度，各种植物的枝、叶、花、果，也争把各人所独具的特色装出来给我看。更有稀奇的事，以前看惯的文字，忽然每个字变成了一副脸孔，向我装着各种的表情。以前到惯的地方，忽然每一处都变成了一个群众的团体，家屋、树木、小路、石桥……各变成了团体中的一员，各演出相当的姿势而凑成这个团体，犹如耶稣与十二门徒凑成一幅《最后的晚餐》一般。……读者将以为我的话太玄妙么？并不！石膏模型写生是教人研究世间最复杂最困难的各种形、线、调、色的。习惯了这种研究之后，对于一切形、线、调、色自会敏感起来。这犹之专翻电报的人，看见数目字自起种种联想；又好比熟习音乐的人，听见自然界各种声音时自能辨别其音的高低、强弱和音色。我久习石膏模型写生，入门于形的世界之后，果然多得了种种视觉的粮食：例如名画，以前看了莫名其妙的，现在懂得了一些好处。又如优良的雕刻，古代的佛像，以前未能相信先辈们的赞美的，现在自己也不期对他们赞美起来。又如古风的名建筑，洋风的名建筑，以前只知道它们的工程浩大，现在渐渐能够体贴建筑家的苦心，知道这些确是地上的伟大而美丽的建设了。又如以前临《张猛龙碑》、《龙门二十品》、《魏齐造像》，只是盲从先辈的指导，自己非但不解这些字的好处，有时却在心中窃怪，写字为什么要拿这种参差不整，残缺不全的古碑为模范？但现在渐渐发觉这等字的笔致与结构的可爱了。不但对于各种美术如此，在日常生活上，我也改变了看法：以前看见描着工细的金碧花纹的磁器，总以为是可贵的；现在觉得大多数恶俗不足观，反不如本色的或简图案的磁器来得悦目。以前看见华丽的衣服总以为是可贵的，现在觉得大多数恶劣不堪，反不如无花纹的，或纯白纯黑的来得悦目。以前也欢喜供一个盆景，养两个金鱼，现在觉得这些小玩意的美感太弱，与其赏盆景与金鱼，不如跑到田野中去一视伟大的自然美。我把以前收藏着的香烟里的画片两大匣如数送给了邻家的儿童。

我的美术鉴赏眼，显然是已被石膏模型写生的磨练所提高了。然而这在视觉慰藉的追求上，是大不利的！我们这国家，民生如此凋敝，国民教养如此缺乏。"饱暖思美术"，我们的一般民众求饱暖尚不可得，那有讲美术的余暇呢？因此我们的环境，除了山水原野等自然之外，凡人类社会，大多数地方只有起码的建设，谈不到美术，一所市镇，只要有了米店、棺材店、当铺、毛坑等日用缺少不来的设备，就算完全，更无暇讲求"市容"了。一个学校，只要有了座位和黑板等缺少不得的设备，就算完全，更无暇讲求艺术的陶冶了。一个家庭，只要有了灶头，眠床，板桌，马桶等再少不来的设备，也算完全，更无暇讲求形式的美观了。带了提高了的美术鉴赏眼，而处在上述的社会环境中，试问向那里去追求视觉的慰藉呢？以前我还可没头于红沙泥模子的塑印中，及彩伞的制作中，在那里贪享视觉的快感。可是现在，这些小玩意只能给我的眼当作小点心，却不能当作粮食了。我的眼，所要求的粮食，原来并非贵族的、高雅的、深刻的美术品，但求妥帖的、调和的、自然的、悦目的形相而已。可是在目前的环境中，最缺乏的是这种形相。有时我笼闭在房间里，把房间当作一个小天地，施以妥帖、调和、自然而悦目的布置，苟安地在那里追求一些视觉的慰藉。或者，埋头在白纸里，将白纸当作一个小天地，施以妥帖、调和、自然而悦目的经营，空想地在那里追求一些视觉的慰藉。到了这等小天地被我看厌，视觉饥荒起来的时候，我惟有走出野外，向伟大的自然美中去找求粮食。然而这种粮食也不常吃。因为它们滋味太过清淡，犹如琼浆仙露，缺乏我们凡人所需要的"人间烟火气"。在人类社会的环境不能供给我以视觉的食粮以前，我大约只能拿这些苟安的、空想的、清淡的形相来聊以充饥了。

我与手头字

陈望道先生提倡手头字，我很赞成。现在我来谈谈自己对手头字的种种因缘。

我家自洪杨以来，以开染坊店为业。我十来岁时，每逢年假，店忙的时候，被母亲派到店里去帮忙。所谓帮忙，原不过做小老板在店里玩玩，但因此学得了染店账簿上所惯用的种种简笔字，例如"三蓝"，他们写作"三芍"，不过芍字最后一笔下面打一个弯曲。"二厘"，他们只在"二"字的下一画上拖一撇，其余不胜枚举。染坊店里的学徒们，没有认识"蓝"、"厘"等的本字，却能自由应酬主顾，用靛泥做的粉笔在大布绵绸上标记姓名丈尺和所欲染的颜色，这在我觉得奇怪。更使我奇怪的，是主顾的姓名的记法。我们的主顾几乎全部是不识字的农人。姓名大都以声音为主，不讲字眼。譬如一个农人走上门来，从篮里抽出一段布来向柜台上一掷。伙计便接了量尺寸。嘴里喊道："三丈二！"接着又问，"二厘头？"农人大概会点头。因为他们这种布大概都染这种颜色，不必像上海老正和染厂地拿出数百种颜色的样本来请顾客挑选的。最后问："啥名字？"回答的声音是"Wan Foo Sen"。伙计就写"王福生"。有时生意空，再添问一句，"草头黄？三画王？"这很稀奇，一字不识的农人，居然也会决然地回答"三画王"，或者"草头黄"。其实他不会写，只是别人教他，他硬记着，有人问他，他就说"我姓三画王"。所以姓不完全以声音为主。至于名字，就完全重声音，伙计不会向他讨卡片看，也不会顾虑他是"复孙"或"馥荪"，一定是"福生"无误。而且福字可作简笔写，像蜡烛台上所雕的。我在店里学会了种种简笔字，觉得很便当。后来到学堂里，应用在"默书"课中，把"青出于蓝"写作"青出于艻"，把"聖人出而黄河清"写作"圣人出而黄河清"，曾经吃先生的骂。他说："你倒不写青出于卅？""你将把聖人当作怪人了！"以后我就不敢再写简笔字，直到现在为止。这是我对手头字的第一因缘。

　　第二因缘，是为了我的姓太难写，却又不好改，曾经有一次为它发愁。当民国光复之初，我大约十三四岁的时候，地方上办自治会，盛行选举。当时我年幼无知，学堂里又不像现在的有常识、公民等课，使我无从明白选举这件事的意义。我但听镇上的大人们说，这好比先前的考乡试，升官发财都是从这里开花的。我又听见有些人把名字改写为简字。譬如原名"纯甫"的，现在改为"仁夫"。原名"益荪"的，现在改为"一生"。据说选举者大多数是乡下人，而乡下人大多数不会写字，故名字难写，大有妨害于被选，非改简不可。此风盛行到学堂里，年幼而尚无被选举权的学生们，也及早预防，大家改名字。本来双名的改作单名。本来单名的改作一个同音的简字。我原名润，一位先生给我改作"仁"，我莫名其妙地顶戴了这名字，一直沿用到二十岁，虽然并未靠它升官发财。当时别人为我深惜，而我自己也认真地发愁的，就是我的姓的难写。我的姓有十八笔，而且写法很不容易，于被选上大有妨害！但姓不可改。这好比命里注定不得富贵，怎不教人深惜而发愁呢？假如手头字早提倡了廿几年，使我的姓名"丰[1]

1　即繁体字豐。

仁"一共只消八笔，同学们当何等的羡慕我，而我自己又何等的快活！虽然到现在改简，好比"贼去关门"，但因有前缘，总觉可喜。实际，我的姓太古怪了。这样地难写，又那样地少见。陌生人问"尊姓"时，回答他"敝姓丰"，往往叫他想不出哪一个丰字来。虽然昔年我曾发明用"泰丰公司"的"丰"，或"汇丰银行"的"丰"来注释，但近来也觉得有些不妥。泰丰公司已经关门，银行又东坍西倒，将来也许使我无法注解。望道先生们提倡手头字，第一期字汇中就有我的丰字，此后不但可使我每次少写十四笔，逢人问"尊姓"时，也可以说"三画王上下出头"，没有人不懂得了。这是第二因缘。

第三因缘，是我喜欢手头字的形式，为了它们与我的画像像。我的画不写细部，仅描大体。例如画人的颜面，我大都只画一张嘴。并非表示人只会讲话和吃饭，实因嘴是表情中最重要的部分，只描一张嘴已经够了。非但够了，有时眉、目、鼻竟不可描，描了使观者没有想象的余地，反而减弱人物画的表情。手头字中有大部分是省略本字的笔画而成的，与我的画像似。假如画变了大众文化的重要工具，我将提倡我的画，名之为"手头画"，也弄一个"第一期画汇"出来。画的省略，在画法上美其名曰"意到笔不到"。在美学上更美其名曰"个中全感"。我看手头字也如此。我们过去数十年间看惯了本字现在看到本字的大体轮廓，便会想象其全体，而且所想象的常是端正美好的本字。故我觉得手头字富有美术的意义。例如飞，气，时，坐，与，沪，么，压，应，声，虽，归，虫，丰，旧，医，边，丽等字，在我都能从其"意到笔不到"的简写中窥见其本字的全体，而且这些全体都是很美丽的。"又"字的暗示尤为神妙，能使我由此想象叢，壑，爲，蘿，奚，單等种种变化不测的形相，这些形相也都非常美丽。故美不一定要工致富丽，简单的尽可以美。

美术是为人生的。人生走到哪里，美术跟到哪里，我们的人生走到手头字上了，美术也非跟上来不可。那么手头字的美不仅是我个人的所感，也应是大众的要求。

苦学经验

旧话 [1]

我想讲些关于升学的话，但我离开学生时代已将十五年，不做教师也已一二年，这个题目似乎对我很疏远，教我讲不出切实的话来。不得已，只好回想二十年前自己入学的旧话来谈谈。但这是过去的时代的事，恐怕无补于读者诸君的实用，只好当作故事读读罢了。

我在十七岁的暑假时毕业于石门湾的崇德县立第三高等小学。我在学时一味用功，勤修课程表上所有的一切功课，但除了赚得一百分以外，我更无别的企图与欲望。故虽然以第一名的成绩在那小学毕了业，但我完全是一个小孩，关于家务，世务，以及自己的前途，完全不闻不问。我家中只有母亲和诸姐弟。我在九岁上丧了父亲之后，母亲是我的兼父职的保护者。我家有数十亩田，一所小染坊店，和二三间房屋。平年的收入，仅敷生活用途；一遇荒年，我的母亲便非自己监理店务而力求节省不可。母亲是不识字的，不能看书看报。故家务、店务虽善处理，但对于时务无法深知。且当时正是清朝末年与民国光复的时候，时务的变化来得剧烈，母亲的持家操心甚劳。例如科举的废止，学校的兴行，服装的改革，辫发的剪除等事，在坐守家庭而不

---

[1] 写于1931年4月30日。原载《中学生》1931年6月1日第16号。

看书报的母亲看来,犹如不测的风云。我的父亲是考乡试而中举人的。父亲的书籍,考篮,知卷,报单以及衣冠等,母亲都郑重地保藏着,将来科举或许再兴,可给我参考或应用。这不是我母亲一人的希望,其时乡里的人都嫌学校不好,而希望皇帝再坐龙廷而科举再兴。"洪宪即位",他们的希望几乎达到了;后来虽未达到,但他们的希望总是不断。有的亲友依旧请先生在家里教授"四书""五经",或把儿女送入私塾。他们都是在社会上活动而有声誉的人。母亲听了他们的论见,自然认为可靠。因此母亲关于我的求学问题,曾费不少的烦虑。虽然送我入学校,但这于前途究竟是否有利,终是怀疑。母亲常痛父亲的早死,又恨自己是一不识字的女身,每每讲起这问题,常对我们说:"盲子摸在稻田里了!"但我一味埋头用功,不知其他。我当时似乎以为人总是没父亲而只有母亲的;而母亲总是"盲子摸在稻田里"的。

因此我在小学毕业之后,母亲的烦虑更深了。邻居的沈蕙荪先生,是我的小学校的校长,又是我们的亲戚,又是地方上有德望的长者。母亲就把我的前途的问题去请教他。他为我母亲说明现在的学制,学生将来的出路,还有种种的忠告。母亲就决定送我到杭州去投考中等学校。恰好沈先生也送他的儿子——我的同班毕业的同学沈元君——到杭州去投考,母亲便托他把我带去。这实在是最幸运的机会。因为当时我家没有人能送我到杭州;即使有人送去,也不懂投考学校的门路。我还记得炎热的夏天的早晨,母亲一早起来给我端整了行装,吃了糕和粽子,送我到沈家,跟了沈家父子搭快班船到长安去乘火车。糕和粽子,暗示"高中"的意思。听说从前父亲去考乡试的时候,祖母总是给他吃这两种点心的。

母亲决定命我投考杭州第一师范。这是母亲参考沈先生的说明,经过了仔细的考虑而决定的。母亲的意思:一则当时乡里学校勃兴,教师缺乏，师范毕业可以充当教师；二则我家没有父兄，我将来不能离家，当教师则可在家乡觅职，不必出外；三则师范取费低廉，毕业后又可不再升学，我家堪能担负。母亲曾把这种道理叮咛地关照我。但我的心沉浸在 Royal Reader 和代数中，哪能体会这道理而谅解母亲的苦心呢？我到了杭州，看见各种学校林立，都比我的小学伟大得多；看见书坊和图书馆里书如山积，都比我所见过的高深得多。我的知识欲展开翅膀而欲翱翔了。我已忘却母亲的话，自己的境遇，和其他一切的条件了。我的惟一的挂念，是恐怕这回的入学试验不能通过，落第回家。我在赴杭投考的同乡人中，闻知有同时投考数校的办法。我觉得这办法较为稳当，大可取法。我便不问师范，中学和商业等学校的教育的宗旨及将来的造就，但喜其投考日期不相冲突，便同时向这三校报名。沈先生在逆旅中把三校的性质教示我，使我知道取舍，母亲曾有更切实的叮嘱，她说商业学校毕业后必向外头的银行公司等供职，我家没有父兄，你不好出外，中学毕业后须升高等学校和大学，我家没有本钱，你不好升学。但这种话在我犹如耳边风。况且这是三五年以后的事，在我更觉得渺茫。我的惟一的企求，是目前投考的不落第。自从到了杭州以后，我的心犹似暮春的柳絮，随了机缘与风向而乱走，全不抱定自己的主见。这曾使母亲消受屡次的烦忧。

我投考了三个学校，结果统被录取。中学校录取第八，师范学校录取第三，商业学校录取第一。我在投考的时候，但看学校的形式，觉得师范学校规模最大，似乎最能满足我的知识欲。我便进了师范学校。这是与母亲的意见偶然相合，并非我能体谅母亲的苦心，顾念自己的境遇，或抱着服务小学教育的决心而进这学校的。故入学以后，我因不惯于寄宿舍的团体生活，又不满足于学校的课程——例如英文从 ABCD 教起，算学从四则教起等——懊悔当初不入中学校。这曾使我自己消受长期的懊恼，而对于这学校始终抱着仇视的态度。

我抱了求知识的目的而入养成小学教员的师范学校，我的懊恼是应该有的。幸而预科以后，学校中的知识学科也多加深起来，我只要能得知识欲的满足，就像小孩得糖而安静了。我又如在小学时一样埋头用功，勤修一切的功课，学期试验成绩也屡次列在第一名。放假回家，报告母亲，母亲也很欢喜。每次假期终了而赴校的时候，母亲总给我吃了糕和粽子而动身。但是糕和粽子的效力，后来终于失却。三年级以后，我成绩一落千丈，毕业时的平均成绩已排在第二十名了。其原因是这样：

三年级以后，课程渐渐注重教育与教授法。这些是我所不愿学习的。当时我正梦想将来或从我所钦佩的博学的国文先生而研究古文，或进理科大学而研究理化，或入教会学校而研究外国文。教育与教授法等，我认为是阻碍我前途的进步的。但我终于受着这学校的支配，我自恨不能生翅而奋飞。这时候我又感受长期的烦恼。课程中除了减少知识学科，增加教育与教授法而外，又来一种新奇的变化。我们的图画科改由向来教音乐而常常请假的李叔同先生教授了。李先生的教法在我觉得甚为新奇：我们本来依照商务印书馆出版的《铅笔画帖》及《水彩画帖》而临摹；李先生却教我们不必用书，上课时只要走一个空手的人来。教室中也没有四只脚的桌子，而只有三只脚的画架。画架前面供着石膏制的头像。我们空手坐在画架前面，先生便差级长把一种有纹路的纸分给每人一张，又每人一条细炭，四个图钉（我们的学习用品都是学校发给的，不是自备的）。最后先生从讲桌下拿出一盆子馒头来，使我们大为惊异，心疑上图画课大家得吃馒头的。后来果然把馒头分给各人，但不教我们吃，乃教我们当作橡皮用的。于是先生推开黑板（我们的黑板是两块套合的，可以推上拉下。李先生总在授课之前先把一切应说的要点在黑板上写好，用其他一块黑板遮住。用时推开），教我们用木炭描写石膏模型的画法。我对于这种新奇的画图，觉得很有兴味。以前我闲时注视眼前的物件，例如天上的云，墙上的苔痕，桌上的器物，别人的脸孔等，我的心会跟了这种线条和浓淡之度而活动，感到一种说不出的情趣。我常觉得一切形状中，其线条与明暗都有很复杂的组织和条理。仔细注视而研究起来，颇有兴趣；不过这件事太微小而无关紧要，除了那种情趣以外，对于人们别无何种的效用。我想来世间一定没有专究这种事件的学问。但当时我用木炭描写石膏模型，听了先生的指导之后，恍然悟到这就是我平日间看眼前物件时所常作的玩意儿！先生指着模型说："你看，眉毛和眼睛是连在一块的，并不分明；鼻头须当作削成三角形。这一面最明，这一面最暗，这一面适中；头与脸孔的轮廓不是圆形，是不规则的多角形，须用直线描写，不过其角不甚显著。"这都是我平日间看人面时所曾经注意到的事。原来世间也有研究这些事的学问！我私下的玩意儿，不期也有公开而经先生教导的一日！我觉得这是与英文数理滋味不同的一种兴味，我渐渐疏远其他的功课，而把头埋进木炭画中。我的画逐渐进步，环顾教室中的同学所描的，自觉他们都不及我。有一晚，我为了别的事体去见李先生，告退之后，先生特别呼我转来，郑重地对我说："你的画进步很快！我在所教的学生中，从来没有见过这样快速的进步！"李先生当时兼授南京高等师范及我们的浙江第一师范两校的图画，他又是我们所最敬佩的先生的一人。我听到他这两句话，犹如暮春的柳絮受了一阵急烈的东风，要大变方向而突进了。

我从此抛弃一切学科，而埋头于西洋画。我写信给我的阿姐，说明我近来新的研究与兴味，托她向母亲要求买油画用具的钱。颜料十多瓶要二十余元，画布五尺要十余元，画箱画架等又要十来元。这使得母亲疑虑而又奇怪。她想，做师范生为什么要学这种画？沈家的儿子与我同学同班，何以他不要学习？颜料我们染坊店里自有，何必另买？布价怎会比缎子还贵？……我终于无法为母亲说明西洋画的价值和我学画的主意。母亲表面信任我，让我恣意研究；但我知道她心中常为我的前途担忧。

我在第一师范毕业之后，果然得到了两失的结果：在一方面，我最后两年中时常托故请假赴西湖写生；我几乎完全没有学过关于教育的学科，完全没有到附属小学实习，因此师范生的能力我甚缺乏，不配做小学教师。在另一方面，西洋画是专门的艺术，我的两年中的非正式的练习，至多不过跨进洋画的门槛，遑论升堂入室？以前的知识欲的梦，到了毕业时候而觉醒。母亲的白发渐渐加多。我已在毕业之年受了妻室。这时候我方才看见自己的家境，想到自己的职业。有一个表兄介绍我在本县做小学循环指导员，有三十块钱一月。母亲劝我就职，但我不愿。一则我不甘心抛弃我的洋画，二则我其实不懂小学的办法，没有指导的能力。我就到上海来求生活。关于以后的事，已经记述在《出了中学校以后》一文中了。总之，我在青年时代不顾义理，任情而动，而以母亲的烦忧偿付其代价，直到母亲死前四五年才付清。现在回想，懊恨无极！但除了空口说话以外，有什么方法可以挽回过去的事实呢？

故我的入师范学校是偶然的，我的学画也是偶然的，我的达到现在的生涯也是偶然的。我倘不入师范，不致遇见李叔同先生，不致学画；也不致遇见夏丏尊先生，不致学文。我在校时不会作文。我的作文全是出校后从夏先生学习的。夏先生常常指示我读什么书，或拿含有好文章的书给我看，在我最感受用。他看了我的文章，有时皱着眉头叫道："这文章有毛病呢！""这文章不是这样做的！"有时微笑点头而说道："文章好呀……"我的文章完全是在他这种话下练习起来。现在我对于文章比对于绘画等更有兴味（在叶圣陶童话集《读后感》中我曾说明其理由）。现在我的生活，可说是文章的生活。这也是偶然而来的。

伯豪之死 [1]

伯豪是我十六岁时在杭州师范学校的同班友。他与我同年被取入这师范学校。这一年取入的预科新生共八十余人,分为甲乙两班。不知因了什么妙缘,我与他被同编在甲班。那学校全体学生共有四五百人,共分十班。其自修室的分配,不照班次,乃由舍监先生的旨意而混合编排,故每一室二十四人中,自预科至四年级的各班学生都含有。这是根据了联络感情,切磋学问等教育方针而施行的办法。

我初入学校,颇有人生地疏,举目无亲之慨。我的领域限于一个被指定的座位。我的所有物尽在一只抽斗内。此外都是不见惯的情形与不相识的同学——多数是先进山门的老学生。他们在纵谈、大笑,或吃饼饵。有时用奇妙的眼色注视我们几个新学生,又向伴侣中讲几句我们所不懂的、暗号的话,似讥讽又似嘲笑。我枯坐着觉得很不自然。望见斜对面有一个人也枯坐着,看他的模样也是新生。我就开始和他说话,他是我最初相识的一个同学,他就是伯豪,他的姓名是杨家俊,他是余姚人。

自修室的楼上是寝室。自修室每间容二十四人,寝室每间只容

---

[1] 1929 年 7 月 22 日作于缘缘堂。原载《小说月报》1929 年 11 月 10 日第 20 卷第 11 期。

十八人，而人的分配上顺序相同。这结果，犹如甲乙丙丁的天干与子丑寅卯的地支的配合，逐渐相差，同自修室的人不一定同寝室。我与伯豪便是如此，我们二人的眠床隔一堵一尺厚的墙壁。当时我们对于眠床的关系，差不多只限于睡觉的期间。因为寝室的规则，每晚九点半钟开了总门，十点钟就熄灯。学生一进寝室，须得立刻钻进眠床中，明天六七点钟寝室总长就吹着警笛，往来于长廊中，把一切学生从眠床中吹出，立刻锁闭总门。自此至晚间九点半的整日间，我们的归宿之处，只有半只书桌（自修室里两人合用一书桌）和一只板椅子的座位。所以我们对于这甘美的休息所的眠床，觉得很可恋；睡前虽然只有几分钟的光明，我们不肯立刻钻进眠床中，而总是凑集几个朋友来坐在床檐上谈笑一回，宁可暗中就寝。我与伯豪不幸隔断了一堵墙壁，不能联榻谈话，我们常常走到房门外面的长廊中，靠在窗檐上谈话。有时一直谈到熄灯之后，周围的沉默显著地衬出了我们的谈话声的时候，伯豪口中低唱着"众人皆睡，而我们独醒"而和我分手，各自暗中就寝。

　　伯豪的年龄比我稍大一些，但我已记不清楚。我现在回想起来，他那时候虽然只有十七八岁，已具有深刻冷静的脑筋，与卓绝不凡的志向，处处见得他是一个头脑清楚而个性强明的少年。我那时候真不过是一个年幼无知的小学生，胸中了无一点志向，眼前没有自己的路，只是因袭与传统的一个忠仆，在学校中犹之一架随人运转的用功的机器。我的攀交伯豪，并不是能赏识他的器量，仅为了他是我最初认识的同学。他的不弃我，想来也是为了最初相识的缘故，决不是有所许于我——至多他看我是一个本色的小孩子，还肯用功，所以欢喜和我谈话而已。

　　这些谈话使我们的交情渐渐深切起来了。有一次我曾经对他说起我的投考的情形。我说："我此次一共投考了三只学校，第一中学、甲种商业,和这只师范学校。"他问我:"为什么考了三只?"我率然地说道:"因为我胆小呀!恐怕不取,回家不是倒霉?我在小学校里是最优等第一名毕业的;但是到这种大学校里来考,得知取不取呢?幸而还好,我在商业取第一名,中学取第八名,此地取第三名。""那么你为什么终于进了这里?""我的母亲去同我的先生商量,先生说师范好,所以我就进了这里。"伯豪对我笑了。我不解他的意思,反而自己觉得很得意。后来他微微表示轻蔑的神气,说道:"这何必呢!你自己应该抱定宗旨!那么你的来此不是诚意的,不是自己有志向于师范而来的。"我没有回答。实际,当时我心中只知道有母命、师训、校规;此外全然不曾梦到什么自己的宗旨、诚意、志向。他的话刺激了我,使我忽然悟到了自己,最初是惊悟自己的态度的确不诚意,其次是可怜自己的卑怯,最后觉得刚才对他夸耀我的应试等第,何等可耻!我究竟已是一个应该自觉的少年了。他的话促成了我的自悟。从这一天开始,我对他抱了畏敬之念。

他对于学校所指定而全体学生所服从的宿舍规则,常抱不平之念。他有一次对我说:"我们不是人,我们是一群鸡或鸭。朝晨放出场,夜里关进笼。"又当晚上九点半钟,许多学生挤在寝室总门口等候寝室总长来开门的时候,他常常说"放犯人了!"但当时我们对于寝室的启闭,电灯的开关,都视同天的晓夜一般,是绝对不容超越的定律;寝室总长犹之天使,有不可侵犯的威权,谁敢存心不平或口出怨言呢?所以他这种话,不但在我只当作笑话,就是公布于全体四五百同学中,也决不会有什么影响。我自己尤其是一个绝对服从的好学生。有一天下午我身上忽然发冷,似乎要发疟了。但这是寝室总门严闭的时候,我心中连"取衣服"的念头都不起,只是倦伏在座位上。伯豪询知了我的情形,问我:"为什么不去取衣?"我答道:"寝室总门关着!"他说:"哪有此理!这里又不真果是牢狱!"他就代我去请求寝室总长开门,给我取出了衣服、棉被,又送我到调养室去睡。在路上他对我说:"你不要过于胆怯而只管服从,凡事只要有道理。我们认真是兵或犯人不成?"

有一天上课,先生点名,叫到"杨家俊",下面没有人应到,变成一个休止符。先生问级长:"杨家俊为什么又不到?"级长说:"不知。"先生怒气冲冲地说:"他又要无故缺课了,你去叫他。"级长像差役一般,奉旨去拿犯了。我们全体四十余人肃静地端坐着,先生脸上保住了怒气,反绑了手[1],立在讲台上,满堂肃静地等候着要犯的拿到。不久,级长空手回来说:"他不肯来。"四十几对眼睛一时射集于先生的脸上,先生但从鼻孔中落出一个"哼"字,拿铅笔在点名册上恨恨地一圈,就翻开书,开始授课。我们间的空气愈加严肃,似乎大家在猜虑这"哼"字中含有什么法宝。

下课以后,好事者都拥向我们的自修室来看杨伯豪。大家带着好奇的又怜悯的眼光,问他"为什么不上课?"伯豪但翻弄桌上的《昭明文选》,笑而不答。有一个人真心地忠告他"你为什么不说生病呢?"伯豪按住了《文选》回答道:"我并不生病,哪里可以说谎?"大家都一笑走开了。后来我去泡茶,途中看见有一簇人包围着我们的级长,在听他说什么话。我走近人丛旁边,听见级长正在说:"点名册上一个很大的圈饼……"又说,"学监差人来叫他去……"有几个听者伸一伸舌头。后来我听见又有人说:"将来……留级,说不定开除……"另一个声音说"还要追缴学费呢……"我不知道究竟"哼"有什么作用,大圈饼有什么作用,但看了这舆论纷纷的情状,心中颇为伯豪担忧。

---

[1] 方言,意即两手在背后交叉握住。

这一天晚上我又同他靠在长廊中的窗槛上说话了。我为他担了一天心,恳意地劝他:"你为什么不肯上课?听说点名册上你的名下划了一个大圈饼。说不定要留级,开除,追缴学费呢!"他从容地说道:"那先生的课,我实在不要上了。其实他们都是怕点名册上的圈饼和学业分数操行分数而勉强去上课的,我不会干这种事。由他什么都不要紧。""你这怪人,全校找不出第二个!""这正是我之所以为我!""……"

杨家俊的无故缺课,不久名震于全校,大家认为这是一大奇特的事件,教师中也个个注意到。伯豪常常受舍监学监的召唤和训斥。但是伯豪怡然自若。每次被召唤,他就决然而往,笑嘻嘻地回来。只管向藏书楼去借《史记》、《汉书》等,凝神地诵读。只有我常常替他担心。不久,年假到了,学校对他并没有表示什么惩罚。

第二学期,伯豪依旧来校,但看他初到时似乎很不高兴。我们在杭州地方已渐渐熟悉。时值三春,星期日我同他二人常常到西湖的山水间去游玩。他的游兴很好,而且办法也特别。他说:"我们游西湖,应该无目的地漫游,不必指定地点。疲倦了就休息。"又说,"游西湖一定要到无名的地方!众人所不到的地方。"他领我到保俶塔旁边的山巅上,雷峰塔后面的荒野中。我们坐在无人迹的地方,一面看云,一面嚼面包。临去的时候,他拿出两个铜板来放在一块大岩石上,说下次来取它。过了两三星期,我们重游其地,看见铜板已经发青,照原状放在石头上,我们何等喜欢赞叹!他对我说:"这里是我们的钱库,我们以天地为室庐。"我当时虽然仍是一个庸愚无知的小学生,自己没有一点的创见,但对于他这种奇特、新颖而卓拔不群的举止言语,亦颇有鉴赏的眼识,觉得他的一举一动对我都有很大的吸引力,使我不知不觉地倾向他,追随他。然而命运已不肯再延长我们的交游了。

我们的体操先生似乎是一个军界出身的人,我们校里有百余支很重的毛瑟枪。负了这种枪而上兵式体操课，是我所最怕而伯豪所最嫌恶的事。关于这兵式体操，我现在回想起来背脊上还可以出汗。特别因为我的腿构造异常，臀部不能坐在脚踵上，跪击时竭力坐下去，疼痛得很，而相差还有寸许，——后来我到东京时，也曾吃这腿的苦，我坐在席上时不能照日本人的礼仪，非箕踞不可。——那体操先生虽然是兵官出身，幸而不十分凶。看我真果跪不下去，颇能原谅我，不过对我说："你必须常常练习，跪击是很重要的。"后来他请了一个助教来，这人完全是一个兵，把我们都当作兵看待。说话都是命令的口气，而且凶得很。他见我跪击时比别人高出一段，就不问情由，走到我后面，用腿垫住了我的背部，用两手在我的肩上尽力按下去。我痛得当不住，连枪连人倒在地上。又一次他叫"举枪"，我正在出神想什么事，忘记听了号令，并不举枪。他厉声叱我："第十三！耳朵不生？"我听了这叱声，最初的冲动想拿这老毛瑟枪的柄去打脱这兵的头；其次想抛弃了枪跑走；但最后终于举了枪。"第十三"这称呼我已觉得讨厌，"耳朵不生？"更是粗恶可憎。但是照当时的形势，假如我认真打了他的头或投枪而去，他一定和我对打，或用武力拦阻我，而同学中一定不会有人来帮我。因为这虽然是一个兵，但也是我们的师长，对于我们也有扣分，记过，开除，追缴学费等权柄。这样太平的世界，谁肯为了我个人的事而犯上作乱，冒自己的险呢！我充分看出了这形势，终于忍气吞声地举了枪，幸而伯豪这时候已久不上体操课了，没有讨着这兵的气。

不但如此，连别的一切他所不欢喜的课都不上了。同学的劝导，先生的查究，学监、舍监的训诫，<u>丝毫不能动他</u>。他只管读自己的《史记》、《汉书》。于是全校中盛传"杨家俊神经病了"。窗外经过的人，大都停了足，装着鬼脸，窥探这神经病者的举动。我听了大众的舆论，心中也疑虑，"伯豪不要真果神经病了？"

不久暑假到了。散学前一天,他又同我去跑山。归途上突然对我说:"我们这是最后一次的游玩了。"我惊异地质问这话的由来,才知道他已决心脱离这学校,明天便是我们的离别了。我的心绪非常紊乱:我惊讶他的离去的匆遽,可惜我们的交游的告终,但想起了他在学校里的境遇,又庆幸他从此可以解脱了。

是年秋季开学,校中不复有伯豪的影踪了。先生们少了一个赘累,同学们少了一个笑柄,学校似乎比前安静了些。我少了一个私淑的同学,虽然仍旧战战兢兢地度送我的恐惧而服从的日月,然而一种对于学校的反感,对于同学的嫌恶,和对于学生生活的厌倦,在我胸中日渐堆积起来了。

此后十五年间,伯豪的生活大部分是做小学教师。我对他的交情,除了我因谋生之便而到余姚的小学校里去访问他一二次之外,止于极疏的通信,信中也没有什么话,不过略叙近状,及寻常的问候而已。我知道在这十五年间,伯豪曾经结婚,有子女,为了家庭的负担而在小学教育界奔走求生,辗转任职于余姚各小学校中。中间有一次曾到上海某钱庄来替他们写信,但不久仍归于小学教师。我二月十二日结婚的那一年,他做了几首贺诗寄送我。我还记得其第一首是:"花好花朝日,月圆月半天。鸳鸯三日后,浑不羡神仙。"抵制日本的那一年,他有喻扶桑的《叱蚊》四言诗寄送我,其最初的四句是:"嗟尔小虫,胡不自量?人能伏龙,尔乃与抗!⋯⋯"又记得我去访问他的时候,谈话之间,我何等惊叹他的志操的弥坚与风度的弥高,此外又添上了一层沉着!我心中涌起种种的回想,不期地说出:"想起从前你与我同学的一年中的情形,⋯⋯真是可笑!"他摇着头微笑,后来他叹一口气,说道:"现在何尝不可笑呢;我总是这个我。⋯⋯"他下课后,陪我去游余姚的山。途中他突然对我说道:"我们再来无目的地漫跑?"他的脸上忽然现出一种梦幻似的笑容。我也努力唤回儿时的心情,装作欢喜赞成。然而这热烈的兴采的出现真不过片刻,过后仍旧只有两条为尘劳所伤的疲乏的躯干,极不自然地移行在山脚下的小路上。仿佛一只久已死去而还未完全冷却的鸟,发出一个最后的颤动。

今年的暮春,我忽然接到育初寄来的一张明片:"子恺兄:杨君伯豪于十八年三月十二日上午四时半逝世。特此奉闻。范育初白。"后面又有小字附注:"初以其夫人分娩,雇一佣妇,不料此佣妇已患喉痧在身,转辗传染,及其子女。以致一女(九岁)一子(七岁)相继死亡。伯豪忧伤之余,亦罹此疾,遂致不起。痛战!知兄与彼交好,故为缕述之。又及。"我读了这明片,心绪非常紊乱:我惊讶他的死去的匆遽;可惜我们的尘缘的告终;但想起了在世的境遇,又庆幸他从此可以解脱了。

后来舜五也来信,告诉我伯豪的死耗,并且发起为他在余姚教育会开追悼会,征求我的吊唁。泽民从上海回余姚去办伯豪的追悼会。我准拟托他带一点挽祭的联额去挂在伯豪的追悼会中,以结束我们的交情。但我实在不能把我的这紊乱的心绪整理为韵文或对句而作为伯豪的灵前的装饰品,终于让泽民空手去了。伯豪如果有灵,我想他不会责备我的不吊,也许他嫌恶这追悼会,同他学生时代的嫌恶分数与等第一样。

世间不复有伯豪的影踪了。自然界少了一个赘累,人类界少了一个笑柄,世间似乎比从前安静了些。我少了这个私淑的朋友,虽然仍旧战战兢兢地在度送我的恐惧与服从的日月,然而一种对于世间的反感,对于人类的嫌恶,和对于生活的厌倦,在我胸中日渐堆积起来了。

我的苦学经验[1]

　　我于一九一九年,二十二岁的时候,毕业于杭州的浙江省立第一师范学校。这学校是初级师范。我在故乡的高等小学毕业,考入这学校,在那里肄业五年而毕业。故这学校的程度,相当于现在的中学校,不过是以养成小学教师为目的的。

　　但我于暑假时在这初级师范毕业后,既不作小学教师,也不升学,却就在同年的秋季,来上海创办专门学校,而作专门科的教师了。这种事情,现在我自己回想想也觉得可笑。但当时自有种种的因缘,使我走到这条路上。因缘者何?因为我是偶然入师范学校的,并不是抱了作小学教师的目的而入师范学校的。(关于我的偶然入师范,现在属于题外,不便详述。异日拟另写一文,以供青年们投考的参考。)故我在校中只是埋头攻学,并不注意于教育。在四年级的时候,我的兴味忽然集中在图画上了。甚至抛弃其他一切课业而专习图画,或托事请假而到西湖上去作风景写生。所以我在校的前几年,学期考试的成绩屡列第一名,而毕业时已降至第二十名。因此毕业之后,当然无意于作小学教师,而希望发挥自己所热衷的图画。但我的家

---

[1] 1930年11月13日作于嘉兴。原载《中学生》1931年1月1日"出了中学以后"专栏。

境不许我升学而专修绘画。正在踌躇之际,恰好有同校的高等师范图画手工专修科毕业的吴梦非君,和新从日本研究音乐而归国的旧同学刘质平君,计议在上海创办一个养成图画音乐手工教员的学校,名曰专科师范学校。他们正在招求同人。刘君知道我热衷于图画而又无法升学,就来拉我去帮办。我也不自量力,贸然地答允了他。于是我就做了专科师范的创办人之一,而在这学校之中教授西洋画等课了。这当然是很勉强的事。我所有关于绘画的学识,不过在初级师范时偷闲画了几幅木炭石膏模型写生,又在晚上请校内的先生教些日本文,自己向师范学校的藏书楼中借得一部日本明治年间出版的《正则洋画讲义》,从其中窥得一些陈腐的绘画知识而已。我犹记得,这时候我因为自己只有一点对于石膏模型写生的兴味,故竭力主张"忠实写生"的画法,以为绘画以忠实模写自然为第一要义。又向学生演说,谓中国画的不忠于写实,为其最大的缺点;自然中含有无穷的美,惟能忠实于自然模写者,方能发见其美。就拿自己在师范学校时放弃了晚间的自修课而私下在图画教室中费了十七小时而描成的 Venus 头像的木炭画揭示学生,以鼓励他们的忠实写生。当一九二〇年的时代,而我在上海的绘画专门学校中厉行这样的画风,现在回想起来,真是闭门造车。然而当时的环境,颇能容纳我这种教法。因为当时中国宣传西洋画的机关绝少,上海只有一所美术专门学校,专科师范是第二个兴起者。当时社会上人士,大半尚未知道西洋画为何物,或以为美女月份牌就是西洋画的代表,或以为香烟牌子就是西洋画的代表。所以在世界上看来我虽然是闭门造车,但在中国之内,我这种教法大可卖野人头呢。但野人头终于不能常卖,后来我渐渐觉得自己的教法陈腐而有破绽了,因为上海宣传西洋画的机关日渐多起来,从东西洋留学归国的西洋画家也时有所闻。我又在上海的日本书店内购得了几册美术杂志,从中窥知了一些最近西洋画界的消息,以及日本美术界的盛况,觉得从前在《正则洋画讲义》中所得的西洋画知识,实在太陈腐而狭小了。虽然别的绘画学校并不见有比我更新的教法,归国的美术家也并没有什么发表,但我对于自己的信用已渐渐丧失,不敢再在教室中扬眉瞬目而卖野人头了。我懊悔自己冒昧地当了这教师。我在布置静物写生标本的时候,曾为了一只青皮的橘子而起自伤之念,以为我自己犹似一只半生半熟的橘子,现在带着青皮卖掉,给人家当作习画标本了。我想窥见西洋画的全豹,我也想到东西洋去留学,做了美术家而归国。但是我的境遇不许我留学。况且我这时候已经有了妻子。做教师所得的钱,赡养家庭尚且不够,哪里来留学的钱呢?经过了许久烦恼的日月,终于决定非赴日本不可。我在专科师范中当了一年半的教师,在一九二一年的早春,向我的姊丈周印池君借了四百块钱(这笔钱我才于二三年前还电。我很感谢他第一个惠我的同情),就抛弃了家庭,独自冒险地到东京去了。得去且去,以后的问题以后再说。至少,我用完了这四百块钱而回国,总得看一看东京美术界的状况了。

但到了东京之后,就有许多关切的亲戚朋友,设法接济我的经济。我的岳父给我约了一个一千元的会,按期寄洋钱给我,专科师范的同人吴刘二君,亦各以金钱相遗赠,结果我一共得了约二千块钱,在东京维持了足足十个月的用度,到了同年的冬季,金尽而返国。这一去称为留学嫌太短,称为旅行嫌太长,成了三不像的东西。同时我的生活也是三不像的。我在这十个月内,前五个月是上午到洋画研究会中去习画,下午读日本文。后五个月废止了日本文,而每日下午到音乐研究会中去学提琴,晚上又去学英文。然而各科都常常请假,拿请假的时间来参观展览会,听音乐会,访图书馆,看opera,以及游玩名胜,钻旧书店,跑夜摊。因为这时候我已觉悟了各种学问的深广,我只有区区十个月的求学时间,决不济事。不如走马看花,吸呼一些东京艺术界的空气而回国吧。幸而我对于日本文,在国内时已约略懂得一点,会话也早已学得了几声。到东京后,旅舍中唤茶、商店中买物等事,勉强能够对付。我初到东京的时候,随了众同国人入东亚预备学校学习日语,嫌其程度太低,教法太慢,读了几个礼拜就辍学。自己异想天开,为了学习日本语的目的,向一个英语学校的初级班报名,每日去听讲两小时。他们是从 A boy,A dog 教起的,所用的英文教本与开明第一英文读本程度相同。对于英文我已完全懂得,我的目的是要听这位日本先生怎样地用日本语来解说我所已懂得的英文,便在这时候偷取日本语会话的诀窍,这异想天开的办法果然成功了。我在那英语学校里听了一个月讲,果然于日语会话及听讲上获得了很多的进步。同时看书的能力也进步起来。本来我只能看《正则洋画讲义》一类的刻板的叙述体文字,现在连《不如归》和《金色夜叉》[1]都会读了。我的对于文学的兴味,是从这时候开始的。以后我就为了学习英语的目的而另入一英语学校。我报名入最高的一班,他们教我读伊尔文的 Sketch Book。这时候我方才知道英文中有这许多难记的生字(我在师范学校毕业时只读到《天方夜谭》)。兴味一浓,我便嫌先生教得太慢。后来在旧书店里找到了一册 Sketch Book 讲义录,内有详细的注解和日译文,我确信这可以自修,便辍了学,每晚伏在东京的旅舍中自修 Sketch Book。我自己限定于几个礼拜之内把此书中所有一切生字抄写在一张图画纸上,把每字剪成一块块的纸牌,放在一只匣子中。每天晚上,像摸数算命一般地向匣子中探摸纸牌,温习生字。不久生字都记诵,Sketch Book 全部都会读,而读起别的英语小说来也很自由了。路上

---

[1] 日本旧时很著名的两部小说。

遇见英语学校的同学，询知道他们只教了全书的几分之一，我心中觉得非常得意。从此我对于学问相信用机械的方法而下苦功。知识这样东西，要其能够于应用，分量原是有限的。我们要获得一种知识，可以先定一个范围，立一个预算，每日学习若干，则若干日可以学毕，然后每日切实地实行，非大故不准间断，如同吃饭一样。照我当时的求学的勇气预算起来，要得各种学问都不难：东西洋知名的几册文学大作品，我可以克日读完；德文法文等，我都可以依赖各种自修书而在最短时期内学得读书的能力；提琴教则本 Homahmn 五册，我能每日练习四小时而在一年之内学毕；除了绘画不能硬要进步以外，其余的学问，在我都可以用机械的用功方法来探求其门径。然而这都是梦想，我的正式求学的时间只有十个月，能学得几许的学问呢？我回国之后，回想在东京所得的，只是描了十个月的木炭画，拉完了三本 Homahmn，此外又带了一些读日本文和读英文的能力而回国。回国之后，我为了生活和还债，非操职业不可。没有别的职业可操，只得仍旧做教师。一直做到了今年的秋季。十年来我不断地在各处的学校中做图画音乐或艺术理论的教师。一场重大的伤寒病令我停止了教师的生活。现在蛰居在嘉兴的穷巷老屋中，伴着了药炉茶灶而写这篇稿子。

故我出了中学以后，正式求学的时期只有可怜的十个月。此后都是非正式的求学，即在教课的余暇读几册书而已。但我的绘画音乐的技术，从此日渐荒废了。因为技术不比别的学问，需要种种的设备，又需要每日不断的练习时间。研究绘画须有画室，研究音乐须有乐器，设备不周就无从用功。停止了几天，笔法就生疏，手指就僵硬。做教师的人，居处无定，时间又无定，教课准备又忙碌，虽有利用课余以研究艺术的梦想，但每每不能实行。日久荒废更甚。我的油画箱和提琴，久已高搁在书橱的最高层，其上积着寸多厚的灰尘了。手痒的时候，拿毛笔在废纸上涂抹，偶然成了那种漫画。口痒的时候，在口琴上吹奏简单的旋律，令家里的孩子们和着了唱歌，聊以慰藉我对于音乐的嗜好。世间与我境遇相似而酷嗜艺术的青年们，听了我的自述，恐要寒心吧！

但我幸而还有一种可以自慰的事，这便是读书。我的正式求学的十个月，给了我一些阅读外国文的能力。读书不像研究绘画音乐一样地需要设备，也不像研究绘画音乐一样地需要每日不断的练习。只要有钱买书，空的时候便可阅读。我因此得在十年的非正式求学期中读了几册关于绘画、音乐艺术等的书籍，知道了世间的一些些事。我在教课的时候，常把自己所读过的书译述出来，给学生们做讲义。后来有朋友开书店，我乘机把这些讲义稿子交他刊印为书籍，不期地走到了译著的一条路上。现在我还是以读书和译著为生活。回顾我的正式求学时代，初级师范的五年只给我一个学业的基础，东京的十个月间的绘画音乐的技术练习已付诸东流。独有非正式求学时代的读书，十年来一直随伴着我，慰藉我的寂寥，扶持我的生活。这真是以前所梦想不到的偶然的结果。我的一生都是偶然的，偶然入师范学校，偶然欢喜绘画音乐，偶然读书，偶然译著，此后正不知还要逢到何种偶然的机缘呢。

读我这篇自述的青年诸君！你们也许以为我的读书生活是幸运而快乐的；其实不然，我的读书是很苦的。你们都是正式求学，正式求学可以堂堂皇皇地读书，这才是幸运而快乐的。但我是非正式求学，我只能伺候教课的余暇而偷偷隐隐地读书。做教师的人，上课的时候当然不能读书，开议会的时候不能读书，监督自修的时候也不能读书，学生课外来问难的时候又不能读书，要预备明天的教授的时候又不能读书。担任了它一小时的功课，便是这学校的先生，便有参加议会、监督自修、解答问难、预备教授的义务；不复为自由的身体，不能随了读书的兴味而读书了。我们读书常被教务所打断,常被教务所分心,决不能像正式求学的诸君的专一。所以我的读书,不得不用机械的方法而下苦功,我的用功都是硬做的。

我在学校中,每每看见用功的青年们,闲坐在校园里的青草地上,或桃花树下,伴着了蜂蜂蝶蝶、燕燕莺莺,手执一卷而用功。我羡慕他们,真像潇洒的林下之士!又有用功的青年们,拥着棉被高枕而卧在寝室里的眠床中,手执一卷而用功。我也羡慕他们,真像耽书的大学问家!有时我走近他们去,借问他们所读为何书,原来是英文数学或史地理化,他们是在预备明天的考试。这使我更加要羡慕煞了。他们能用这样轻快闲适的态度而研究这类知识科学的书,岂真有所谓"过目不忘"的神力么?要是我读这种书,我非吃苦不可。我须得埋头在案上,行种种机械的方法而用笨功,以硬求记诵。诸君倘要听我的笨话,我愿把我的笨法子一一说给你们听。

在我,只有诗歌、小说、文艺,可以闲坐在草上花下或奄卧在眠床中阅读。要我读外国语或知识学科的书,我必须用笨功。请就这两种分述之。

第一,我以为要通一国的国语,须学得三种要素,即构成其国语的材料、方法,以及其语言的腔调。材料就是"单语",方法就是"文法",腔调就是"会话"。我要学得这三种要素,都非行机械的方法而用笨功不可。

"单语"是一国语的根底。任凭你有何等的聪明力,不记单语决不能读外国文的书,学生们对于学科要求伴着趣味,但谙记生字极少有趣味可伴,只得劳你费点心了。我的笨法子即如前所述,要读Sketch Book,先把Sketch Book中所有的生字写成纸牌,放在匣中,每天摸出来记诵一遍。记牢了的纸牌放在一边,记不牢的纸牌放在另一边,以便明天再记。每天温习已经记牢的字,勿使忘记。等到全部记诵了,然后读书,那时候便觉得痛快流畅。其趣味颇足以抵偿摸纸牌时的辛苦。我想熟读英文字典,曾统计字典上的字数,预算每天记诵二十个字,若干时日可以记完。但终于未曾实行。倘能假我数年正式求学的日月,我一定已经实行这计划了。因为我曾仔细考虑过,要自由阅读一切的英语书籍,只有熟读字典是最根本的善法。后来我向日本购买一册《和英根底一万语》,假如其中一半是我所已知的,则每天记二十个字,不到一年就可记完,但这计划实行之后,终于半途而废。阻碍我的实行的,都是教课。记诵《和英根底一万语》的计划,现在我还保留在心中,等候实行的机会呢。我的学习日本语,也是用机械的硬记法。在师范学校时,就在晚上请校中的先生教日语。后来我买了一厚册的《日语完璧》,把后面所附的分类单语,用前述的方法一一记诵。当时只是硬记,不能应用,且发音也不正确;后来我到了日本,从日本人的口中听到我以前所硬记的单语,实证之后,我脑际的印象便特别鲜明,不易忘记。这时候的愉快也很可以抵偿我在国内硬记时的辛苦。这种愉快使我甘心消受硬记的辛苦,又使我始终确信硬记单语是学外国语的最根本的善法。

关于学习"文法",我也用机械的笨法子。我不读文法教科书,我的机械的方法是"对读"。例如拿一册英文圣书和一册中文圣书并列在案头,一句一句地对读。积起经验来,便可实际理解英语的构造和各种词句的腔调。圣书之外,他种英文名著和名译,我亦常拿来对读。日本有种种英和对译丛书,左页是英文,右页是日译,下方附以注解。我曾从这种丛书得到不少的便利。文法原是本于论理的,只要论理的观念明白,便不学文法,不分 noun 与 verb 亦可以读通英文。但对读的态度当然是要非常认真。须要一句一字地对勘,不解的地方不可轻轻通过,必须明白了全句的组织,然后前进。我相信认真地对读几部名作,其功效足可抵得学校中数年英文教科。——这也可说是无福享受正式求学的人的自慰的话；能入学校中受先生教导，当然比自修更为幸福。我也知道入学是幸福的，但我真犯贱，嫌它过于幸福了。自己不费钻研而袖手听讲，由先生拖长了时日而慢慢地教去，幸福固然幸福了，但求学心切的人怎能耐烦呢？求学的兴味怎能不被打断呢？学一种外国语要拖长许久的时日，我们的人生有几回可供拖长呢？语言文字，不过是求学问的一种工具，不是学问的本身。学些工具都要拖长许久的时日，此生还来得及研究几许学问呢？拖长了时日而学外国语，真是俗语所谓"拉得被头直，天亮了！"我固然无福消受入校正式求学的幸福；但因了这个理由，我也不愿消受这种幸福，而宁愿独自来用笨功。

关于"会话"，即关于言语的腔调的学习，我又喜用笨法子。学外国语必须通会话。与外国人对晤当然须通会话，但自己读书也非通会话不可。因为不通会话，不能体会语言的腔调；腔调是语言的神情所寄托的地方，不能体会腔调，便不能彻底理解诗歌小说戏剧等文学作品的精神。故学外国语必须通会话。能与外国人共处，当然最便于学会话。但我不幸而没有这种机会，我未曾到过西洋，我又是未到东京时先在国内自习会话的。我的学习会话，也用笨法子，其法就是"熟读"。我选定了一册良好而完全的会话书，每日熟读一课，克期读完。熟读的方法更笨，说来也许要惹人笑。我每天自己上一课新书，规定读十遍。计算遍数，用选举开票的方法，每读一遍，用铅笔在书的下端划一笔，便凑成一个字。不过所凑成的不是选举开票用的"正"字，而是一个"读"字。例如第一天读第一课，读十遍，每读一遍画一笔，便在第一课下面画了一个"言"字旁和一个"士"字头。第二天读第二课，亦读十遍，亦在第二课下面画一个"言"字和一个"士"字，继续又把昨天所读的第一课温习五遍，即在第一课的下面加了一个"四"字。第三天在第三课下画一"言"字和"士"字，继续温习昨日的第二课，在第二课下面加一"四"字，又继续温习前日的第一课，在第一课下面再加了一个"目"字。第四天在第四课下面画一"言"字和一"士"字，继续在第三课下加一"四"字，第二课下加一"目"字，第一课下加一"八"字，到了第四天而第一课下面的"读"字方始完成。这样下去，每课下面的"读"字，逐一完成。"读"字共有二十二笔，故每课共读二十二遍，即生书读十遍，第二天温五遍，第三天又温五遍，第四天再温二遍。故我的旧书中，都有铅笔画成的"读"字，每课下面有了一个完全的"读"字，即表示已经熟读了。这办法有些好处：分四天温习，屡次反复，容易读熟。我完全信托这机械的方法，每天像和尚念经一般地笨读。但如法读下去，前面的各课自会逐渐地从我的唇间背诵出来，这在我又感得一种愉快，这愉快也足可抵偿笨读的辛苦，使我始终好笨而不迁。会话熟读的效果，我于英语尚未得到实证的机会，但于日本语我已经实证了。我在国内时只是笨读，虽然发音和语调都不正确，但会话的资料已经完备了。故一听到日本人的说话，就不难就自己所已有的资料而改正其发音和语调，比较到了日本而从头学起来的，进步快速得多。不但会话，我又常从对读的名著中选择几篇自己所最爱读的短文，把它分为数段，而用前述的笨法子按日熟读。例如 Stevenson 和夏目漱石的作品，是我所最喜熟读的材料。我的对于外国语的理解，和对于文学作品的理解，都因了这熟读的方法而增进一些。这益使我始终好笨而不迁了。——以上是我对于外国语的学习法。

　　第二，对于知识学科的书的读法，我也有一种见地：知识学科的书，其目的主要在于事实的报告；我们读史地理化等书，亦无非欲知道事实。凡一种事实，必有一个系统。分门别类，源源本本，然后成为一册知识学科的书。读这种书的第一要点，是把握其事实的系统。即读者也须源源本本地谙记其事实的系统，却不可从局部着手。例如研究地理，必须源源本本地探求世界共分几大洲，每大洲有几国，每国有何种山川形胜等。则读毕之后，你的头脑中就摄取了地理的全部学问的梗概，虽然未曾详知各国各地的细情，但地理是什么样一种学问，我们已经知道了。反之，若不从大处着眼，而孜孜从事于局部的记忆，即使你能背诵喜马拉雅山高几尺，尼罗河长几里，也只算一种零星的知识，却不是研究地理。故把握系统，是读知识学科的书籍的第一要点。头脑清楚而记忆力强大的人，凡读一书，能处处注意其系统，而在自己的头脑中分门别类，作成井然的条理；虽未看到书中详叙细事的地方，亦能知道这详叙位在全系统中哪一门哪一类哪一条之下，及其在全部中重要程度如何。这仿佛在读者的头脑中画出全书的一览表，我认为这是知识书籍的最良的读法。

但我的头脑没有这样清楚，我的记忆力没有这样强大。我的头脑中地位狭窄，画不起一览表来。倘教我闲坐在草上花下或奄卧在眠床中而读知识学科的书，我读到后面便忘记前面。终于弄得条理不分，心烦意乱，而读书的趣味完全灭杀了。所以我又不得不用笨法子。我可用一本 notebook 来代替我的头脑，在 notebook 中画出全书的一览表。所以我读书非常吃苦，我必须准备了 notebook 和笔，埋头在案上阅读。读到纲领的地方，就在 notebook 上列表，读到重要的地方，就在 notebook 上摘要。读到后面，又须时时翻阅前面的摘记，以明此章此节在全体中的位置。读完之后，我便抛开书籍，把 notebook 上的一览表温习数次。再从这一览表中摘要，而在自己的头脑中画出一个极简单的一览表。于是这部书总算读过了。我凡读知识学科的书，必须用 notebook 摘录其内容的一览表。所以十年以来，积了许多的 notebook，经过了几次迁居损失之后，现在的废书架上还留剩着半尺多高的一堆 notebook 呢。

我没有正式求学的福分，我所知道于世间的一些些事，都是从自己读书而得来的；而我的读书，都须用上述的机械的笨法子。所以看见闲坐在青草地上，桃花树下，伴着了蜂蜂蝶蝶、燕燕莺莺而读英文数学教科书的青年学生，或拥着棉被高枕而卧在眠床中读史地理化教科书的青年学生，我羡慕得真要怀疑！

记音乐研究会中所见之一[1]

为了我要看胡适之先生的《敬告日本国民》及室伏高信对他的通信，有一位朋友把最近几期《独立评论》寄送我。我看过了要看的之后，翻阅其他，发现该刊第一七八号中有一篇署名向愚的《东京帝大学生生活》。其中有这样的几段："上课的时候并不打钟或摇铃，时间到了，大家进课堂等候。先生普通是过了规定的上课时间二十分钟上下才进课堂来的。先生没有进来之前，学生安静地等候着；先生将要来了，脱下雨衣，大氅和帽子，扣好了扣子；先生进来了，起立致敬。学科除了必要时用原文课本外，什么讲义也没有。先生讲，学生笔记。教授们都是留学过德国和英美诸邦的，讲述的时候，日语德语和英语掺杂在一块儿，学生们过去在高等学校（大学预科）时代已经受了德语和英语的训练了，所以毫无困难地埋头把先生所讲的东西笔记下来。两小时的功课是连下去的，先生认为到了该结束的时候了，也就结束了，并不等到规定的下课时间之到来。下课的时候，学生仍是起立致敬，一种尊敬师长的空气笼罩了全课堂。""上课的时候，并没有查堂或点名的事情，而从没有看见过学生缺课。因为他们深切

---

[1] 写于1936年1月9日。原载《宇宙风》1936年2月1日第10期，原名《记东京某音乐研究会中所见》。

地明了他们目前所为的是何事。""学生进图书馆时要将学生证交给坐在二门门口的看守者看,同时把帽子脱下来。千百个人静悄悄的或是整理课堂的笔记,或是看自己带来的先生的专门著作(帝大教授每一个人都有他的有系统的专门著作)或由图书馆借下来的书籍。整天的工夫或半天的工夫,一双眼睛注视在书籍上面,没有倦容。他们这种勤学苦干的精神,令人觉得明治维新到今日不过几十年,把一个国家弄到这种田地,并非偶然。"

我读了这几段颇有所感,忆起了我所不能忘却的,十五年前在东京某音乐研究会中的所见。

日本学生的勤学苦干的精神,真是可以使人叹佩的。而我在某音乐研究会中所见的医科老学生的勤学苦干的精神尤可使我叹佩到不能忘却。他的相貌和态度,他的说话和行为,我到现在还能清楚详细地回忆起来。

那一年的春天,我到东京一个私办的音乐研究会去报名,入提琴科。缴了每月五元的学费,拿到一张会员证。会的规则,每天下午自一时至六时之间,皆可凭会员证入会研究,迟早却随便。他们原是适应有正业的人的业余研究而创办的。但所谓研究,其实只有头二十分钟受先生指导,其余的时间只是自己在练习室里熟练。我因为住的是旅馆,练起提琴来恐怕邻室的人嫌烦恼,不如就在研究会中练习,来得放心,所以每天一点钟就去,直到五六点钟方才出会。会址只有两楼两底和一个扶梯入口。楼上是提琴科,楼下是洋琴科。扶梯入口处放一只桌子,桌子旁边坐着一个事务员兼门房的人,我的会费交此人收领;每天到会时,也请此人检验会员证,然后上楼。楼上两间房间中,外间很大,是练习室。壁上挂着许多提琴(大概是五块钱一只的起码货),不曾自备乐器的人可以自由借用,四周地上立着许多谱台,会员也可自由使用。此外并无一物。因为地上是席子,休息时尽可在地上坐卧。内间很小，但又用板壁划分为二，是两位教师住的房间，但每间里面只有一个桌子，两个椅子，和两个谱台。教师从下午一时起至六时，即来到室内，等候学生轮流进去请教。（轮流的次序，以名牌为凭。我们一到会，先从事务员受得一张名牌。拿了名牌上楼，依照到会先后，顺次挂在内室门口的名牌板上，先生开始授业时，即依名牌的次序顺次授教。）教师一男一女，男教师教已有研究的老学生，女教师教初学提琴的新学生。我是初学提琴的新学生，当然受业于女先生的门下。有生以来，向女先生受教，这是最初次，又是最后次。我最初感到一种无名的不快。但受教了几天以后，就释然了。因为那位女先生的态度极诚恳，教法极良好，技术又极高明，只得使人心悦诚服。我因为没事，到会最早，往往第一个受课。因为外面还没人到，先生教得很从容，除详细指导奏法外，这位女先生常常和我谈谈个人的事和中国的事。她是东京音乐学校的初年级主任教师，上午在该校授课，下午到这里授课。她对中国音乐很景仰，有一次对我说，"中国音乐是神圣的，可惜失传了。"

　　上面所叙述的，是我当时的环境，也是我们那位医科老学生的环境。我入会后的数星期，新来一个会员。其人身躯短小，脸上表出着多数日本人所共有的特色：浓眉，黑瞳，青颊，糙脸皮，外加鼻尖下一撮浓胡子。他的脸上少有笑颜，态度谨严，举止稳重，他大约是三十几岁的中年人了。他每天要到二点多钟，方始急急忙忙地上楼来。把名牌一挂，就开始练习。他所占的练习位置，与我相邻。因此他一来就同我招呼。他见我是先进，每天把提琴托我校弦。因为他自己还没有置备提琴，每天借用会里的乐器；而会里的乐器，弦线都是没有校正的。我同他相邻站着练习，他的练习我都能清楚听到。他的手法很生硬，左手摸音全然不当，以致音程完全不正。右手擦弓非常笨拙，以致发音非常难听。最初几天我也不怪，因为初学提琴，总不免一时难于入门的。过了好几时,有一次,我故意停止了自己的练习,听听他的练习看,想知道他练到第几课了。(我们所用的练习本是相同的。)但听了好久,总听不出来。我疑心他所用的练习本与我所用的不同。不然,难道他迟来反比我先进,已经练到我所没有练过的地方了?于是我乘势休息,把我的琴搁在谱台旁,闲步到他身边去,偷看他的乐谱。原来他所用的书同我的并不两样。而展开着的还只是开头某页;他所热心地练习着的,正是很浅易的某一课。我的心中有些儿惊异:这种练习课都是我所熟弹过的,应该一听就可以知道是某课。何以他所弹的我竟一句也听不懂,好像完全不是这册书里的乐曲呢?于是我用了侦察的兴味,偷看他的眼睛所注视的谱表,又偷看他的左手指所摸的弦线。久而久之,方才知道他所弹的确是这一课的乐曲,只因左手摸的太不精确,故音程不正;右手拉的太生硬,故发音嘈杂;外加拍子全然不讲,于是乐曲中的音符犹如一盘散沙,全不入调。怪不得我听了莫名其妙。我看出了:他是一个全然没有音程观念,没有手指技巧,没有拍子观念,又没有乐谱知识,而冒昧地入这研究会,冤枉地站在这里练习的人。我确定了这观察后最初的冲动,是想立刻夺了他手中的乐器,谆谆地忠告他说:"你拉的完全不对!你是完全没有音乐先天的人!你不配学提琴!你还是趁早退出去吧!"然而我没有如此做。于是这冲动就一变而为怜悯。我从他背后看看他的骨瘦棱棱的项颈,带着灰白的头发,伛偻的背部,和痉挛的两臂,又听听他那不成腔调的演奏,"Kawaisoda!"这一句日本语不期地浮出了我的脑际。

当我正在怜悯他的时候,另一个日本人的会员也走近来,和我一同站在他背后参观他的演奏。这个人参观了一会儿,哑然地笑出,旋转头来对我使个眼色,便昂然地走了开去。他的笑和眼色,分明地表示着他也已看到了我所看到的情形,仿佛是在对我说:"这样的人也会来学提琴的!你看奇不奇?"这个人大概不知道我是外国人的。不然，他已忘怀于国际界限了。于是我对于我身边这个可怜的练习者，也忘怀了国际的界限，觉得不能袖手旁观了。我因有替他校弦的历史，就老实不客气地装作先进者，用手扣他的肩膀，说道："你的拍子弹错了！"他旋转头来一看，停止了弹奏，谦虚感谢地对我说道："这东西很难弹呢！我实在要命了！请你替我校正校正！"就把琴递给我。我为他指出拍子错误的地方来，弹一遍给他听了，然后把琴交还他。于是他热心地学习，向我提出了种种疑问——程度都是很幼稚的，但态度却是很认真的。例如关于音程的摸不正确，他问我"各指的距离有否一定的尺寸？""可否在弦线上用墨画个记号？"诸如此类，都认真得可笑。然而我对他的友谊的指导，在他极少有利益。因为指导过后，听他弹奏起来，比前好得有限。指导的地方改正了些，未经指导的地方仍是错误。这可见他不是根本理解，乃是局部硬学，其结果仍旧是可怜的。

从此之后，他对我的交谊深进了一步。这一天五点过后，大家将要散出，坐在席上吸烟的时候，他就同我谈起平生来。这时候我方才知道他是离东京很远的乡下人，是某医科学校的学生。为了平生缺乏艺术的修养，因此利用课余的时间，来这里选习提琴。他告诉我，他将来还想到德国去，德国是音乐很发达的地方，所以他决心研究音乐。说到"决心"两字，他的态度十分认真，把头点一点，表示他是一个有志者。我觉得这是日本青年所特有的毅力与真率的表示，在中国是见不到的。中国青年因怕倒霉，说话就调皮。即使想到德国去，事前一定不说，或者偏说"不去"。即使抱了研究音乐的决心，也不肯向人宣布，或者反说"我一定学不好的"。他们以为说"不去"而"去"了，说"一定学不好"而"果然学好"了，是"有面子"的，"光荣"的，"巧"的。这原是出于自爱之心的，不能说它是恶德；但弄巧成拙，"虚伪""懦怯"往往也从这里产生。与其如此，倒不如这位日本医科老学生的天真可爱了。闲话少说，我当时听了这位医科老学生的自白，在心中窃笑他的不自量力。便问："你为什么选习提琴呢？听说德国洋琴音乐最发达。而且洋琴比提琴容易入门。你何不选习洋琴呢？"我这话的重心，在于"而且"以下的数语。但他似乎听不懂，答道："提琴音色优美，而且提带便利。听说这是西洋乐器中价值最高的一种，我非选择它不可。"我再没有话好说，只有"Sodesuka？ Sayonara"！这一天我们分别时，我心中认定他是一个可怜的无自觉的妄人。

然而他后来的言行，渐渐地把我对他的观念改良起来，直到使我钦佩他为止。第二天下午，他去受课的时候，我正在休息时间。被一种"冷酷"的，或者可说是"幸灾乐祸"的好奇心所迫，我就跟进去听。女先生的教室有两扇短的自关门，像我国菜馆里所常见的。我站在门外可以看见他和女先生的脚的行动，又听到他们的谈话。但见这位医科老学生走进之后，不请授课，却放下提琴，恭敬地站着，向女先生谈话起来。他们的谈话大致如此：

"先生：你看我有没有学会提琴的希望？"

"嗳？——你当然有的！"

"昨天那位同学告诉我，我的音程，拍子，和手法都很不对。先生看究竟如何？"

"你的练习的确还在初步。但是初学这乐器，总有相当困难，你来这里不到一月呢！虽然进步不能算快，但也不算最慢。只要认真练习，不灰心，一定有成功的希望。拍子的正确，是音乐学习上最根本的要件。你可以这样去练习……"

以后女先生所讲的都是关于音乐学习法的话，医科学生热心地谛听。随后女先生拿起提琴，用她那穿着草鞋的脚在楼板上用力按拍，实际地教导这医科学生拍子的练习法。这时候我就退出，自去练琴了。

自此以后，我的邻席的练习非常勤苦。我们普通的规则，练习廿分钟，休息十分钟，同绘画研究会里的莫特尔一样。但当大家休息的时候，这位医科老学生独不休息。于是他的琴声单独地响着，给大家清清楚楚地听到。他的拍子和音程固然比前正确了一半，但是还有一半仍是不正确的，引得休息的大家默笑。然而他完全不顾，旁若无人地只管练习。

我在这研究所练习，一共六个月，弹完了练习书第三册而退出。医科学生比我迟二三个星期入会。但当我退出的时候，他还没有弹完第一册。然而他的练习已经渐上轨道，拍子和音程固然相当地正确了，拉的手法也相当地纯熟了。这时候我心中真心地赞美"苦学万能"！这个可怜的不自量力的妄人，我最初曾经断定他是永远不能入音乐之门的。不料他的毅力的奋斗果然帮他入了音乐之门。以后造就虽然不可知，过去的进步已成确凿的事实了。我退出研究会的时候，他对我热诚地惜别，又谢我对他的屡次的指导。他说："全靠你的友谊的指导，我的音乐进步了些，虽然进步得很慢。"我对他的毅力十分钦佩，但是没有话可说。现在我想：我国古人教人习字时须坐得端正，有"非是要字好，只此是学"的话。这位提琴练习者的音乐的造就，可想见其一定不大；然而他的精神的确可佩，可说是"非是要乐好，只此是学"了。现在我又想：西洋寓言中有龟兔赛跑之说。我当时总算比他富有音乐的先天，得到三与一之比的成绩。但照他的毅力，十五年来，恐防已经像他所决心地留学德意志，学成了医学与提琴的专家而"归朝"，已达到"有志者事竟成"的地步，亦未可知。而我归国后就为生活所逼，放弃提琴，至今已十五寒暑未曾重温旧业，眼见得今生不会再有从提琴上获得感兴的日子了。那么我们的提琴练习就像龟兔赛跑，他是那胜利的乌龟，我是那失败的兔子，可胜叹哉！

想起了上述的所见，我觉得《独立评论》那篇文章中"他们这种勤学苦干的精神，令人觉得明治维新到今日不过几十年，把一个国家弄到这种田地，并非偶然"的话，并非偶然。

胡适之先生《敬告日本国民》中有云："日本国民在过去六十年中的伟大成绩，不但是日本民族的光荣，无疑的也是人类史上的一桩'灵迹'。任何人读日本国维新以来六十年的光荣历史，无不感觉惊叹兴奋的。"我想，这个"灵迹"，大约是我在东京某音乐研究会中所见的医科老学生及向愚先生所述的帝大学生之类的人所合力造成的。但我的所见已是十五年前的旧事，不足为凭了。据向愚先生所说，现在东京帝大学生的思想"萎靡不振，令人太失望了"。又帝大的文学部心理学科讲师户幡太郎说，现代日本学生的思想，已由"唯物史观"转向到"就职史观"了。唯物史观不论是否，总是一种人生观。就职史观就是只求有饭吃，不讲人生观了。这是何等的萎靡不振！若果如此，那种毅力和勤学苦干的精神，今后对日本"非徒无益，而又害之"了。

记音乐研究会中所见之二[1]

整理旧书,偶然检出一册手抄的乐谱来。暗黄的封面已经半旧,蓝墨水的颜色已变成深黑。我对这册书似乎曾经有过密切的关系。翻看内容,都是附着洋琴伴奏的怀娥铃曲谱。从曲题的文字上,可以显然认识它是我自己的手笔。但是什么时候,为了什么,在什么地方抄写这册乐谱的?一时自己也记不起来。翻到末页,看见底封面的里面横斜地写着三行英字,也是我自己的笔迹。其文曰:

What is in your heart let no one know;

When your friend becomes your foe,

Then will the world your secret know,

读下去音调很熟,意味也很自然,好像是曾经熟读而受它感动过的。对卷沉思了一会儿,字里行间忽然隐约地现出一副毛发蓬松的林先生的脸面来。别的回想也就跟了它浮到我的脑际。

林先生是十六七年前我在东京时的音乐先生。他的名字叫什么,我已忘记,但记得我叫他 Hayashi(林)先生。他住在东京最热闹的电车站之一的春日町的附近的一条小弄里。他的音乐私人教授的招牌

---

[1] 写于1936年2月11日。原载《宇宙风》1936年3月1日第12期,原名《研究生》。

上画着指路箭，挂在从春日町望去可以看见的地方。我到东京后，先在某音乐研究会中练习了几个月怀娥铃。技术上了轨道之后，嫌那研究会中的先生所教的基本练习书太枯燥，想换一个私人教授的地方去，点品学些怀娥铃独奏的短曲——尤其是夜曲之类的抒情曲，因为我当时酷嗜这种音乐。有一天，我在春日町望见了这块招牌，就依路箭所示，转进铺着不规则形的石块的小弄，寻到他家里去索章程。他的家的表面，只有一扇开着的门，门内装着一部扶梯，扶梯上头有隐约的琴声，却不见一个人影。我入门，只得喊声 gomen，跨上扶梯去。走完扶梯吃了一惊。那扶梯所导入的长方形房间中，四周有许多人围着一张长方形矮桌，在靠墙脚的席地上正襟危坐。矮桌上放着一只形似香炉的香烟灰缸，此外别无他物。这印象现在我想起了还觉得诧异，好似谁从庙里搬了许多罗汉像来，用香炉供养在家里。我对他们说："请给我一份规则书。"一时无人接应，后来坐在门口的一人向矮桌子底下摸了一张纸，默默地递给我。我接受了走下扶梯时，但闻内室琴声乍起，悠扬婉转，一直护送我到门外铺着不规则形的石块的小路上。

第二天早上，我去报名，一个穿和服的毛发蓬松的男子出来接应。后来我知道他就是音乐教师林先生。林先生教的洋琴（piano）提琴（violin）与大提琴（cello）三科，学费相当地贵，每人每月六元，每星期授课三次。他先问我有否学过音乐。知道我已有些基本练习经验，然后许我入学。我选习的是提琴科，而且指定要学提琴的小曲。他教我买一册 light opera melodies，就从这一天教起，每日下午三四点钟来学。这一天下午，我带了新书和提琴到课，所见的情形与昨日相同。这时候我才知道：扶梯室内的许多罗汉像，都是坐着等候顺次受教的学生，而林先生这个塾中，除了他一人以外，是没有家族仆人，或办事员的。于是我也依来到的先后，挨次坐着静候轮番。教室就在隔壁，先生在教室中按叫人铃，我们中就有一人进去受教。这人课毕退出，即下楼归家。第二次叫人钟响时，第二人继续进去受教。每人的教受时间久暂不一，平均每人要一刻钟。但我坐着等候轮番，并不觉得十分心焦。因为琴声可以分明地听见，而学生大概都有相当程度，所教奏的乐曲不是浅近枯燥的基本练习，都是富有趣味的名曲。若是提琴或大提琴，林先生必用美丽的洋琴伴奏来帮助他学习。这在我们旁听者，不但有兴味，又有借镜，观摩的利益。因这缘故，扶梯上等待室中的人，大家像罗汉像一般地正襟危坐，绝无喧扰。有些人，课毕后还不肯返家，依旧坐在等待室中，专为旁听。

　　林先生的教法，严格而有趣味。对于没有弹熟旧课的人，绝对不教新课，只是给他一番勉励和几点指示，然后教他把已经弹熟的乐曲演奏一遍，自己用伴奏附和，圆满地奏毕一曲，然后放他回去。学习者为求进步，自会用功起来，每次把旧课练得烂熟，然后去受课。于是林先生兴味蓬勃，伴奏时手舞足蹈；同时那毛发蓬松的颜面又随了曲趣而装出种种的表情来，以助长音乐的气势。故虽曰教授，所演奏的音乐都很圆熟，有如音乐会中的所闻，无怪学习者都愿意逗留在等待室旁听了。先生的技术非常纯熟：自己一面弹着复杂的伴奏，一面还要周详地顾到学习者，时时用嘴巴、眼色或态度来当作记号，预先通知学习者难关的来到，缺陷的校正，和演奏上种种注意点。所以学习者的课业即使练得未曾十分纯熟，得了林先生的帮助自会顺水推船；倘然已经练得十分纯熟，得了先生的伴奏而演习便有浓厚的兴味。我还记得：当年在东京时最大的乐事，是练熟了乐曲而去请林先生伴奏。

　　有一次，为了要听同学某君的受课，我课毕不还家，逗留在等待室中。直到全体退出，我方动身。不期林先生开门出来，见我早已受课而最后退出，惊奇地问："你为什么到现在才回家？"我直告所以，并且说爱听先生的伴奏。他留住我，和我闲谈起来。讲了许多音乐上的话之后，又问我中国的情形，和我个人的情形。他不断地吸纸烟，不断地想出话题来问我。我知道他现在是结束了一天的教授工作，正在要求一个人同他闲谈，以资休息而解沉闷。我也问起他个人的情形，他很愿意告诉我。由此我知道他是一个孤寂的独身者，曾经在本国音乐学校毕业，又到德国研究。回国后就在这条东京的小弄里开设个人教授，十年于兹。每天自上午九时至下午五时，不绝地教人或伴人奏乐，生活很是呆板而辛苦。他自己说："我是以音乐为生活的。"说着，伸出两只手给我看。手指尖上的皮厚得可怕，好似粘着十张螺钿。我曾经听同学的人说，这位先生生活很古怪，除音乐外，别无嗜好。平日足不出户，也无朋友来访。日出而作，日入而息；除了以教授糊口之外，无求于世，世亦无求于他。这时候我从他手指尖上的十张螺钿看到他那细长的手，筋肉强硬的臂，因了长年的提琴担负而左高右低了的肩，以及他那不事修饰的衣服，毛发蓬松的颜面，几乎不能相信教课时那种美丽的音乐，是这个身体所作出来的。我便想象，他的身体好比一架巧妙的音乐演奏的机器，表面虽因年代长久而污旧，里面的发条、齿轮、螺旋等机件都很齐全坚强，而灵便，是世间上无论何种真的机器所不及的。又想：人间制作音乐艺术，原是为了心灵的陶冶，趣味的增加，生活的装饰。这位先生却屏除了一切世俗的荣乐，而把全生涯贡献于这种艺术。一年四季，一天到晚，伏在这条小弄里的小楼中为这种艺术做苦工，为别人的生活造幸福。若非有特殊的精神生活，安能乐此不倦？于是我觉得这个毛发蓬松的人可敬，这双粘着螺钿的手可爱。看他的年纪已近五十，推想他这种生活的延长，至多也不过头二十年罢了。我私自扼腕：可惜这种特殊的精神，这种纯熟的技术，托根在不久行将衰朽的肉体上，不能长存于世间。因此便问："先生自编的伴奏谱，可曾出版行世？"他说："不愿意出版。但你欢喜时可借去抄。"这一天告别时我就借得了数曲，拿回去抄在一册暗黄色硬面的乐谱练习簿上。

  此后我为欲借乐谱,和质疑,屡屡最后退出。而林先生心照不宣,课毕时把门推开,探头出来望望看。见我留着,照例笑着点点头,拿着一支点着的香烟,出来和我闲谈。这种机会积多起来,使我相信林先生确是一个孤独而古怪的人。我从五时一直坐到天黑,从未看见有人来访,也从未听说他自己要出门。只有隔壁的一个老太婆,是他的房东兼短工,难得来供给一壶开水,或是替他买一包香烟。稔熟之后,他有时引我走进他的卧室——他家一共只有三间房间,扶梯顶上是等待室,隔壁是教室,再隔壁是他的卧室——我看见室内除了几架音乐书谱,及一小桌,数蒲团以外,只有壁间挂着两幅壁饰,直的一幅是乐圣裴德芬(Beethoven)像,横的一幅是用毛笔写的三行英诗,就是前面所偈的三句,笔致是篆文的,而字是英文的。诗的文句很神秘,颇不乏牵惹青年时代的我的心的魔力。当时我便记在心头,归家后把它们写在乐谱的底封面里。我觉得这三句诗与林先生的生活很调和。以后每逢去上音乐课,每逢见了林先生,每逢见了这册书,甚至每逢经过春日町,心里必暗诵起这三句诗来。直到我辞别林先生,离开东京为止,这三句诗常在我的心头响着。

  我归国后即疏远音乐技术,十六七年长把这册乐谱填塞在旧书箧底。这诗句的观念,与林先生的印象,也在这十六七年中渐渐淡薄,几乎褪尽。这会儿因整理旧书而重寻旧事,好比把一张褪色的照片用线条来重描一遍。虽然失却了照相原来的写实风,却另得了一种画意与诗趣。

立达五周年纪念感想[1]

立达五周年纪念了。在五周年纪念的时节，我便想起五年前立达诞生的光景。

现在全学园中，眼见立达诞生的人，已经很少。据我算来，只有匡先生、陶先生、练先生[2]、我，和校工郭志邦五个人。下面的旧话，可在我们五个人的心中唤起同样的感兴。

一九二四年的严冬，我们几个飘泊者在上海老靶子路租了两幢房子，挂起"立达中学"的招牌来。那时我日里[3]在西门另一个学校中做教师，吃过夜饭，就搭上五路电车，到老靶子路的两幢房子里来帮办筹备工作。那时我们只有二三张板桌，和几只长凳，点一盏火油灯。我喜欢喝酒，每天晚上一到立达，从袋中摸出两只角子来，托"茶房"（就是郭志邦君，我们只有惟一的校工，故不称他郭志邦，而用"茶房"这个普通名词称呼他）去打黄酒。一面喝酒，一面商谈。吃完了酒，"茶房"烧些面给我们当夜饭吃。夜半模样，我再搭了五路电车回到我的寄食处去睡觉。——这样的日月，度过了约有三四个礼拜。

1　原载《缘缘堂随笔》（开明书店1931年1月版）。

2　即匡互生、陶载良、练为章。

3　方言，意即白天。

正是这几天的天气。

不久我们为了房租太贵，雇了一辆榻车[1]，把全校迁到了小西门黄家阙的一所旧房子内，就开学了。在那里房租便宜得多，但房子也破旧得多。楼下吃饭的时候，常有灰尘或水渍从楼板上落在菜碗里。亭子间下面的灶间，是匡先生的办公处兼卧室。教室与走道没有间隔，陶先生去买了几条白布来挂上，当作板壁。……在那房子里上了半年课，迁居到江湾的自建的校舍——就是现在的立达学园——里，于兹四年半了。

讲起这种旧话，现在只有我们五个人心中有具象的回忆。我们五个人，对于立达这五岁的孩子，仿佛是接生的产婆。这孩子的长育，虽然全靠后来的许多乳母的功劳，但仅在这五周年纪念的一天，回想他的诞生的时候，我们五个人脸上似乎有些风光。

但讲到风光，五人中我最惭愧了。我看他诞生以后，五年之中，实在没有好好地抚育他，近来更是疏远。匡先生、陶先生、练先生对他的操心比我深厚得多；然而三位先生还不及郭志邦君的专一。五年间始终不懈地、专心地、出全力地为他服劳的，实在只有郭志邦君一人。

他在五年前给我打酒，为我们烧面，招呼我们搬家。在五年的一千八百天中，不断地看守门房，收发信件，打钟报时。经过他的手的信件，倘以平均每日收发一百封计，已有十万零八千封。他的打钟，倘以平均每天二十次计，已有三万六千次。但他的态度未尝稍变，他的服务未尝稍懈，五年如一日。苦患的时候——例如前年的兵灾——他站在前面；享乐的时候——例如开同乐会——他退在后面。而他所

---

[1] 即一种用人力拖拉的载货车。

得的工资，又常是微薄得很的。青年的朋友们，试想想看：这种刻苦、坚忍、谦虚、知足的精神，我们应该如何钦佩！在五周年纪念会的席上，我们应该赠他"立达元勋"的尊号呢。

我在立达五周年纪念节所起的感想，只有这一点对志邦君的惭愧心。

写生世界（上）[1]

尝过了中年的辛味而回想青年时代的生活，真是诗趣丰富的啊！我的青年时代回想中，写生的生活特别可憧憬。那时我能把全心没入在写生的世界中。现在虽也有时梦到这世界，但远不像昔日那样深入了。

记得我热衷于写生画的青年时代，对于自然界的静物、风景、人物，都作别开生面的看法。我独自优游于这新世界中。

我到水果店里去选购静物写生用的模特儿，卖水果的人代我选出一件来，忠告我："这一种'有吃没看相'，价钱便宜，味道又好。"但我偏要选那带叶的橘子。他告诉我："那是不熟的，味道不好，价钱倒贵！"我在心中窃笑：你哪能知道我的选择的标准呢？我叫工人去买些野菜来写生，他拖了一捆肥胖而外叶枯焦的黄矮菜来。我嫌他买得不好，他反抗："这种菜再肥嫩没有了。"我太息了：唉！你懂什么！我自己去买吧！我选了两株苍老而瘦长的白菜来，他笑我："这种菜最没吃头了！这是没人要买的！"我想为他解说这菜的形状色彩的美，既而作罢。我以为没人知道美，所以没人要买这菜。不管旁人

---

[1] 1932 年冬为开明函授学校《学员俱乐部》作。

讪笑，我就去为我这美丽的白菜写照了。

我走进瓷器店，在柜角底下发见了一口灰尘堆积的瓦瓶，样子怪入画的，颜色怪调和的，好似得了宝贝，特捧着问价钱，好像防别人抢买去似的。店员告诉我："勿瞒你说，这瓶是漏的，所以搁着。你要花瓶买这起好。"他在架上拿了一口金边而描着人物细花的瓷瓶递给我，一面伸手来接取我手中的漏花瓶。我一瞧那瓷瓶连忙摇头："我不要那种。漏不要紧的！"满堂的店员都把眼注视我，表示惊怪的样子。我知道他们都在当我疯子看了。但我的确发见这漏瓶的美的价值，有恃无恐，这班无知商人管他们做什么！我终于买了那漏瓦瓶回家，放在窗下写了一幅；添几个橘子又写了一幅；衬了深红色的背景布，又写了更得意的一幅。

隔壁豆腐店里做喜事，借我们的屋子摆酒筵。茶担上发来的碗筷中，有一种描蓝花的直口的酒碗，牵惹了我的注意。这种碗形状朴素，花纹古雅，好一个静物模特儿。我问茶担上的人这种碗哪里买的，他回答我，这是从前的东西，现在没处买了。我想，对不起，吃过酒让我偷一只吧。但动了这念头有些儿贼胆心虚，我终于托豆腐店里的人向茶担转卖一只给我。豆腐店里人笑道："这种是江北碗，最粗糙，最便宜的东西！你要，拿几只去，我们算账时多给他几个铜子好了。"我的书架上又多了一件宝贝。

我的书架上陈列了许多静物模特儿。有瓶，有髮，有碗，有盆，有盘，有钵，有玩具，有花草，在别人看来大都不值一文，在我看来个个有灵魂似的。我时时拿它们出来经营布置。左眺右望，远观近察。别人笑我，真是"时人不识予心乐"啊！

写生世界(下)[1]

去年冬天我曾在这《俱乐部》中描写过我幼时所漫游的写生世界的光景。那时因为自来水笔尖冻冰,只写了静物一段就中止。现在《俱乐部》又催稿了。我凝视着我的笔尖探索去冬的感想,那墨水结成的小冰块隐约在目;而举头眺望窗际,不复是雨雪霏霏的冬景,已变成明媚鲜妍的春光了。心头闪过一阵无名的感动,这种感动和艺术的心似有同源共流的关系。我就来继续描写我青年时代的艺术的心吧。

说出来真是不恭之至:我小时在写生世界中,把人不当作人看,而当作静物或景物看。似觉这世间只有我一个是人。除了我一个人之外,眼前森罗万象一切都是供我研究的写生模型。我把我的先生,我的长辈、我的朋友,看作与花瓶、茶壶、罐头同类的东西。我的师友戚族听到这句话或将骂我无礼,我的读者看到这句话或将讥我傲慢,其实非也:这是我在写生世界里的看法。写生世界犹似梦境,梦中杀人也无罪。况且我曾把书架上的花瓶、茶壶、罐头等静物恭敬地当作人看(见上篇),现在不过是掉换一个地位罢了。

我在学校里热心地描写石膏头像的木炭画,半年后归家,看见母

---

[1] 1933年春为开明函授学校《学员俱乐部》作。

亲觉得异样了。母亲对我说话时，我把母亲的脸孔当作石膏头像看，只管在那里研究它的形态及画法。我虽在母亲的怀里长大起来，但到这一天方才知道我的母亲的脸孔原来是这样构成的！她的两眼的上面描着整齐而有力的复线，她的鼻尖向下钩，她的下颚向前突出。我惊讶我母亲的相貌类似德国乐剧家华葛内尔[1]的头像（这印象很深，直到现在，我在音乐书里看见华葛内尔的照片便立刻联想到我的已故的母亲）！我正在观察的时候，蓦地听见母亲提高了声音诘问："你放在什么地方的？你放在什么地方的？失掉了么？"

母亲在催我答复。但我以前没有听到她的话，茫然不知所对，支吾地问："什么东西放在什么地方的？"

母亲惊奇地凝视我，眼光里似乎在说："你这回读书回家，怎么耳朵聋了？"原来我当作华葛内尔头像而出神地观察她的脸孔的时候，她正在向我叙述前回怎样把零用钱五元和新鞋子一双托便人带送给我；那便人又为了什么缘故而缓日动身，以致收到较迟；最后又诘问我换下来的旧鞋子放在什么地方的。我对于她的叙述听而不闻，因为我正在出神地观察，心不在焉。

我读 *Figure Drawing*[2]，读到普通人的眼睛都生在头长的二等分处一原则，最初不相信，以为眼总是生在头的上半部的。后来用铅笔向人头实际测量，果然从头顶至眼之长等于从眼至下颚之长，我非常感佩！才知道从前看人头时的错觉所欺骗，眼力全不正确。错觉云者：我一向看人头时，以为眼的上面只有眉一物，而眼的下面有鼻和口二物，眉只是狭狭的两条黑线，不占地位，又没有什么作用。鼻又长又

---

1 即瓦格纳。

2 即《人体描法》，这是一册专讲人体各部形状描法的英文书。

突出，会出鼻涕，又会出烟气。口构造复杂，会吃东西，又会说话，作用更大。这样，眼的上面非常寂寥，而下面非常热闹，便使我错认眼是生在头的上部的。实则眼都位在头的正中。发育未完的儿童，甚至位在下部三分之一处。我知道了这原则，欢喜至极！从此时时留意，看见了人头便目测其中的眼的位置，果然百试不爽。有一次我搭了西湖上的小船到岳坟去写生。搭船费每人只要三个铜板。搭客众多，船行迟迟。我看厌了西湖的山水，再把视线收回来看船里的搭客。我看见各种各样的活的石膏模型，摇摇摆摆地陈列在船中。我向对座的几个头像举行目测，忽然发现其中有一个老人相貌异常，眼睛生得很高。据我目测的结果，他的眼睛绝不在于正中，至少眼睛下面的部分是头的全长的五分之三。*Figure Drawing*中曾举种种不合普通原则的特例，我想我现在又发见了一个。但我仅凭目测，不敢确信这老人是特例。我便错认这船为图画教室，向制服袋里抽出一支铅笔来，用指扣住笔杆，举起手来向那老人的头部实行测量了。船舱狭小，我和老人之间的距离不过三四尺，我对着他擎起铅笔，他以为我是拾得了他所遗落的东西而送还他，脸上便表出笑颜而伸手来接。这才使我觉悟我所测量的不是石膏模型。我正在惭悚不知所云的时候，那老人笑着对我说：

"这不是我的东西，嘿嘿！"

我便顺水推船，收回了持铅笔的手。但觉得不好把铅笔藏进袋里去，又不好索性牺牲一支铅笔而持向搭船的大众招领，因为和我并坐着的人是见我从自己袋里抽出这支铅笔来的。我心中又起一阵惭悚，觉得自己的脸上发热了。

这种惭悚终于并不白费。后来我又在人体画法的书上读到：老人因为头发减薄，下颚筋肉松懈，故眼的位置不在正中而稍偏上部。我便在札记簿上记录了一条颜面画法的完全的原则："普通中年人的眼位在头的正中，幼儿的眼，位在下部，老人的眼稍偏上部。"

但这种惭悚不能阻止我的非人情的行为。有一次我在一个火车站上等火车,车子尽管不来,月台上的长椅子已被人坐满,我倚在柱上闲看景物。对面来了一个卖花生米的江北人。他的脸孔的形态强烈地牵惹了我的注意,那月台立刻变成了我的图画教室。

我只见眼前的雕像脸孔非常狭长,皱纹非常繁多。哪一条线是他的眼睛,竟不大找寻得出。我曾在某书上看到过"舊字面孔"一段话,说有一个人的脸孔像一个"舊"字。这回我所看见的,正是舊字面孔的实例了。我目测这脸孔的长方形的两边的长短的比例,估定它是三与一之比。其次我想目测他的眼睛的位置,但相隔太远,终于看不出眼睛的所在。远观近察,原是图画教室里通行的事,我不知不觉地向他走近去仔细端详了。并行在这长方形内的无数的皱纹线忽然动起来,变成了以眉头为中心而放射的模样,原来那江北人以为我要买花生米,故笑着擎起篮子在迎接我了。

"买几个钱?"

他的话把我的心从写生世界里拉回到月台上。我并不想吃花生米,但在这情形之下不得不买了。

"买三个铜板!"

我一面伸手探向袋里摸钱,一面在心中窃笑。我已把两句古人的诗不叶平仄地改作了:

"时人不识予心乐,将谓要吃花生米。"

为青年说弘一法师[1]

弘一法师于去年十月十三日在泉州逝世，至今已有五个多月。傅彬然先生曾有关于他的一篇文章登在本刊上，而我却沉默了五个多月，至今才写这篇文字。许多人来信怪我，以为我对于弘一法师关系较深，何以他死了我没有一点表示。有的人还来信向我要关于弘一法师的死的文字，以为我一定在发起追悼大会，或者编印纪念刊物，为法师装"哀荣"的。其实全无此事。我接到泉州开元寺性常师打来的报告法师"生西"的电报时，正是去年十月十八日早晨，我正在贵州遵义的寓楼中整理行装，要把全家迁到重庆去。当时坐在窗下沉默了几十分钟，发了一个愿：为法师造像一百尊，分寄各省信仰他的人，勒石立碑，以垂永久。预定到重庆后动笔。发愿毕，依旧吃早粥，整行装，觅车子。

弘一法师是我的老师，而且是我生平最崇拜的人。如此说来，我岂不太冷淡了吗？但我自以为并不。我敬爱弘一法师，我希望他在这世间久住。但我确定弘一法师必有死的一日。因为他是"人"。不过死的时日迟早不得而知。我时时刻刻防他死，同时时刻刻防我自己死一样。他的死是我意中事，并不出于意料之外。所以我接到他的死的

---

[1] 弘一法师逝世（1943年10月13日）后第167日于四川五通桥旅舍作。原载《中学生》战时半月刊1943年第63期。

电告，并不惊惶，并不恸哭。老实说，我的惊惶与恸哭，在确定他必有死的一日之前早已在心中默默地做过了。

我去冬迁居重庆，忙着人事及疾病，到今年一月方才有工夫动笔作画。一月中，我实行我的前愿，为弘一法师造像。连作十尊，分寄福建、河南诸信士。还有九十尊，正在接洽中，定当后续作。为欲勒石，用线条描写，不许有浓淡光影。所以不容易描得像。幸而法师的线条画像，看的人都说"像"。大概是他的相貌不凡，特点容易捉住之故。但是还有一个原因：他在我心目中印象太深之故。我自己觉得，为他画像的时候，我的心最虔诚，我的情最热烈，远在惊惶恸哭及发起追悼会、出版纪念刊物之上。其实百年之后，刻像会模糊起来，石碑会破烂的。千万年之后，人类会绝灭，地球会死亡的。人间哪有绝对"永久"的事！我的画像勒石立碑，也不过比惊惶恸哭、追悼会、纪念刊稍稍永久一点而已。

读了傅彬然先生的文章之后，我也想来为读者谈谈，就写这篇文章。

距今二十九年前，我十七岁的时候，最初在杭州贡院的浙江省立第一师范学校里见到李叔同先生[1]。那时我是预科生，他是我们的音乐教师。一年中我见他的次数不多。因为他常常请假。走廊上玻璃窗中请假栏内，"音乐李师"一块牌子常常摆着。他不请假的时候，我们上他的音乐课，有一种特殊的感觉：严肃。摇过预备铃，我们走向音乐教室（这教室四面临空，独立在花园里，好比一个温室）。推进门去，先吃一惊：李先生早已端坐在讲台上。以为先生还没有到而嘴里随便唱着、喊着或笑着、骂着而推进门去的同学，吃惊更是不小。

---

[1] 即弘一法师。

他们的唱声、喊声、笑声、骂声以门槛为界限而忽然消灭。接着是低着头，红着脸，去端坐在自己的位子里。端坐在自己的位子里偷偷地仰起头来看看，看见李先生的高高的瘦削的上半身穿着整洁的黑布马褂，露出在讲桌上，宽广得可以走马的前额，细长的凤眼，隆正的鼻梁，形成威严的表情。扁平而阔的嘴唇两端常有深涡，显示和蔼的表情。这副相貌，用"温而厉"三个字来描写，大概差不多了。讲桌上放着点名簿、讲义，以及他的教课笔记簿、粉笔。钢琴衣解开着，琴盖开着，谱表摆着，琴头上又放着一只时表，闪闪的金光直射到我们的眼中。黑板（是上下两块可以推动的）上早已清楚地写好本课内所应写的东西（两块都写好，上块盖着下块，用下块时把上块推开）。在这样布置的讲台上，李先生端坐着。坐到上课铃响出（后来我们知道他这脾气，上音乐课必早到。故上课铃响时，同学早已到齐），他站起身来，深深地一鞠躬，课就开始了。这样地上课，空气严肃得很。

有一个人上音乐课时不唱歌而看别的书，有一个人上音乐课时吐痰在地板上，以为李先生不看见的，其实他都知道。但他不立刻责备，等到下课后，他用很轻而严肃的声音郑重地说："某某等一等出去。"于是这位某某同学只得站着。等到别的同学都出去了，他又用轻而严肃的声音向这某某同学和气地说："下次上课时不要看别的书。"或者："下次痰不要吐在地板上。"说过之后他微微一鞠躬，表示"你出去吧"。出来的人大都脸上发红，带着难为情的表情（我每次在教室外等着，亲自看到的）。又有一次下音乐课，最后出去的人无心把门一拉，碰得太重，发出很大的声音。他走了数十步之后，李先生走出门来，满面和气地叫他转来。等他到了，李先生又叫他进教室来。进了教室，李先生用很轻而严肃的声音向他和气地说："下次走出教室，轻轻地关门。"就对他一鞠躬，送他出门，自己轻轻地把门关了。

最不易忘却的，是有一次上弹琴课的时候。我们是师范生，每人都要学弹琴，全校有五六十架风琴及两架钢琴。风琴每室两架，给学生练习用；钢琴一架放在唱歌教室里，一架放在弹琴教室里。上弹琴课时，十数人为一组，环立在琴旁，看李先生范奏。有一次正在范奏的时候，有一个同学放一个屁，没有声音，却是很臭。钢琴，李先生及十数同学全都沉浸在亚莫尼亚气体中。同学大都掩鼻或发出讨厌的声音。李先生眉头一皱，自管自弹琴（我想他一定屏息着）。弹到后来，亚莫尼亚气散光了，他的眉头方才舒展。教完以后，下课铃响了。李先生立起来一鞠躬，表示散课。散课以后，同学还未出门，李先生又郑重地宣告："大家等一等去，还有一句话。"大家又肃立了。李先生又用很轻而严肃的声音和气地说："以后放屁，到门外去，不要放在室内。"接着又一鞠躬，表示叫我们出去。同学都忍着笑，一出门来，大家快跑，跑到远处去大笑一顿。

李先生用这样的态度来教我们音乐，因此我们上音乐课时，觉得比其他一切课更严肃。同时对于音乐教师李叔同先生，比对其他教师更敬仰。他虽然常常请假，没有一个人怨他，似乎觉得他请假是应该的。但读者要知道，他的受人崇敬，不仅是为了上述的郑重态度的缘故；他的受人崇敬使人真心地折服，是另有背景的。背景是什么呢？就是他的人格。他的人格，值得我们崇敬的有两点：第一点是凡事认真，第二点是多才多艺。先讲第一点：李先生一生的最大特点是"凡事认真"。他对于一件事，不做则已，要做就非做得彻底不可。他出身于富裕之家，他的父亲是天津有名的银行家。他是第五位姨太太所生。他父亲生他时，年已七十二岁。他堕地后就遭父丧，又逢家庭之变，青年时就陪了他的生母南迁上海。在上海南洋公学读书奉母时，他是一个翩翩公子。当时上海文坛有著名的沪学会，李先生应沪学会征文，名字屡列第一。从此他就为沪上名人所器重，而交游日广，终以"才子"驰名于当时的上海。所以后来他母亲死了,他赴日本留学的时候,作一首《金缕曲》,词曰:"披发佯狂走。莽中原,暮鸦啼彻,几株衰柳。破碎河山谁收拾,零落西风依旧。便惹得离人消瘦。行矣临流重太息,说相思刻骨双红豆。愁黯黯,浓于酒。漾情不断淞波溜。恨年年絮飘萍泊,庶难回首。二十文章惊海内,毕竟空谈何有!听匣底苍龙狂吼。长夜西风眠不得,度群生那惜心肝剖。是祖国,忍孤负?"读这首词,可想见他当时豪气满胸,爱国热情炽盛。他出家时把过去的照片统统送我,我曾在照片中看见过当时在上海的他:丝绒碗帽,正中缀一方白玉,曲襟背心,花缎袍子,后面挂着胖辫子,底下缎带扎脚管,双梁厚底鞋子,头抬得很高,英俊之气,流露于眉目间。(读者恐没有见过上述的服装。这是光绪年间上海最时髦的打扮。问你们的祖父母,一定知道。)真是当时上海一等的翩翩公子。这是最初表示他的特性:凡事认真。他立意要做翩翩公子,就彻底地做个翩翩公子。

后来他到日本,看见明治维新的文化,就渴慕西洋文明。他立刻放弃了翩翩公子的态度,改做一个留学生。他入东京美术学校,同时又入音乐学校。这些学校都是模仿西洋的,所教的都是西洋画和西洋音乐。李先生在南洋公学时英文学得很好;到了日本,就买了许多西洋文学书。他出家时曾送我一部残缺的原本《莎士比亚全集》,他对我说:"这书我从前细读过,有许多笔记在上面,虽然不全,也是纪念物。"由此可想见他在日本时,对于西洋艺术全面进攻,绘画、音乐、文学、戏剧都研究。后来他在日本创办春柳剧社,纠集留学同志,共演当时西洋著名的悲剧《茶花女》。他自己把腰束小,把发拖长,粉墨登场,扮作茶花女。这照片,他出家时也送给我,一向归我保藏,直到抗战时为兵火所毁。现在我还记得这照片:鬈发,白的上衣,白的长裙拖着地面,腰身小到一把,两手举起托着后头,头向右歪侧,眉峰紧蹙，眼波斜睇，正是茶花女自伤命薄的神情。另外还有许多演剧的照片，不可胜记。这春柳剧社后来迁回中国，李先生就脱出，由另一班人去办，便是中国最初的"话剧"社。由此可以想见，李先生在日本时，是彻头彻尾的一个留学生。我见过他当时的照片：高帽子、硬领、硬袖、燕尾服、史的克"手杖"、尖头皮鞋，加之长身、高鼻，没有脚的眼镜夹在鼻梁上，竟活像一个西洋人。这是第二次表示他的特性：凡事认真。学一样，像一样。要做留学生，就彻底地做个留学生。

他回国后，在上海《太平洋报》报社当编辑。不久，就被南京高等师范请去教图画、音乐。后来又应杭州浙江两级师范学校[1]（李先生从两级师范一直教到第一师范）之聘，同时教两地两校，每月中半个月住南京，半个月住杭州。两校都请助教，他不在时由助教代课。这时候，李先生已由留学生变为"教师"。这一变，变得真彻底：漂亮的洋装不穿了，却换上灰色粗布袍子、黑布马褂、布底鞋子。金丝边眼镜也换了黑的钢丝边眼镜。他是一个修养很深的美术家，所以对于仪表很讲究。虽然布衣，形式却很称身，色泽常常整洁。他穿布衣，全无穷相，而另具一种朴素的美。你可想见，他是扮过茶花女的，身材生得非常窈窕。穿了布衣，仍是一个美男子。"淡妆浓抹总相宜"，这诗句原是描写西子的，但拿来形容我们的李先生的仪表，也最适用。今人侈谈"生活艺术化"，大都好奇立异，非艺术的。李先生的服装，才真可称为生活的艺术化。他一时代的服装，表出着一时代的思想与生活。各时代的思想与生活判然不同，各时代的服装也判然不同。布衣布鞋的李先生，与洋装时代的李先生、曲襟背心时代的李先生，判若三人。这是第三次表示他的特性：认真。

---

[1] 即浙江第一师院的前身。

我二年级时，图画归李先生教。他教我们木炭石膏模型写生。同学一向描惯临画，起初无从着手。四十余人中，竟没有一个人描得像样的。后来他范画给我们看。画毕把范画揭在黑板上。同学们大都看着黑板临摹。只有我和少数同学，依他的方法从石膏模型写生。我对于写生，从这时候开始发生兴味。我到此时，恍然大悟：那些粉本原是别人看了实物而写生出来的。我们也应该直接从实物写生入手，何必临摹他人，依样画葫芦呢？于是我的画进步起来。有一晚，我为级长的公事，到李先生房间里去报告。报告毕，我将退出，李先生喊我转来，又用很轻而严肃的声音和气地对我说："你的图画进步快。我在南京和杭州两处教课，没有见过像你这样进步快速的人。你以后可以……"当晚这几句话，便确定了我的一生。可惜我不记得年月日时，又不相信算命。如果记得，而又迷信算命先生的话，算起命来，这一晚一定是我一生中一个重要关口。因为从这晚起，我打定主意，专门学画，把一生奉献给艺术，直到现在没有变志。从这晚以后，我对师范学校的功课忽然懈怠，常常逃课学画。以前学期考试联列第一，此后一落千丈，有时竟考末名。幸有前两年的好成绩，平均起来，毕业成绩犹得第二十名。这些关于我的话现在不应详述。且说李先生自此以后，与我接近的机会更多。因为我常去请他教画，又教日本文。因此以后的李先生的生活，我所知道的更为详细。他本来常读性理的书，后来忽然信了道教，案头常常放着道教的经书。那时我还是一个毛头青年，谈不到宗教。李先生除绘事外，并不对我谈道。但我发现他的生活日渐收敛起来，像一个人就要动身赴远方时的模样。他常把自己不用的东西送给我。后来又介绍我从夏丏尊先生学日本文，因他没有工夫教我。他的朋友日本画家大野隆德、河合新藏、三宅克己等到西湖来写生时，他带了我去请他们吃一次饭，以后就把这些日本人交给我，叫我引导他们（我当时已能讲普通应酬的日本话）。他自己就关起房门来研究道学。有一天，他决定入大慈山去断食，我有课事，不能陪去，由校工闻玉陪去。数日之后，我去望他。见他躺在床上，面容消瘦，但精神很好，对我讲话，同平时差不多。他断食共十七日，由闻玉扶起来，摄一个影，影片上端由闻玉题字："李息翁先生断食后之像，侍子闻玉题。"这照片后来制成明信片分送朋友。像的下面用铅字排印着："某年月日，入大慈山断食十七日，身心灵化，欢乐康强——欣欣道人记。"李先生这时候已由"教师"一变而为"道人"了。学道就断食十七日，也是他凡事认真的表示。

但他学道的时候很短。断食以后，不久他就学佛。他自己对我说：他的学佛是受马一浮先生指示的。出家前数日，他同我到西湖玉泉去看一位程中和先生。这程先生原来是当军人的，现在退伍，住在玉泉，正想出家为僧。李先生同他谈得很久。此后不久，我陪大野隆德到玉泉去投宿，看见一个和尚坐着，正是这位程先生。我想称他"程先生"，觉得不合。想称他法师，又不知道他的法名（后来知道是弘伞）。一时周章得很。我回去对李先生讲了，李先生告诉我，他不久也要出家为僧，就做弘伞的师弟。我愕然不知所对。过了几天，他果然辞职，要去出家。出家的前晚，他叫我和同学叶天瑞、李增庸三人到他的房间里，把房间里所有的东西送给我们三人。第二天，我们三人送他到虎跑。我们回来分得了他的"遗产"，再去望他时，他已光着头皮，穿着僧衣，俨然一位清癯的法师了。我从此改口，称他为"法师"。法师的僧腊（就是做和尚的年代）二十四年。这二十四年中，我颠沛流离，他一贯到底，而且修行功夫愈进愈深。当初修净土宗，后来又修律宗。律宗是讲究戒律的。一举一动，都有规律，做人认真得很。这是佛门中最难修的一宗。数百年来，传统断绝，直到弘一法师方才复兴，所以佛门中称他为"重兴南山律宗第十一代祖师"。修律宗如何认真呢？一举一动，都要当心，勿犯戒律（戒律很详细，弘一法师手写一部，昔年由中华书局印行的，名曰《四分律比丘戒相表记》）。举一例说：有一次我寄一卷宣纸去，请弘一法师写佛号。宣纸很多，佛号所需很少。他就要来信问我，余多的宣纸如何处置。我原是多备一点，由他随意处置的，但没有说明，这些纸的所有权就模糊，他非问明不可。我连忙写回信去说，多余的纸，赠与法师，请随意处置。以后寄纸，我就预先说明这一点了。又有一次，我寄回件邮票去，多了几分。他把多的几分寄还我。以后我寄邮票，就预先声明：多余的邮票送与法师。诸如此类，俗人马虎的地方，修律宗的人都要认真。有一次他到我家。我请他藤椅子里坐。他把藤椅子轻轻摇动，然后慢慢地坐下去。起先我不敢问。后来看他每次都如此，我就启问。法师回答我说："这椅子里头，两根藤之间，也许有小虫伏着。突然坐下去，要把它们压死，所以先摇动一下，慢慢地坐下去，好让它们走避。"读者听到这话，也许要笑。但这正是做人认真至极的表示。模仿这种认真的精神去做社会事业，何事不成，何功不就？我们对于宗教上的事情，不可拘泥其"事"，应该观察其"理"。

如上所述，弘一法师由翩翩公子一变而为留学生，又变而为教师，三变而为道人，四变而为和尚。每做一种人，都十分像样。好比全能的优伶：起老生像个老生，起小生像个小生，起大面又很像个大面……都是"认真"的缘故。

李先生人格上的第二特点是"多才多艺"。西洋文艺批评家批评德国的歌剧大家华葛纳尔有这样的话："阿普洛[1]右手持文才，左手持乐才，分赠给世间的文学家和音乐家。华葛纳尔却兼得了他两手的赠物。"意思是说，华葛纳尔能作曲，又能作歌，所以做了歌剧大家。

---

1 即阿波罗，文艺之神。

拿这句话批评我们的李先生,实在还不够用。李先生不但能作曲,能作歌,又能作画,作文,吟诗,填词,写字,治金石,演剧。他对于艺术,差不多全般皆能。而且每种都很出色。专门一种的艺术家大都不及他,要向他学习。作曲和作歌,读者可在开明书店出版的《中文名歌五十曲》中窥见。这集子中载着李先生的作品不少。每曲都脍炙人口。他的油画,大部分寄存在北平美专,现在大概还在北平。写实风而兼印象派笔调,每幅都很稳健,精到,为我国洋画界难得的佳作。他的诗词文章,载在从前出版的《南社文集》中,典雅秀丽,不亚于苏曼殊。他的字,功夫尤深,早年学黄山谷,中年专研北碑,得力于《张猛龙碑》尤多。晚年写佛经,脱胎化骨,自成一家,轻描淡写,毫无烟火气。他的金石,同字一样秀美。出家前,他的友人把他所刻的印章集合起来,藏在西湖上西泠印社的石壁的洞里。洞口用水泥封好,题着"息翁印藏"四字(现在也许已被日本人偷去)。他的演剧,前已说过,是中国话剧的鼻祖。总之,在艺术上,他是无所不精的一个作家。艺术之外,他又曾研究理学(阳明、程、朱之学,他都做过功夫。后来由此转入道教,又转入佛教的)。研究外国文,……李先生多才多艺,一通百通。所以他虽然只教我音乐图画,他所擅长的却不止这两种。换言之,他的教授图画音乐,有许多其他修养作背景,所以我们不得不崇敬他。借夏先生的话来讲:他做教师,有人格作背景,好比佛菩萨的有"后光"。所以他从不威胁学生,而学生见他自生畏敬。从不严责学生(反之,他自己常常请假),而学生自会用功。他是实行人格感化的一位大教育家。我敢说:自有学校以来,自有教师以来,未有盛于李先生者也。

　　青年的读者,看到这里,也许要发生这样的疑念:李先生为什么不做教育家,不做艺术家,而做和尚呢?

　　是的,我曾听到许多人发这样的疑问。他们的意思,大概以为做和尚是迷信的，消极的，暴弃的，可惜得很！倘不做和尚，他可在这僧腊二十四年中教育不少的人才，创作不少的作品，这才有功于世呢。

这话，近看是对的，远看却不对。用低浅的眼光，从世俗习惯上看，办教育，制作品，实实在在的事业，当然比做和尚有功于世。远看，用高远的眼光，从人生根本上看，宗教的崇高伟大，远在教育之上。——但在这里须加重要声明：一般所谓佛教，千百年来早已歪曲化而失却真正佛教的本意。一般佛寺里的和尚，其实是另一种奇怪的人，与真正佛教毫无关系。因此世人对佛教的误解，越弄越深。和尚大都以念经念佛做道场为营业。居士大都想拿佞佛来换得世间名利恭敬，甚或来生福报。还有一班恋爱失败，经济破产，作恶犯罪的人，走投无路，遁入空门，以佛门为避难所。于是乎，未曾认明佛教真相的人，就排斥佛教，指为消极，迷信，而非打倒不可。歪曲的佛教应该打倒；但真正的佛教，崇高伟大，胜于一切。——读者只要穷究自身的意义，便可相信这话。譬如：为什么入学校？为了欲得教养。为什么欲得教养？为了要做事业。为什么要做事业？为了满足你的人生欲望。再问下去，为什么要满足你的人生欲望？你想了一想，一时找不到根据，而难于答复。你再想一想，就会感到疑惑与虚空。你三想的时候，也许会感到苦闷与悲哀。这时候你就要请教"哲学"，和他的老兄"宗教"。这时候你才相信真正的佛教高于一切。

所以李先生的放弃教育与艺术而修佛法，好比出于幽谷，迁于乔木，不是可惜的，正是可庆的。

读丏师遗札[1]

丏师逝世后，开明书店拟为出纪念刊，向我索取从前丏师给我的信件。我原有一大包"纪念品"，是师友们给我的值得保留的信件等物。内有丏师来示不下十余通。这一大包，一向郑重保存。胜利后半年，我决意卖屋，准备东归时，为使行李简洁化，把这一大包纪念品加以清理，抛弃了一大半。丏师的信，只留抗战最初时一封，及论画一封。其余的都抛弃了。以前我郑重保藏，是防丏师在战时死去。胜利之后，眼见得不久可与丏师见面，倘再保存这些信件，我想，反而不祥，就把它们烧了。谁知相差两个月，竟不能再见一面，使我今日后悔无及！烧去的信件中，所谈大都是一时琐事，不能尽忆。但记得：抗战后期的一封信内，夏先生说，他近来吃"扁担饭"。即每日上午吃了一餐，跑去办公，下午回来再吃一餐，一天的食事就完了。这话现在想起了倍觉伤怀！又胜利后不多时给我一信，内言：战后交通与生活，一定困难。你故园尽毁，而沙坝倒有小屋，不如暂断归念。"暂断归念"四个字，当时在我颇觉逆耳。我已归心如箭，正漫写"即从巴峡穿巫峡，便下襄阳向洛阳"的诗来分送朋友，读到这四字，好比

---

[1] 1946 年 5 月 14 日作于重庆。

被浇一桶冷水。心想：夏先生好煞风景！谁知后来，复员一天困难一天，终于到了胜利后九个月的今天，我还搁浅在重庆。今日想起了夏先生那四个字，几乎感激涕零呢！

今天我把保存着的两封信寄给开明书店。读了一遍，颇有所感，就写这一篇感想。先把夏先生的原信抄录在这里：

其一

子恺：去秋屡承寄画像慰，及后闻石湾恶消息，辄为怅惘。无可为君慰者，惟取《几人相忆在江楼》的横幅张之寓壁，日夕观览，聊寄遐想，默祷平安而已。仆丧魄落胆者数月，近已略转平静，一切都无从说起，凡事以"度死日"之态度处之。弘一师过沪时，曾留一影，检寄一纸，藉资供养。（师最近通讯处：泉州承天寺。）斯影摄于大场陷落前后，当时上海四郊空爆最亟，师面上犹留笑影，然须发已较前白矣。不一，祝安吉。

丏尊

三月十日[1]

其二

子恺：十月廿六日发航空函，收到已一星期。牵于校课，今日始写复信。劳盼望矣。关于绘画拙见，蕴藏已久，前函乘兴漫说，蒙采纳，甚快。委购画帖，便当至坊间一走，购得即寄，乞稍待。鄙意：中国人物画有两种，一是以人物为主的（如仕女、如钟进士、佛像等），

---

1 写于1938年。

一是以人物为副的（如山水画中之人物）。前者须有画题，少见有漫然作一人物者，后者只是点缀。其实二者之外，尚有第三种方式，就是背景与人物并重。此种人物，比第一种可潦草些（不必过于讲究面貌与衣褶），比第二种须工整些（眼睛不能只是一点）。第一种人物画，功夫不易，出路亦少（除仕女外，佛像三星而已）。第三种人物画，是有背景之人物，人物与背景功力相等，背景情形颇复杂，山水，竹石，房屋，树木，因了画题一切都有。大致以自然风景为最主要。由此出发，则背景与人物双方并重，将来发展为山水，为人物，都极便当。君于漫画已有素养，作风稍变（改外国画风），即可成像样之作品。暂时试以此种画为目标如何？闻画家言，"枯木竹石"，为山水画之初步，亦最难工。人物背景，似宜以"枯木竹石"为学习入手也。将来代选画帖，拟顾到此点。由漫画初改图画，纯粹人物和纯粹山水，一时恐难成就（大幅更甚），如作人物背景并重之画，虽大幅当亦不难。且出路亦大，可悬诸厅堂，不比漫画之仅能作小幅，十九以锌版印刷在书报中也。画佛千幅，志愿殊胜。募缘启事，当代为宣传。仆愿得一地藏像。今夏读《地藏本愿经》，有感于此菩萨之慈悲，故愿设像供养（尺许小幅），迟早不妨。《续护生画集》已付印，月底可出书。沪地尚可安居，惟物价仍高昂不已。米每石七十余元。青菜一角五至二角。肉二元余。舍下五人每月开销须三百元以上（娘姨已不用）。薪水本来无几，凑以版税，不足则借贷支撑。浙东不通如故，欲归不得。在上海也恐活不下去，只好不去想他，得过且过再说矣。烟，酒，瓶花，结习未除，三者每日约耗一元（一人）。酒每餐饮一玻璃杯，烟已吸至平常不吸之劣牌子，花瓶无一存者，以瓦茶壶插花供案头。菊花已过，水仙新起。

此信即在水仙花下写者。率复祝好。

丏尊

十一月十五日夜半[1]

第二函是专为论画的。第一函中也说起画。夏先生给我的信，总有几句关于画的。这虽是为了我是画画的人之故，也足见夏先生自己对于画很有兴味。他自己不作画，但富有鉴赏力，论画颇多卓见。这第二函中所述，当时我极感佩。今日重读这信，觉得更有价值，可说是世界绘画倾向的一个预言。

夏先生的意思，中国有人物的画，原来只有两种，一种是以人物为主的，一种是以风景为主的，人物为点缀的。但他以为应该还有第三种，即人物与风景并重的画。这第三种绘画，在今日东西洋画界，的确很少。是应该有而尚未出现的一种绘画。

试回溯世界绘画史：不论东西洋，都是先有人物画，然后再来风景画的。先看中国，唐代以前的绘画，大都是人物画。据史传，汉武帝于甘泉宫画天地太一及诸鬼神像，又于明光殿画古烈士像。宣帝时，画功臣十一人于麒麟阁。元帝时设立宫廷画院，亦以人物画为主。画王昭君的毛延寿便是当时人物画家之一。明帝设画官，令专写经史中的故事，也是人物画。汉以后，三国魏晋六朝时代，知名的画家，曹不兴、张僧繇、陆探微、顾恺之，也都是人物画家。顾恺之的名作《女史箴》，至今保存在大英博物馆内。总之，六朝以前，中国纯是人物画。六朝以后，自唐代起，方才有不写人物而专写自然风景的山水画。这山水画从此发达下去，直至今日，常在发达的路上，不过进度快慢

---

1 写于1940年。

各时代不同而已。

再看西洋：十八世纪以前的画，纯是描写宗教题材的人物画。希腊时代的绘画失传，但观其人物雕像之精，可想见当时的绘画也必以人物为主。意大利文艺复兴期的画家，如辽拿独达文西[1]、米侃朗琪洛[2]、拉费尔[3]，所谓文艺复兴三杰，其作品没有一幅不是人物画，题材大都是《圣经》里的故事，如《最后的晚餐》、《最后的审判》、《圣母子像》等。此类题材，一直沿用下去，直至十九世纪的初头。到了十九世纪中叶，写实派、印象派兴起，西洋画界方始有风景画出现。这风景画又从此发达下去，直到现在，仍在发达的路上。

中国以唐代为界，划分人物画时代与风景画时代。西洋则以十九世纪中叶为界而划分。时间迟早不同，而其顺序完全一致。故世界绘画，现在都尚在风景为主的时代。

夏先生所说的第三种画，我以为在将来必然要出现。而且已有小规模的先驱者，便是今日蓬勃发展的木刻画。优良的木刻画中，人物与其背景（风景）一样注重，一样写实，并无主客轻重之分。用木刻画的手法来描写的大画，便是夏先生所盼望的第三种画。这种画的出现，一定是在最近的将来，因为风景画发达到今日，已经烂熟、过熟，应该是蜕化的时候了。试看中国的山水画，千百年来，终古如斯，令人看得腻烦。而西洋的印象派、后印象派的风景画，浓涂大扫，至今也觉不新鲜了。世界绘画渴望一个新的转机。这回转向哪里呢？惟有人物风景并重的一路了。

从绘画哲理上看，这一路也是必由的。人类初生，最注意自己，

1　即达·芬奇。

2　即米开朗琪罗。

3　即拉斐尔。

及与自己同类的牛羊鸡犬等动物。初民的岩洞上的壁画,纯是这种,便是其证明。中国画、西洋画都是从人物画开始,又是其实证。要到后来,方才注意到周围的环境中的自然现象,于是有风景画。把人物画和风景画截然分开,是二元的。归并起来,成为一元的,便是人物风景并重的第三种画。这种画,在绘画哲理上看,实在是更进步的一种画。因为二者并重时,画家就把人物当作风景看,或把风景当作人物看。把人物当作风景看,叫作"艺术的绝缘(isolation)"。就是屏除一切传统习惯,而用全新的直觉的眼光来观看世间,便不分这是人,这是山,这是水,即所谓物我无间,一视同仁的境界了。把风景当作人物看,叫作"艺术的有情化(personification)"。就是把感情移入于万象中,视山川草木为自己的同类,于是万物皆有生命,皆有情感了。绝缘与有情化,都是艺术的最高境地。绘画不发达则已。如果发达,一定要走向这最高的境地。画家体会了这最高境地,所作的画就不分人物风景。这样,才能作出良好的人物风景并重的绘画。马路旁有人"看洋画"的。他的箱中挂着画片,你给他钱,就可以向洞中窥看。伦敦大桥、纽约摩天楼、上海黄浦滩……人物也有,建筑也有,风景也有,件件都详细清楚。你说这不是人物风景并重的绘画吗?不,不,这是照相,或摹仿照相而画的低级绘画,不是艺术的绘画。因为这里面只有客观的形象而没有主观的创意。用主观的创意来描写的人物风景并重的绘画,才是艺术品,才是夏先生所盼望的画。

夏先生第一封信中说起我的《几人相忆在江楼》。他说:"无可为君慰者,惟取《几人相忆在江楼》横幅张之寓壁,日夕观览,聊寄遐想,默祷平安而已。""几人相忆在江楼"这一句诗,实在就是夏先生所盼望的第三种画的最好的画题。故虽为遥念我而挂这画,同时也可说是为了这适合他的艺术趣味而挂这画的。此诗句中的要件是"几人"与"江楼",正是人物与风景并重的一个画题。不过我那幅画没有成功,还是漫画风的,夏先生所盼望的,便是这画的中国画化。

　　陶渊明诗云:"先师遗训,余岂云坠?四十无闻,斯不足畏。脂我名车,策我名骥。千里虽遥,孰敢不至!"我也想遵照夏先生的遗嘱,而勉力学习。

丰子恺自述[1]

我于清光绪廿二年旧历九月廿六日生于浙江石门县城外石门湾后河的丰同裕染坊店里。这店是我的祖父开的。祖父早死,我生时只看见祖母。祖母是受过教育的人。她自己管店,而教我父亲读书。我四岁时,父亲考乡试中了举人。同年祖母死了。我对于祖母的回想很模糊,但常在父母亲及诸姊处听说祖母为人何等豪爽,何等善于享乐生活;又在父亲的书橱里看见过祖母因瞌睡而被鸦片灯烧焦的《缀白裘》、《今古奇观》等书,故从小晓得祖母是我们的家风的支配者。我的母亲欢喜管理家务,父亲在家只是逐良辰佳节,饮酒赋诗,家务都由母亲操持。我九岁上,父亲患肺病死了。因为父亲不事产业,我又有六姊一妹二弟,母亲抚育许多孩子,家计很困难。而数年之中,死亡相继,现在我只有两姊一妹了。我十岁时,母亲教我入亲戚家的私塾。我记得那时候我倾心于祖母和父亲,对于先生全不信仰。读书半是赖学。十三岁改入邻近的小学校。新式的学堂功课英文,数学,理化惹起了我的兴味,一变而非常用功了。十七岁小学毕业,母亲送我进杭州第一师范。初入学的一二年,我依旧用功各种功课,考试常常列在前名。

---

[1] 原载《读书杂志》1933年1月1日第3卷第1期。

到了第三年，我忽然对于教我图画音乐的李叔同先生发生了信仰，抛弃其他功课而专门学图画音乐了。因功课的偏重，常常受学监及舍监的谴责。我记得那时候的慕李先生，同幼时的慕祖母，父亲一样。

我二十二岁师范毕业后，跟了友人在上海办一所专修图画音乐的专科师范。明年，我的弟弟患肺病死了，我和母亲受了很大的打击。次年，即一九二一年春，我就别母亲，到东京去。因为短于资本，不能入美术学校或音乐学校。我就作游览者，除了到研究所去略学一些绘画音乐实技以外，只是看戏，买书，访问展览会和音乐会。过了一年，金尽了，只得归国。归国后又在专科师范做了半年教师，随即到一个新办在浙江上虞的山水间的春晖中学去教图画音乐。二三年后我又辞去。加入一班朋友的团体，在上海附近的江湾办了一所立达学园。在那学园里教中学部的图画音乐，和文艺院的关于绘画及艺术的理论，兼任上海大学，复旦大学，和澄衷中学，松江女子中学的图画、音乐或艺术理论功课。一九二七年九月，我三十岁诞辰，皈依佛教，戒酒除荤。一九三〇年二月，我遭母丧，即辞去一切教职，迁居嘉兴，以卖文糊口。是年秋患大病，几濒危境。从此体弱多病，至今未复健康。

缘缘堂居

作父亲[1]

楼窗下的弄里远地传来一片声音;"咿哟,咿哟……卖小鸡喽!"渐近渐响起来。

一个孩子从家中抬起头来,张大眼睛倾听一会,"小鸡!小鸡!"叫了起来。四个孩子同时放弃手中的笔,飞奔下楼,好像路上的一群麻雀听见了行人的脚步声而飞去一般。

我刚才扶起他们所带倒的凳子,拾起桌子上滚下去的铅笔,听见大门口一片呐喊:"买小鸡!买小鸡!"其中又混着哭声。连忙下楼一看,原来元草因为落伍而狂奔,在庭中跌了一交,跌痛了膝盖骨不能再跑,恐怕小鸡被哥哥、姐姐们买完了轮不着他,所以激烈地哭着。我扶了他走出大门口,看见一群孩子正向一个挑着一担"咿哟,咿哟"的人招呼,欢迎他走近来。元草立刻离开我,上前去加入团体,且跳且喊:"买小鸡!买小鸡!"泪珠跟了他的一跳一跳而从脸上滴到地上。

孩子们见我出来,大家回转身来包围了我;"买小鸡!买小鸡!"的喊声由命令的语气变成了请愿的语气,喊得比前更响了。他们仿佛想把这些音蓄入我的身体中,希望它们由我的口上开出来。独有元草

---

[1] 原载《文学》1933 年 7 月 1 日第 1 卷第 1 号。

直接拉住了担子的绳而狂喊。

我全无养小鸡的兴趣；而且想起了以后的种种麻烦，觉得可怕。但乡居寂寥，绝对屏除外来的诱惑而强迫一群孩子在看惯的几间屋子里隐居这一个星期日，似也有些残忍。且让这个"咿哟、咿哟"来打破门庭的岑寂，当作长闲的春昼的一种点缀吧。我就招呼挑担的，叫他把小鸡给我们看看。

他停下担子，揭开前面的一笼。"咿哟，咿哟"的声音忽然放大。但见一个细网的下面，蠕动着无数可爱的小鸡，好像许多活的雪球。五六个孩子蹲集在笼子的四周，一齐倾情地叫着"好来！好来！"一瞬间我的心也屏绝了思虑而没入在这些小动物的姿态的美中，体会了孩子们对于小鸡的热爱的心情。许多小手伸入笼中，竞指一只纯白的小鸡，有的几乎要隔网捉住它。挑担的忙把盖子无情地冒上，许多"咿哟，咿哟"的雪球和一群"好来，好来"的孩子就变成了咫尺天涯。孩子们怅望笼子的盖，依附在我的身边，有的伸手摸我的袋。我就向挑担的人说话："小鸡卖几钱一只？"

"一块洋钱四只。"

"这样小的，要卖二角半钱一只？可以便宜些否？"

"便宜勿得，二角半钱最少了。"

他说过，挑起担子就走。大的孩子脉脉含情地目送他，小的孩子拉住了我的衣襟而连叫"要买！要买！"挑担的越走得快，他们喊得越响，我摇手止住孩子们的喊声，再向挑担的问："一角半钱一只卖不卖？给你六角钱买四只吧！"

"没有还价！"

他并不停步，但略微旋转头来说了这一句话，就赶紧向前面跑。"咿哟，咿哟"的声音渐渐地远起来了。

元草的喊声就变成哭声。大的孩子锁着眉头不绝地探望挑担者的背影，又注视我的脸色。我用手掩住了元草的口，再向挑担人远远地招呼："二角大洋一只，卖了吧！"

"没有还价！"

他说过便昂然地向前进行，悠长地叫出一声"卖——小——鸡！"其背影便在弄口的转角上消失了。我这里只留着一个号啕大哭的孩子。

对门的大嫂子曾经从矮门上探头出来看过小鸡，这时候就拿着针线走出来，倚在门上，笑着劝慰哭的孩子，她说："不要哭！等一会儿还有担子挑来，我来叫你呢！"她又笑着向我说，"这个卖小鸡的想做好生意。他看见小孩子哭着要买，越是不肯让价了。昨天坍墙圈里买的一角洋钱一只，比刚才的还大一半呢！"

我同她略谈了几句，硬拉了哭着的孩子回进门来。别的孩子也懒洋洋地跟了进来。我原想为长闲的春昼找些点缀而走出门口来的，不料讨个没趣，扶了一个哭着的孩子而回进来。庭中柳树正在骀荡的春光中摇曳柔条，堂前的燕子正在安稳的新巢上低徊软语。我们这个刁巧的挑担者和痛哭的孩子，在这一片和平美丽的春景中很不调和啊！

关上大门，我一面为元草揩拭眼泪，一面对孩子们说："你们大家说'好来，好来''要买，要买'，那人就不肯让价了！"

小的孩子听不懂我的话，继续抽噎着；大的孩子听了我的话若有所思。我继续抚慰他们："我们等一会再采买吧。隔壁大妈会喊我们的。但你们下次……"

我不说下去了。因为下面的话是"看见好的嘴上不可说好，想要的嘴上不可说要。"倘再进一步，就变成"看见好的嘴上应该说不好，想要的嘴上应该说不要"了。在这一片天真烂漫光明正大的春景中，这哪里像教导孩子的一个父亲呢？

塘栖

夏目漱石的小说《旅宿》中,有这样的一段文章:"像火车那样足以代表二十世纪的文明的东西,恐怕没有了。把几百个人装在同样的箱子里蓦然地拉走,毫不留情。被装进在箱子里的许多人,必须大家用同样的速度奔向同一车站,同样地熏沐蒸汽的恩泽。别人都说乘火车,我说是装进火车里。别人都说乘了火车走,我说被火车搬运。像火车那样蔑视个性的东西是没有的了……"

我翻译这篇小说时,一面非笑这位夏目先生的顽固,一面体谅他的心情。在二十世纪中,这样重视个性,这样嫌恶物质文明的,恐怕没有了。有之,还有一个我,我自己也怀着和他同样的心情呢。从我乡石门湾到杭州,只要坐一小时轮船,乘一小时火车,就可到达。但我常常坐客船,走运河,在塘栖过夜,走它两三天,到横河桥上岸,再坐黄包车来到田家园的寓所。这寓所赛如我的"行宫",有一男仆经常照管着。我那时不务正业,全靠在家写作度日,虽不富裕,倒也开销得过。

客船是我们水乡一带地方特有的一种船。水乡地方,河流四通八达。这环境娇养了人,三五里路也要坐船,不肯步行。客船最讲究,船内装备极好。分为船梢、船舱、船头三部分,都有板壁隔开。船梢是摇船人工作之所,烧饭也在这里。船舱是客人坐的,船头上安置什物。舱内设一榻、一小桌,两旁开玻璃窗,窗下都有坐板。那张小桌平时摆在船舱角里,三只短脚搁在坐板上,一只长脚落地。倘有四人共饮,三只短脚可接长来,四脚落地,放在船舱中央。此桌约有二尺见方,叉麻雀也可以。舱内隔壁上都嵌着书画镜框,竟像一间小小的客堂。这种船真可称之为画船。这种画船雇用一天大约一元。(那时米价每石约二元半。)我家在附近各埠都有亲戚,往来常坐客船。因此船家把我们当作老主顾。但普通只雇一天,不在船中宿夜。只有我到杭州,才包它好几天。

吃过早饭,把被褥用品送进船内,从容开船。凭窗闲眺两岸景色,自得其乐。中午,船家送出酒饭来。傍晚到达塘栖,我就上岸去吃酒了。塘栖是一个镇,其特色是家家门前建着凉棚,不怕天雨。有一句话,叫作"塘栖镇上落雨,淋勿着"。"淋"与"轮"发音相似,所以凡事轮不着,就说"塘栖镇上落雨"。且说塘栖的酒店,有一特色,即酒菜种类多而分量少。几十只小盆子罗列着,有荤有素,有干有湿,有甜有咸,随顾客选择。真正吃酒的人,才能赏识这种酒家。若是壮士、莽汉、像樊哙、鲁智深之流,不宜上这种酒家。他们狼吞虎咽起来,一盆酒菜不够一口。必须是所谓酒徒,才可请进来。酒徒吃酒,不在菜多,但求味美。呷一口花雕,嚼一片嫩笋,其味无穷。这种人深得酒中三昧,所以称之为"徒"。迷于赌博的叫作赌徒,迷于吃酒的叫作酒徒。但爱酒毕竟和爱钱不同,故酒徒不宜与赌徒同列。和尚称为僧徒,与酒徒同列可也。我发了这许多议论,无非要表示我是个酒徒,故能常识塘栖的酒家。我吃过一斤花雕,要酒家做碗素面,便醉饱了。算还了酒钞,便走出门,到淋勿着的塘栖街上去散步。塘栖枇杷是有名的。我买些白沙枇杷,回到船里,分些给船娘,然后自吃。

在船里吃枇杷是一件快适的事。吃枇杷要剥皮,要出核,把手弄脏，把桌子弄脏。吃好之后必须收拾桌子，洗手，实在麻烦。船里吃枇杷就没有这种麻烦。靠在船窗口吃，皮和核都丢在河里，吃好之后在河里洗手。坐船逢雨天，在别处是不快的，在塘栖却别有趣味。因为岸上淋勿着，绝不妨碍你上岸。况且有一种诗趣，使你想起古人的佳句："人人尽说江南好，游人只合江南老。春水碧于天，画船听雨眠。""闲梦江南梅熟日，夜船吹笛雨潇潇。"古人赞美江南，不是信口乱道，却是亲身体会才说出来的。江南佳丽地，塘栖水乡是代表之一。我谢绝了二十世纪的文明产物的火车，不惜工本地坐客船到杭州，实在并非顽固。知我者，其惟夏目漱石乎？

送考[1]

今年的早秋，我不待手植的牵牛花开花，就舍弃了它们，送一群孩子到杭州来投考。

这一群小学毕业生中，有我的女儿，和我的亲戚朋友家的儿女。送考的也还有好几个人，父母，亲戚，或先生。我名为送考，其实没有重要责任，一切都有别人指挥。我是对家里的牵牛花失了欢，想换一个地方去度送这早秋，而以送考为名义的。因此我颇有闲心情，可以旁观他们的投考。

坐船出门的一天，乡间旱象已成。运河两岸，水车同体操队伍一般排列着，咿呀之声不绝于耳。村中农夫全体出席踏水，已种田而未全枯的当然要出席，已种田而已全枯的也要出席，根本没有种田的也要出席；有的车上，连老太婆，妇人，和十二三岁的孩子也出席。这不是平常的灌溉，这是一种伟观，人与自然奋斗的伟观！我在船舱中听了这种声音，看了这般情景，不胜感动。但那班投考的孩子们对此如同不闻不见，只管埋头在《升学指导》、《初中入学试题汇解》等书中。我喊他们："喂！抱佛脚没有用的！看这许多人工作！这是百

---

[1] 1934年9月10日作于西湖招贤寺。原载《中学生》1934年10月第38号。

年来未曾见过的状态,大家看!"

但他们的眼向两岸看了一看就回到书上,依旧埋头在书中。后来却提出种种问题来考我:

"穿山甲欢喜吃什么东西的?"

"耶稣诞生于中国什么朝代?"

"无烟火药是用什么东西制成的?"

"挪威的海岸线长多少里?"

我全被他们难倒,一个问题都回答不出来。我装着长者的神气对他们说:"这种题目不会考的!"他们都笑起来,伸出一根手指点着我,说:"你考不出!你考不出!"我老羞并不成怒,笑着,倚在船窗上吸香烟。后来听见他们里面有人在教我:"穿山甲欢喜吃蚂蚁的!……"我管自看那踏水的,不去听他们的话;他们也管自埋头在书中,不来睬我,直到舍舟登陆。

乘进火车里,他们又拿出书来看;到了旅馆里他们又拿出书来看;一直看到赴考的前晚。在旅馆里我们又遇到了几个朋友的儿女,他们也是来报考的,于是大家合作起来。赴考这一天,我五点钟就被他们噪醒,就起个早来送他们。许多童男童女各人挟了文具,带了一肚皮"穿山甲欢喜吃蚂蚁"之类的知识,坐黄包车去赴考。有几个十二三岁的女孩愁容满面地上车,好像被押赴刑场似的,看了真有些可怜。

到了晚快,许多孩子活泼泼地回来了。一进房间就凑作一堆讲话:那个题目难,这个题目易;你的答案不错,我的答案错,议论纷纷,沸反盈天。讲了半天,结果有的脸上表示满足,有的脸上表示失望。然而嘴上大家准备不取。男的孩子高声地叫:"我横竖不取的!"女的孩子恨恨地说:"我取了要死!"

他们每人投考的不止一个学校,有的考二校,有的考三校。大概省立的学校是大家共通地投考的。其次,市立的、公立的、私立的、教会的，则各人所选择不同。但在大多数的投考者和送考者的观念中，似乎把杭州的学校这样地排列着高下等第。明知自己知识不足，算术做不出；明知省立学校难考取，要十个人里头取一个，但宁愿多出一块钱的报名费和一张照片，去碰碰运气看。万一考得取，可以爬得高些。省立学校的"省"字仿佛对他们发散无限的香气，大家讲起了不胜欣羡。

从考毕到发表的几天之内，投考者之间的空气非常沉闷。有几个女生简直是寝食不安，茶饭无心。他们的胡思梦想在谈话之中反反复复地吐露出来：考得得意的人，有时好像很有把握，在那里探听省立学校的制服的形式了；但有时听见人说"十个人里头取一个，成绩好的不一定统统取"，就忽然心灰意懒，去讨别个学校的招生简章了。考得不得意的人嘴上虽说"取了要死"，但从她们屈指计算发表期的态度上，可以窥知她们并不绝望。世间不乏侥幸的例，万一取了，她们好比死而复生，其欢喜岂不更大么？然而有时她们忽然觉这太近于梦想，问过了"发表还有几天？"之后，立刻接上一句"不关我的事"。

我除了早晚听他们纷纷议论之外，白天统在外面跑，或者访友，或者觅画。有一个学校录取案发表的一天，奇巧轮到我同去看榜。我觉得看榜这一刻工夫心绪太紧张了，不教他们亲自去看；同时我也不愿意代他们去看；便想出一个调剂紧张的方法来：我同一班学生坐在学校附近一所茶店里了，教他们的先生一个人去看，看了回到茶店里来报告他们。然而这方法缓和得有限。在先生去了约一刻钟之后，大家眼巴巴地望他回来。有的人伸长了脖子向他的去处张望，有的人跨出门槛去等他。等了好久，那去处就变成了十目所视的地方，凡有来人必牵惹许多小眼睛的注意；其中穿夏布长衫的人，在他们尤加触目惊心，几乎可使他们立起身来。久待不来，那位先生竟无辜地成了他们的冤家对头。有的女学生背地里骂他"死掉了"，有的男学生料他被公共汽车碾死了。但他到底没有死,终于拖了一件夏布长衫,从那去处慢慢地踱回来。"回来了,回来了",一声叫后,全体肃静,许多眼睛集中在他的嘴唇上,听候发落。这数秒间的空气的紧张,是我这支自来水笔所不能描写的啊!

"谁取的","谁不取",——从先生的嘴唇上判决下来。他的每一句话好像一个霹雳,我几乎想包耳朵。受到这霹雳的人有的脸孔惨白了,有的脸孔通红了,有的茫然若失了,有的手足无措了,有的哭了,但没有笑的人。结果是不取的一半,取的一半。我抽了一口"大气",开始想法子来安慰哭的人,我胡乱造出些话来说那学校办得怎样不好,所以不取并不可惜。不期说过之后,哭的人果然笑了,而满足的人似乎有些怀疑了。我在心中暗笑,孩子们的心,原来是这么脆弱的啊!教他们吃这种霹雳,真是残酷!

以后各校录取案发表的时候,我有意回避,不愿再看那种紧张的滑稽剧。但听说后来的缓和得多,因为小胆儿吓过几回,有些儿麻木了的缘故。不久,所有的学生都捞得了一个学校。于是找保人,缴学费,忙了几天。这时候在旅馆听到谈话都是"我们的学校长,我们的学校短"一类的话了。但这些"我们"之中,其亲切的程度有差别。大概考取省立学校的人所说的"我们"是亲切的,而且带些骄傲的。考不取省立学校而只得进他们所谓不好的学校的人的"我们",大概说得不大亲切些。他们预备下半年再去考省立学校,迟早定要爬高去。

旱灾比我们来时更进步了,归乡水路不通,下火车后,须得步行三十里。考取学校的人,都鼓着勇气,跑回家去取行李。雇人挑了,星夜启程跑到火车站,乘车来杭入学。考取省立学校的人尤加起劲,跑路不嫌辛苦,置备入学用品也不惜金钱。似乎能够考得进去,便有无穷的后望,可以一辈子荣华富贵,吃用不尽似的。

谈自己的画[1]

去秋语堂先生来信，嘱我写一篇《谈漫画》。我答允他定写，然而只管不写。为什么答允写呢？因为我是老描"漫画"的人，约十年前曾经自称我的画集为"子恺漫画"，在开明书店出版。近年来又不断地把"漫画"在各杂志和报纸上发表，惹起几位读者的评议。还有几位出版家，惯把"子恺漫画"四个字在广告中连写起来，把我的名字用作一种画的形容词；有时还把我夹在两个别的形容词中间，写作"色彩子恺新年漫画"（见开明书店本年一月号《中学生》广告）。这样，我和"漫画"的关系就好像很深。近年我被各杂志催稿，随便什么都谈，而独于这关系好像很深的"漫画"不谈，自己觉得没理由，而且也不愿意，所以我就答允他一定写稿。为什么又只管不写呢？因为我对于"漫画"这个名词的定义，实在没有弄清楚：说它是讽刺的画，不尽然；说它是速写画，又不尽然；说它是黑和白的画，有色彩的也未始不可称为"漫画"；说它是小幅的画，小幅的不一定都是"漫画"……原来我的画称为漫画，不是我自己做主的，十年前我初描这种画的时候，《文学周报》编辑部的朋友们说要拿我的"漫画"在该

---

[1] 写于 1935 年 2 月 4 日。原载《人间世》1935 年 2 月 20 日和 3 月 5 日第 22、23 期。

报发表。从此我才知我的画可以称为"漫画",画集出版时我就遵用这名称,定名为"子恺漫画"。这好比我的先生(从前浙江第一师范的国文教师单不厂先生,现在已经逝世了。)根据了我的单名"仁"而给我取号为"子恺",我就一直遵用到今。我的朋友们或者也是有所根据而称我的画为"漫画"的,我就信受奉行了。但究竟我的画为什么称为"漫画"?可否称为"漫画"?自己一向不曾确知。自己的画的性状还不知道,怎么能够普遍地谈论一般的漫画呢?所以我答允了写稿之后,踌躇满胸,只管不写。

最近语堂先生又来信,要我履行前约,说不妨谈我自己的画。这好比大考时先生体恤学生抱佛脚之苦,特把题目范围缩小。现在我不可不缴卷了,就带着眼病写这篇稿子。

把日常生活的感兴用"漫画"描写出来——换言之,把日常所见的可惊可喜可悲可哂之相,就用写字的毛笔草草地图写出来——听人拿去印刷了给大家看,这事在我约有了十年的历史,仿佛是一种习惯了。中国人崇尚"不求人知",西洋人也有"What's in your heart let no one know"的话。我正同他们相反,专门画给人家看,自己却从未仔细回顾已发表的自己的画。偶然在别人处看到自己的画册,或者在报纸、杂志中翻到自己的插画,也好比在路旁的商店的样子窗中的大镜子里照见自己的面影,往往一瞥就走,不愿意细看。这是什么心理?很难自知。勉强平心静气观察自己,大概是为了太稔熟、太关切,表面上反而变疏远了的缘故。中国人见了朋友或相识者都打招呼,表示互相亲爱,但见了自己的妻子,反而板起脸不搭白,表示疏远的样子。我的不欢喜仔细回顾自己的画,大约也是出于这种奇妙的心理的吧?

但现在要我写这个题目,我非仔细回顾自己的画不可了。我找集从前出版的《子恺漫画》、《子恺画集》等书来从头翻阅,又把近年来在各杂志和报纸上发表的画的副稿来逐幅细看,想看出自己的画的性状来,作为本题的材料。结果大失所望。我全然没有看到关于画的事,只是因了这一次的检阅,而把自己过去十年间的生活与心情切实地回味了一遍,心中起了一种不可名状的感慨,竟把画的一事完全忘却了。

因此我终于不能谈自己的画。一定要谈,我只能在这里谈谈自己的生活和心情的一面,拿来代替谈自己的画吧。

约十年前,我家住在上海。住的地方迁了好几处,但总无非是一楼一底的"弄堂房子",至多添了一间过街楼。现在回想起来,上海这地方真是十分奇妙:看似那么忙乱的,住在那里却非常安闲,家庭这小天地可与忙乱的环境判然地隔离,而安闲地独立。我们住在乡间,邻人总是熟识的,有的比亲戚更亲切,白天门总是开着的,不断地有人进进出出;有了些事总是大家传说的,风俗习惯总是大家共通的。住在上海完全不然。邻人大都不相识,门镇日严扃着,别家死了人与你全不相干。故住在乡间看似安闲,其实非常忙乱,反之,住在上海看似忙乱,其实非常安闲。关了前门,锁了后门,便成一个自由独立的小天地。在这里面由你选取甚样风俗习惯的生活:宁波人尽管度宁波俗的生活,广东人尽管度广东俗的生活。我们是浙江石门湾人,住在上海也只管说石门湾的土白,吃石门湾式的饭菜,度石门湾式的生活,却与石门湾相去数百里。现在回想,这真是一种奇妙的生活!

除了出门以外,在家里所见的只是这个石门湾式的小天地。有时开出后门去换掉些头发,有时从过街楼上挂下一只篮去买两只粽子,有时从洋台眺望屋瓦间浮出来的纸鸢,知道春已来到上海。但在我们这个小天地中,看不出春的来到。有时几乎天天同样,辨不出今日和昨日。有时连日没有一个客人上门,我妻每天的公事,就是傍晚时光抱了瞻瞻，携了阿宝，到弄堂门口去等我回家。两岁的瞻瞻坐在他母亲的臂上，口里唱着"爸爸还不来！爸爸还不来！"六岁的阿宝拉住了她娘的衣裾，在下面同他和唱。瞻瞻在马路上扰攘往来的人群中认到了带着一叠书和一包食物回家的我，突然欢呼舞蹈起来，几乎使他母亲的手臂撑不住。阿宝陪着他在下面跳舞，也几乎撕破了她母亲衣裾。他们的母亲呢，笑着喝骂他们。当这时候，我觉得自己立刻化身为二人。其一人做了他们的父亲或丈夫，体验着小别重逢时的家庭团圆之乐，另一个人呢，远远地站了出来，从旁观察这一幕悲欢离合的活剧，看到一种可喜又可悲的世间相。

他们这样地欢迎我进去的，是上述的几与世间绝缘的小天地。这里是孩子们的天下。主宰这天下的，有三个角色，除了瞻瞻和阿宝之外，还有一个是四岁的软软，仿佛罗马的三头政治。日本人有 tototenka（父天下）、kakatenka（母天下）之名，我当时曾模仿他们，戏称我们这家庭为 tsetsetenka（瞻瞻天下）。因为瞻瞻在这三人之中势力最盛，好比罗马三头政治中的领胄。我呢，名义上是他们的父亲，实际上是他们的臣仆，而我自己却以为是站在他们这政治舞台下面的观剧者。丧失了美丽的童年时代，送尽了蓬勃的青年时代，而初入黯淡的中年时代的我，在这群真率的儿童生活中梦见了自己过去的幸福，觅得了自己已失的童心。我企慕他们的生活天真，艳羡他们的世界广大。觉得孩子们都有大丈夫气，大人比起他们来，个个都虚伪卑怯，又觉得人世间各种伟大的事业，不是那种虚伪卑怯的大人们所能致，都是具有孩子们似的大丈夫气的人所建设的。

我翻到自己的画册，便把当时的情景历历地回忆起来。例如：他们跟了母亲到故乡的亲戚家去看结婚，回到上海的家里时也就结起婚来。他们派瞻瞻做新官人。亲戚家的新官人曾经来向我借一顶铜盆帽。[1] 瞻瞻这两岁的小新官人也借我的铜盆帽去戴上了。他们派软软做新娘子。亲戚家的新娘子用红帕子把头蒙住，他们也拿母亲的红包袱把软软的头蒙住了。一个戴着铜盆帽好像苍蝇戴豆壳，一个蒙住红包袱好像猢狲扮把戏，但两人都认真得很，面孔板板的，跨步缓缓的，活像那亲戚家的结婚式中的人物。宝姐姐说"我做媒人"，拉住了这一对小夫妇而教他们参天拜地，拜好了又送他们到用凳子搭成的洞房里。

我家没有一个好凳，不是断了脚的，就是擦了漆的。它们当凳子给我们坐的时候少，当游戏工具给孩子们用的时候多。在孩子们，这种工具的用处真真广大：请酒时可以当桌子用，搭棚棚时可以当墙壁用，做客人时可以当船用，开火车时可以当车站用。他们的身体比凳子高得有限，看他们搬来搬去非常吃力。有时汗流满面，有时被压在凳子底下。但他们好像为生活而拼命奋斗的劳动者，决不辞劳。汗流满面时可用一双泥污的小手来揩摸，被压在凳子底下时只要哭脱几声，就带着眼泪去工作。他们真可说是"快活的劳动者"。哭的一事。在孩子们有特殊的效用。大人们惯说"哭有什么用？"原是为了他们的世界狭窄的缘故。在孩子们的广大世界里，哭真有意想不到的效力。譬如跌痛了，只要尽情一哭，比服凡拉蒙灵得多，能把痛完全忘却，依旧遨游于游戏的世界中。又如泥人跌破了，也只要放声一哭，就可把泥人完全忘却，而热衷于别的玩具。又如花生米吃得不够，也只要号哭一下，便好像已经吃饱，可以起劲地去干别的工作了。总之，他们无论干什么事都认真而专心，把身心全部的力量拿出来干。哭的时候用全力去哭，笑的时候用全力去笑，

---

[1] 当时作者家乡结婚的男子，必须戴一顶铜盆帽，穿长衫马褂，好像是代替清朝时代的红缨帽子、外套的。作者在上海日常戴用的呢帽，常常被乡亲借去当作结婚的大礼帽用。

一切游戏都用全力去干。干一件事的时候，把除这以外的一切别的事统统忘却。一旦拿了笔写字，便把注意力全部集中在纸上。纸放在桌上的水痕里也不管，衣袖带翻了墨水瓶也不管，衣裳角拖在火钵里燃烧了也不管。一旦知道同伴们有了有趣的游戏，冬晨睡在床里的会立刻从被窝钻出，穿了寝衣来参加；正在换衣服的会赤了膊来参加；正在洗浴的也会立刻离开浴盆，用湿淋淋的赤身去参加。被参加的团体中的人们对于这浪漫的参加者也恬不为怪，因为他们大家把全精神沉浸在游戏的兴味中，大家入了"忘我"的三昧境，更无余暇顾到实际生活上的事及世间的习惯了。

　　成人的世界，因为受实际的生活和世间的习惯的限制，所以非常狭小苦闷。孩子们的世界不受这种限制，因此非常广大自由。年纪愈小，其所见的世界愈大。我家的三头政治团中瞻瞻势力最大，便是为了他年纪最小，所处的世界最广大自由的缘故。他见了天上的月亮，会认真地要求父母给他捉下来，见了已死的小鸟，会认真地喊它活转来，两把芭蕉扇可以认真地变成他的脚踏车，一只藤椅子可以认真地变成他的黄包车，戴了铜盆帽会立刻认真地变成新官人，穿了爸爸的衣服会立刻认真地变成爸爸。照他的热诚的欲望，屋里所有的东西应该都放在地上，任他玩弄，所有的小贩应该一天到晚集中在我家的门口，由他随时去买来吃弄，房子的屋顶应该统统除去，可以使他在家里随时望见月亮、鹞子和飞机，眠床里应该有泥土，种花草，养着蝴蝶与青蛙，可以让他一醒觉就在野外游戏。看他那热诚的态度，以为这种要求绝非梦想或奢望，应该是人力所能办到的。他以为人的一切欲望应该都是可能的。所以不能达到目的的时候，便那样愤慨地号哭。拿破仑的字典里没有"难"字，我家当时的瞻瞻的词典里一定没有"不可能"之一词。

　　我企慕这种孩子们的生活的天真，艳羡这种孩子们的世界的广大。

或者有人笑我故意向未练的孩子们的空想界中找求荒唐的乌托邦,以为逃避现实之所,但我也可笑他们的屈服于现实,忘却人类的本性。我想,假如人类没有这种孩子们的空想的欲望,世间一定不会有建筑、交通、医药、机械等种种抵抗自然的建设,恐怕人类到今日还在茹毛饮血呢。所以我当时的心,被儿童所占据了。我时时在儿童生活中获得感兴。玩味这种感兴,描写这种感兴,成了当时我的生活的习惯。

欢喜读与人生根本问题有关的书,欢喜谈与人生根本问题有关的话,可说是我的一种习性。我从小不欢喜科学而欢喜文艺。为的是我所见的科学书,所谈的大都是科学的枝末问题,离人生根本很远,而我所见的文艺书,即使最普通的《唐诗三百首》、《白香词谱》等,也处处含有接触人生根本而耐人回味的字句。例如我读了"想得故园今夜月,几人相忆在江楼",便会设身处地地做了思念故园的人,或江楼相忆者之一人,而无端地兴起离愁。又如读了"流光容易把人抛,红了樱桃,绿了芭蕉",便会想起过去的许多的春花秋月,而无端地兴起惆怅。我看见世间的大人都为生活的琐屑事件所迷着,都忘记人生的根本,只有孩子们保住天真,独具慧眼,其言行多足供我欣赏者。八指头陀诗云:"吾爱童子身,莲花不染尘。骂之惟解笑,打亦不生嗔。对境心常定,逢人语自新。可慨年既长,物欲蔽天真。"我当时曾把这首诗用小刀刻在香烟嘴的边上。

这只香烟嘴一直跟随我,直到四五年前,有一天不见了。以后我不再刻这诗在什么地方。四五年来,我的家里同国里一样的多难:母亲病了很久,后来死了,自己也病了很久,后来没有死。这四五年间,我心中不觉得有什么东西占据着,在我的精神生活上好比一册书里的几页空白。现在,空白页已经翻厌,似乎想翻出些下文来才好。我仔细向自己的心头探索,觉得只有许多乱杂的东西忽隐忽现,却并没有一物强固地占据着。我想把这几页空白当作被开的几个大"天窗",

使下文仍旧继续前文，然而很难能。因为昔日的我家的儿童，已在这数年间不知不觉地变成了少年少女，行将变为大人。他们已不能像昔日的占据我的心了。我原非一定要拿自己的子女来作为儿童生活赞美的对象，但是他们由天真烂漫的儿童渐渐变成拘谨驯服的少年少女，在我眼前实证地显示了人生黄金时代的幻灭，我也无心再来赞美那昙花似的儿童世界了。

古人诗云："去日儿童皆长大，昔年亲友半凋零。"这两句确切地写出了中年人的心境的虚空与寂寥。前天我翻阅自己的画册时，陈宝（就是阿宝，就是做媒人的宝姐姐）、宁馨（就是做新娘子的软软）、华瞻（就是做新官人的瞻瞻）都从学校放寒假回家，站在我身边同看。看到"瞻瞻新官人，软软新娘子，宝姐姐做媒人"的一幅，大家不自然起来。宁馨和华瞻脸上现出忸怩的笑，宝姐姐也表示决不肯再做媒人了。他们好比已经换了另一班人，不复是昔日的阿宝、软软和瞻瞻了。昔日我在上海的小家庭中所观察欣赏而描写的那群天真烂漫的孩子，现在早已不在人间了！他们现在都已疏远家庭，做了学校的学生。他们的生活都受着校规的约束，社会制度的限制，和世智的拘束，他们的世界不复像昔日那样广大自由，他们早已不做房子没有屋顶和眠床里种花草的梦了。他们已不复是"快活的劳动者"，正在为分数而劳动，为名誉而劳动，为知识而劳动，为生活而劳动了。

我的心早已失了占据者。我带了这虚空而寂寥的心，彷徨在十字街头，观看他们所转入的社会，我想象这里面的人，个个是从那天真烂漫、广大自由的儿童世界里转出来的。但这里没有"花生米不满足"的人，却有许多面包不满足的人。这里没有"快活的劳动者"，只见锁着眉头的引车者，无食无衣的耕织者，挑着重担的颁白者，挂着白须的行乞者。这里面没有像孩子世界里所闻的号啕的哭声，只有细弱的呻吟，吞声的呜咽，幽默的冷笑，和愤慨的沉默。这里面没有像孩子世界中所见的不屈不挠的大丈夫气，却充满了顺从，屈服，消沉，悲哀和诈伪，险恶，卑怯的状态。我看到这种状态，又同昔日带了一叠书和一包食物回家，而在弄堂门口看见我妻提携了瞻瞻和阿宝等候着那时一样，自己立刻化身为二人。其一人做了这社会里的一分子，体验着现实生活的辛味，另一人远远地站出来，从旁观察这些状态，看到了可惊可喜可悲可哂的种种世间相。然而这情形和昔日不同：昔日的儿童生活相能"占据"我的心，能使我归顺它们，现在的世间相却只是常来"袭击"我这空虚寂寥的心，而不能占据，不能使我归顺。因此我的生活的册子中，至今还是继续着空白的页，不知道下文是什么。也许空白到底，亦未可知啊。

为了代替谈自己的画，我已把自己十年来的生活和心情的一面在这里谈过了。但这文章的题目不妨写作"谈自己的画"。因为：一则我的画与我的生活相关联，要谈画必须谈生活，谈生活就是谈画。二则我的画既不摹拟什么八大山人，七大山人的笔法，也不根据什么立体派、平面派的理论，只是像记账般地用写字的笔来记录平日的感兴而已。因此关于画的本身，没有什么话可谈，要谈也只能谈谈作画时的因缘罢了。

不惑之礼[1]

廿六[2]年阴历元旦，我破晓醒来，想道：从今天起，我应该说是四十岁了。摸摸自己的身体看，觉得同昨天没有什么两样；检点自己的心情看，觉得同昨天也没有什么差异。只是"四十"这两个字在我心里作怪，使我不能再睡了。十年前，我的年岁开始冠用"三十"两字时，我觉得好像头上张了一把薄绸的阳伞，全身蒙了一个淡灰色的影子。现在，我的年岁上开始冠用"四十"两字时，我觉得好比这顶薄绸的阳伞换了一柄油布的雨伞，全身蒙了一个深灰色的影子了。然而这柄雨伞比阳伞质地坚强得多，周围广大得多，不但能够抵御外界的暴风雨，即使落下一阵卵子大的冰雹来，也不能中伤我。设或豺狼当道，狐鬼逼人起来，我还可以收下这柄雨伞来，充作禅杖，给它们打个落花流水呢。

阴历元旦的清晨，四周肃静，死气沉沉，只有附近一个学校里的一群小学生。依旧上学，照常早操，而且喇叭吹得比平日更响，步伐声和喇叭一齐清楚地传到我的耳中。于是我起床了。盥洗毕，展开一

---

[1] 1937年8月2日作于杭寓。原载《宇宙风》1938年1月11日第87期。
[2] 即1937年。

张宣纸,抽出一支狼毫,一气呵成地写了这样的几句陶诗:

先师遗训,余岂云坠!四十无闻,斯不足畏。
脂我名车,策我名骥。千里虽遥,孰敢不至!

下面题上"廿六年古历元旦卯时缘缘堂主人书",盖上一个"学不厌斋"的印章,装进一个玻璃框中,挂在母亲的遗像的左旁。古人二十岁行弱冠礼,我这一套仿佛是四十岁行的不惑之礼。

不惑之礼毕,我坐楼窗前吸纸烟。思想跟了晨风中的烟缕而飘曳了一会儿,不胜恐惧起来。因为我回想过去的四十年,发生了这样的一种感觉:我觉得,人生好比喝酒,一岁喝一杯,两岁喝两杯,三岁喝三杯……越喝越醉,越喝越痴,越迷,终而至于越糊涂,麻木若死尸。只要看孩子们就可知道:十多岁的大孩子,对于人生社会的种种怪现状,已经见怪不怪,行将安之若素了。只有七八岁的小孩子,有时把眼睛睁得桂圆大,惊疑地质问:"牛为什么肯被人杀来吃?""叫花子为什么肯讨饭?""兵为什么肯打仗?"……大孩子们都笑他发痴,我只见大孩子们自己发痴。他们已经喝了十多杯酒,渐渐地有些醉,已在那里痴迷起来,糊涂起来,麻木起来了,可胜哀哉!我已经喝了四十杯酒,照理应该麻醉了。幸好酒量较好,还能知道自己醉。然而"人生"这种酒是越喝越浓,越浓越凶的。只管喝下去,我将来一定也有烂醉而不自知其醉的一日,为之奈何!

于是我历数诸师友,私自评较:像某某,数十年如一日,足见其有千钟不醉之量,不胜钦佩;像某某,对醉人时自己也烂醉,遇醒者时自己也立刻清醒,这是圣之时者,我也不胜钦佩;像某某,愈喝愈醉,几同脱胎换骨,全失本来面目,我仿佛死了一个朋友,不胜惋惜;像某某,醉迷已极,假作不醉,这是予所否者,不屑评较了。我又回溯古贤先哲，推想古代的人生社会，知道他们所喝的也是这一种酒，并没有比我们的和善。始知人的醉与不醉，不在乎酒的凶与不凶，而在乎量的大与不大。

我怕醉，而"人生"这种酒强迫我喝。在这"恶醉强酒"的生活之下，我除了增大自己的酒量以外，更没有别的方法可以避免喝酒。怎样增大我的酒量？只有请教"先师遗训"了。

于是我拣出靖节诗集来，通读一遍，折转了三处书角。再拿出宣纸和狼毫来，抄录了这样的三首诗：

日暮天无云，春风扇微和。佳人美清夜，达曙酣且歌。歌竟长叹息，持此感人多。皎皎云间月，灼灼叶中花，岂无一时好，不久当如何？

迢迢百尺楼，分明望四荒。暮作归云宅，朝为飞鸟堂。山河满目中，平原独茫茫。古时功名士，慷慨争此场。一旦百岁后，相与还北邙。松柏为人伐，高坟互低昂。颓基无遗主，游魂在何方。荣华诚足贵，亦复可怜伤！

人生归有道，衣食固其端。孰是都不营，而以求自安？开春理常业，岁功聊可观。晨出肆微勤，日入负耒还。山中饶霜露，风气亦先寒，田家岂不苦，弗获辞此难。四体诚乃疲，庶无异患干，盥濯息檐下，斗酒散襟颜。遥遥沮溺心，千载乃相关。但愿常如此，躬耕非所叹。

写好后，从头至尾阅读一遍，用朱笔在警句上加了些圈；好好地保存了。因为这好比一张醒酒的药方。以后"人生"的酒推上来时，只要按方服药，就会清醒。我的酒量就仿佛增大了。

这样，廿六年阴历元旦完成了我的不惑之礼。

艺
术
逃
难

4

辞缘缘堂[1]

民国二十六年[2]十一月下旬,寇以迂回战突犯我故乡石门湾,我不及预防,仓卒辞缘缘堂,率亲族老幼十余人,带铺盖两担,逃出火线,迤逦西行,经杭州、桐庐、兰溪、衢州、常山、上饶、南昌、新喻、萍乡、湘潭、长沙、汉口,以至桂林。当时这路上军输孔急,人民无车可乘。而况我家十余人中半是老弱,不堪爬跳,不能分班,乘车万无希望。于是只有坐船,浮家泛宅,到处登岸休息盘桓。因此在途有数月之久。许多朋友早已到了长沙、汉口,我独迟迟不至,消息全无。有的人以为我们全家覆没了。因此每到一处,所遇见的旧友新知,必定在寒暄中惊问我流亡的经过。我一一报告,有时一天反复数次,犹似开留声机片一般。家里的孩子们听得惯了,每当我对一新客重述的时候,必在背后窃笑,低声说道:"又是一遍!"我自己也觉得可笑。又觉得舌敝唇焦,重复得实在可厌。然而因为温习的次数太多,每次修补整理,所以材料已经精选,措辞颇得要领。途中我就陆续把

---

[1] 1939年9月6日作于广西思恩。原载《文学集林》1940年第3期创作特辑,按作者在"教师日记"原序中所记,避难五记为《辞缘缘堂》《桐庐负暄》《萍乡闻耗》《汉口庆捷》和《桂林讲学》,目前发现为前两篇,余三篇或未成文,或后有变动。

[2] 即1937年。

这些话记录在手册中。然而这是朋友垂询时所答复的话,不过是我们流亡经过的梗概而已。等到客人去了,我们这个流亡团体共聚在旅舍中,或者共坐在船舱里的时候,闲谈的资料便是流亡前后的种种细事。有时追谈战兴以前的生活,有时回顾仓皇出走的光景,有时详述各处所得的见闻,有时讨论今后避地的方针。感叹咨嗟,慷慨激昂,惊愕忧疑,轩渠笑乐,好比自然界的风雨晦明,变化无定。我们的家庭空气,从来没有这么多样的!于是我又把这些琐屑的谈话资料随时记在手册中。这手册就好比一个电影底片,放映出来的是我家流亡生活的全景。

民国二十八年春,我家离去桂林,迁居宜山。夏天又离开宜山,迁居思恩。思恩地在深山之中,交通阻滞。我们住在欧阳氏[1]榴园中的小楼上,几乎终日不闻世事。我偶在山窗下展开手册来,检点过去的流亡生活,觉得如同一场幻梦。这梦特别清晰,一切景象,历历在目。可用文章记述,也可用图画描写。于是乘兴握笔,拟把手册中的记载演成五篇记事。开头写第一记《辞缘缘堂》时,不胜感慨。"古者重去其乡,游宦不逾千里。"我为不得已而远离乡国。如今故园已成焦土,飘泊将及两年,在六千里外的荒山中重温当年仓皇辞家的旧梦,不禁心绪黯然,觉得无从下笔。然而环境虽变,我的赤子之心并不失却;炮火虽烈,我的匹夫之志决不被夺,它们因了环境的压迫,受了炮火的洗礼,反而更加坚强了。杜衡芳芷所生,无非吾土;青天白日之下,到处为乡。我又何必感慨呢?于是吟成两首七绝,用代小序:

---

[1] 即作者在桂林师范学校的学生,名欧阳同旺。

秀水明山入画图，兰堂芝阁尽虚无。
十年一觉杭州梦，剩有冰心在玉壶。

江南春尽日西斜，血雨腥风卷落花。
我有馨香携满袖，将求麟凤向天涯。

走了五省，经过大小百数十个码头，才知道我的故乡石门湾，真是一个好地方。它位在浙江北部的大平原中，杭州和嘉兴的中间，而离开沪杭铁路三十里。这三十里有小轮船可通。每天早晨从石门湾搭轮船，溯运河走两小时，便到了沪杭铁路上的长安车站。由此搭车，南行一小时到杭州；北行一小时到嘉兴，三小时到上海。到嘉兴或杭州的人，倘有余闲与逸兴，可屏除这些近代式的交通工具，而雇客船走运河。这条运河南达杭州，北通嘉兴、上海、苏州、南京，直至河北。经过我们石门湾的时候，转一个大弯。石门湾由此得名。无数朱漆栏杆玻璃窗的客船，麇集在这湾里，等候你去雇。你可挑选最中意的一只。一天到嘉兴，一天半到杭州，船价不过三五元。倘有三四个人同舟，旅费并不比乘轮船火车贵。胜于乘轮船火车者有三：开船时间由你定，不像轮船火车的要你去恭候。一也。行李不必用力捆扎，用心检点，但把被、褥、枕头、书册、烟袋、茶壶、热水瓶，甚至酒壶、菜榼……往船舱里送。船家自会给你布置在玻璃窗下的小榻及四仙桌上。你下船时仿佛走进自己的房间一样。二也。经过码头，你可关照船家暂时停泊，上岸去眺瞩或买物。这是轮船火车所办不到的。三也。倘到杭州，你可在塘栖一宿，上岸买些本地名产的糖枇杷、糖佛手；再到靠河边的小酒店里去找一个幽静的座位，点几个小盆：冬笋、茭白、荠菜、毛豆、鲜菱、良乡栗子、熟荸荠……烫两碗花雕。你尽管浅斟细酌，迟迟回船歇息。天下雨也可不管，因为塘栖街上全是凉棚，下雨不相干的。这样，半路上多游了一个码头，而且非常从容自由。这种富有诗趣的旅行，靠近火车站地方的人不易做到，只有我们石门湾的人可以自由享受。因为靠近火车站地方的人，乘车太便；即使另有水路可通，没有人肯走，因而没有客船的供应。只有石门湾，火车不即不离，而运河躺在身边，方始有这种特殊的旅行法。然客船并非专走长路，往返于相距二三十里的小城市间，是其常业。盖运河两旁，支流繁多，港汊错综。倘从飞机上俯瞰，这些水道正像一个渔网。这个渔网的线旁密密地撒布无数城市乡镇，"三里一村，五里一市，十里一镇，廿里一县。"用这话来形容江南水乡人烟稠密之状，决不是夸张的。我们石门湾就是位在这网的中央的一个镇。所以水路四通八达，交通运输异常便利。我们不需要用脚走路。下乡，出市，送客，归宁，求神，拜佛，即使三五里的距离，也乐得坐船。倘使要到十八里（我们称为二九）远的崇德城里，每天有两班轮船，还有各种便船，决不要用脚走路。除了赤贫、大俭，以及背纤者之类以外，倘使你"走"到了城里，旁人都得惊讶，家人将怕你伤筋，你自己也要觉得吃力。唉！我的故乡真是安乐之乡！把这些话告诉每天挑着担子走一百几十里崎岖的山路的内地人，恐怕他们不会相信，不能理解，或者笑为神话！孟子曰："生于忧患，死于安乐。"这回江南的空前浩劫，也许就是这种安乐的报应吧！

　　然而好逸恶劳，毕竟是人之常情。克服自然，正是文明的进步。不然，内地人为什么要努力造公路，筑铁路，治开垦呢？忧患而不进步，未必能生；安乐而不骄惰，决不致死。所以我对于我们的安乐的故乡，始终是心神向往的。何况天时胜如它的地利呢！石门湾离海边约四五十里，四周是大平原，气候当然是海洋性的。然而因为河道密布如网，水陆的调剂特别均匀，所以寒燠的变化特别缓和。由夏到冬，由冬到夏，渐渐地推移，使人不知不觉。中产以上的人，每人有六套衣服：夏衣、单衣、夹衣、絮袄（木棉[1]的）、小棉袄（薄丝绵）、大棉袄（厚丝绵）。六套衣服逐渐递换，不知不觉之间寒来暑往，循环成岁。而每一回首，又觉得两月之前，气象大异，情景悬殊。盖春夏秋冬四季的个性的表现，非常明显。故自然之美，最为丰富；诗趣画意，俯拾即是。我流亡之后，经过许多地方。有的气候变化太单纯，半年夏而半年冬，脱了单衣换棉衣。有的气候变化太剧烈，一日之内有冬夏，捧了火炉吃西瓜。这都不是和平中正之道，我很不惯。这时候方始知道我的故乡的天时之胜。在这样的天时之下，我们郊外的大平原中没有一块荒地，全是作物。稻麦之外，四时蔬菜不绝，风味各殊。尝到一物的滋味，可以联想一季的风光，可以梦见往昔的情景。往年我在上海功德林，冬天吃新蚕豆，一时故乡清明赛会、扫墓、踏青、种树之景，以及绸衫、小帽、酒旗、戏鼓之状，憬然在目，恍如身入其境。这种情形在他乡固然也有，而对故乡的物产特别敏感。倘然遇见桑树和丝绵，那更使我心中涌起乡思来。因为这是我乡一带特有的产物，而在石门湾尤为普遍。除了城市人不劳而获以外，乡村人家，无论贫富，春天都养蚕，称为"看宝宝"。他们的食仰给于田地，衣仰给于宝宝。所以丝绵在我乡是极普通的衣料。古人要五十岁才得衣帛，我们的乡人无论老少都穿丝绵。他方人出重价买了我乡的输出品，请"翻丝绵"的专家特制了，视为狐裘一类的贵重品；我乡则人人会翻，乞丐身上也穿丝绵。"人生衣食真难事"，而我乡人得天独厚，这不可以不感谢，惭愧而且惕厉！我以上这一番缕述，并非想拿来夸耀，正是要表示感谢，惭愧，惕厉的意思。读者中倘有我的同乡，或许会发生同感。

---

[1] 即棉花。

缘缘堂就建在这富有诗趣画意而得天独厚的环境中。运河大转弯的地方，分出一条支流来。距运河约二三百步，支流的岸旁，有一所染坊店，名曰丰同裕。店里面有一所老屋，名曰惇德堂。惇德堂里面便是缘缘堂。缘缘堂后面是市梢。市梢后面遍地桑麻，中间点缀着小桥，流水，大树，长亭，便是我的游钓之地了。红羊[1]之后就有这染坊店和老屋。这是我父祖三代以来歌哭生聚的地方。直到民国二十二年缘缘堂成，我们才离开这老屋的怀抱。所以它给我的荫庇与印象，比缘缘堂深厚得多。虽然其高只及缘缘堂之半，其大不过缘缘堂的五分之一，其陋甚于缘缘堂的柴间，但在灰烬之后，我对它的悼惜比缘缘堂更深。因为这好比是老树的根，缘缘堂好比是树上的枝叶。枝叶虽然比根庞大而美观，然而都是从这根上生出来的。流亡以后，我每逢在报纸上看到了关于石门湾的消息，晚上就梦见故国平居时的旧事，而梦的背景，大都是这百年老屋。我梦见我孩提时的光景：夏天的傍晚，祖母穿了一件竹衣[2]，坐在染坊店门口河岸上的栏杆边吃蟹酒。祖母是善于享乐的人，四时佳兴都很浓厚。但因为屋里太窄，我们姐弟众多，把祖母挤出在河岸上。我梦见父亲中乡试时的光景：几方丈大小的老屋里拥了无数的人，挤得水泄不通。我高高地坐在店伙祁官的肩头上，夹在人丛中，看父亲拜北阙。我又梦见父亲晚酌的光景：大家吃过夜饭，父亲才从地板间里的鸦片榻上起身，走到厅上来晚酌。桌上照例是一壶酒，一盖碗热豆腐干，一盆麻酱油，和一只老猫。父亲一边看书，一边用豆腐干下酒，时时摘下一粒豆腐干来喂老猫。那时我们得在地板间里闲玩一下。这地板间的窗前是一个小天井，天井里养着乌

---

1 即洪秀全、杨秀清。
2 竹衣，一种用细小竹枝编串而成的夏衣。

龟,我们喊它为"臭天井"。臭天井的旁边便是灶间。饭脚水常从灶间里飞出来,哺养臭天井里的乌龟。因此烟气,腥气,臭气,地板间里时有所闻。然而这是老屋里最精华的一处地方了。父亲在室时,我们小孩子是不敢轻易走进去的。我的父亲中了举人之后就丁艰。丁艰后科举就废。他的性情又廉洁而好静,一直闲居在老屋中,四十二岁上患肺病而命终在这地板间里。我九岁上便是这老屋里的一个孤儿了。缘缘堂落成后,我常常想:倘得像缘缘堂的柴间或磨子间那样的一个房间来供养我的父亲,也许他不致中年病肺而早逝。然而我不能供养他!每念及此,便觉缘缘堂的建造毫无意义,人生也毫无意义!我又梦见母亲拿了六尺杆量地皮的情景:母亲早年就在老屋背后买一块地(就是缘缘堂的基地),似乎预知将来有一天造新房子的。我二十一岁就结婚。结婚后得了"子烦恼",几乎年年生一个孩子。率妻糊口四方,所收入的自顾不暇。母亲带着我的次女住在老屋里,染坊店及数十亩薄田所入虽能供养,亦没有余裕,所以造屋这念头,一向被抑在心的底层。我三十岁上送妻子回家奉母。老屋覆育了我们三代,伴了我的母亲数十年,这时候衰颓得很,门坍壁裂,渐渐表示无力再荫庇我们这许多人了。幸而我的生活渐渐宽裕起来,每年多少有几叠钞票交送母亲。造屋这念头,有一天偷偷地从母亲心底里浮出来。邻家正在请木匠修窗,母亲借了他的六尺杆,同我两人到后面的空地里去测量一会,计议一会。回来的时候低声关照我:"切勿对别人讲!"那时我血气方刚,率然地对母亲说:"我们决计造!钱我有准备!"就把收入的预算历历数给她听。这是年轻人的作风,事业的失败往往由此;事业的速成也往往由此。然而老年人脚踏实地,如何肯冒险呢?六尺杆还了木匠,造屋的念头依旧沉淀在母亲的心底里。它不再浮起来。直到两年之后,母亲把这念头交付了我们而长逝。又三年之后,它方才成形具体,而实现在地上,这便是缘缘堂。

犹记得堂成的前几天，全家齐集在老屋里等候乔迁。两代姑母带了孩童仆从，也来挤在老屋里助喜。低小破旧的老屋里挤了二三十个人，肩摩踵接，踢脚绊手，闹得像戏场一般。大家知道未来的幸福紧接在后头，所以故意倾轧。老人家几被小孩子推倒了，笑着喝骂。小脚被大脚踏痛了，笑着叫苦。在这时候，我们觉得苦痛比欢乐更为幸福。低小破旧的老屋比琼楼玉宇更有光彩！我们住新房子的欢喜与幸福，其实以此为极！真个迁入之后，也不过尔尔，况且不久之后，别的渴望与企图就来代替你的欢乐，人世的变故行将妨碍你的幸福了！只有希望中的幸福，才是最纯粹，最彻底，最完全的幸福。那时我们全家的人都经验了这种幸福。只有最初置办基地，发心建造，而首先用六尺杆测量地皮的人，独自静静地安眠在五里外的长松衰草之下，不来参加我们的欢喜。似乎知道不久将有暴力来摧毁这幸福，所以不屑参加似的。

缘缘堂构造用中国式，取其坚固坦白。形式用近世风，取其单纯明快。一切因袭，奢侈，烦琐，无谓的布置与装饰，一概不入。全体正直，（为了这点，工事中我曾费数百元拆造过，全镇传为奇谈。）高大，轩敞，明爽，具有深沉朴素之美。正南向的三间，中央铺大方砖，正中悬挂马一浮先生写的堂额。壁间常悬的是弘一法师写的《大智度论·十喻赞》，和"欲为诸法本，心如工画师"的对联。西室是我的书斋，四壁陈列图书数千卷，风琴上常挂弘一法师写的"真观清净观，广大智慧观。梵音海潮音，胜彼世间音"的长联。东室为食堂，内连走廊，厨房，平屋。四壁悬的都是沈寐叟的墨迹。堂前大天井中种着芭蕉、樱桃和蔷薇。门外种着桃花。后堂三间小室，窗子临着院落，院内有葡萄棚、秋千架、冬青和桂树。楼上设走廊，廊内六扇门，通入六个独立的房间，便是我们的寝室。秋千院落的后面，是平屋、阁楼、厨房和工人的房间——所谓缘缘堂者，如此而已矣。读者或将见笑：

这样简陋的屋子，我却在这里扬眉瞬目，自鸣得意，所见与井底之蛙何异？我要借王禹偁的话作答："彼齐云落星，高则高矣。井干丽谯，华则华矣。止于贮妓女，藏歌舞，非骚人之事，吾所不取。"我不是骚人，但确信环境支配文化。我认为这样光明正大的环境，适合我的胸怀，可以涵养孩子们的好真，乐善，爱美的天性。我只费了六千金的建筑费，但倘秦始皇要拿阿房宫来同我交换，石季伦愿把金谷园来和我对调，我决不同意。自民国二十二年春日落成，以至二十六年残冬被毁，我们在缘缘堂的怀抱里的日子约有五年。现在回想这五年间的生活，处处足使我憧憬：春天，两株重瓣桃戴了满头的花，在门前站岗。门内朱楼映着粉墙。蔷薇衬着绿叶。院中秋千亭亭地立着，檐下铁马叮咚地响着。堂前燕子呢喃，窗内有"小语春风弄剪刀"的声音。这和平幸福的光景，使我难忘。夏天，红了樱桃，绿了芭蕉，在堂前作成强烈的对比，向人暗示"无常"的幻相。葡萄棚上的新叶，把室中人物映成绿色的统调，添上一种画意。垂帘外时见参差人影，秋千架上时闻笑语。门外刚挑过一担"新市水蜜桃"，又来了一担"桐乡醉李"。喊一声"开西瓜了"，忽然从楼上楼下引出许多兄弟姊妹。傍晚来一位客人，芭蕉荫下立刻摆起小酌的座位。这畅适的生活也使我难忘。秋天，芭蕉的叶子高出墙外，又在堂前盖造一个天然的绿幕，葡萄棚上果实累累，时有儿童在棚下的梯子上爬上爬下。夜来明月照高楼，楼下的水门汀映成一片湖光。各处房栊里有人挑灯夜读，伴着秋虫的合奏，这清幽的情况又使我难忘。冬天，屋子里一天到晚晒着太阳，炭炉上时闻普洱茶香。坐在太阳旁边吃冬春米饭，吃到后来都要出汗解衣裳。廊下晒着一堆芋头，屋角里藏着两瓮新米酒，菜橱里还有自制的臭豆腐干和霉千张。星期六的晚上，儿童们伴着坐到深夜，大家在火炉上烘年糕，煨白果，直到北斗星转向。这安逸的滋味也使我难忘。现在飘泊四方，已经两年。有时住旅馆，有时住船，有时住村舍，茅屋，祠堂，牛棚。但凡我身所在的地方只要一闭眼睛，就看见无处不是缘缘堂。

平生不善守钱。余剩的钞票超过了定数，就坐立不安，非想法使尽它不可。缘缘堂落成后一年，这种钞票作怪，我就在杭州租了一所房子，请两名工人留守，以代替我游杭的旅馆。这仿佛是缘缘堂的支部。旁人则戏称它为我的"行宫"。他们怪我不在杭州赚钱，而无端去作寓公。但我自以为是。古人有言："不为无益之事，何以遣有涯之生？"我相信这句话，而且想借庄子的论调来加个注解：益就是利。"吾生也有涯，而利也无涯，以有涯遣无涯，殆已！已而为利者，殆而已矣！"所以要遣有涯之生，须为无利之事。杭州之所以能给我优美的印象者，就为了我对它无利害关系，所见的常是它的艺术方面的缘故。那时我春秋居杭州，冬夏居缘缘堂，书笔之余，恣情盘桓，饱尝了两地的风味：西湖好景，尽在于春秋二季。春日浓妆，秋季淡抹，一样相宜。我最喜于无名的地方，游众所不会到的地方，玩赏其胜景。而把三潭印月，岳庙等大名鼎鼎的地方让给别人游。人弃我取，人取我与。这是范蠡致富的秘诀，移用在欣赏上，也大得其宜。西湖春秋佳日的真相，我都欣赏过了。夏天西湖上颇热，冬天西湖上颇冷。苏东坡[1]说："毕竟西湖六月中，风光不与四时同。"某雅人说："晴湖不及雨湖，雨湖不及雪湖。"言之或有其理；但我不敢附和。因为我怕热怕冷。我到夏天必须返缘缘堂。石门湾到处有河水调剂，即使天热，也热得缓和而气爽，不致闷人。缘缘堂南向而高敞，西瓜、凉粉常备，远胜于电风扇、冰淇淋。冬天大家过年，贺岁，饮酴酥酒，更非回乡参加不可。我常常往返于石门湾与杭州之间，被别人视为无事忙。那时我

---

1 系作者误写，应为杨万里。

读书并不抛废，笔墨也相当地忙；而如此忙里偷闲地热心于游玩与欣赏，今日思之，并非偶然，我似乎预知江南浩劫之将至，故乡不可以久留，所以尽量欣赏，不遗余力的。

"八一三"事起，我们全家在缘缘堂。杭州有空袭，特派人把留守的女工叫了回来，把"行宫"锁闭了。城站被炸，杭州人纷纷逃乡，我又派人把"行宫"取消，把其中的书籍器具装船载回石门湾。两处的器物集中在一处，异常热闹，我们费了好几天的工夫，整理书籍，布置家具。把缘缘堂装潢得面目一新。邻家的妇孺没有坐过沙发，特地来坐坐杭州搬来的沙发。（我不喜欢沙发，因为它不抵抗。这些都是朋友赠送的。）店里的伙计没有见过开关热水壶，当它是个宝鼎。上海南市已成火海了，我们躲在石门湾里自得其乐。今日思之，太不识时务。最初，汉口的朋友写信来，说浙江非安全之地，劝我早日率眷赴汉口。四川的朋友也写信来，说战事必致扩大，劝我早日携眷入川。我想起了白居易的问友诗："种兰不种艾，兰生艾亦生。根荄相交长，茎叶相附荣。香茎与臭叶，日夜俱长大，锄艾恐伤兰，溉兰恐滋艾。兰亦未能溉，艾亦未能除。沉吟意不决，问君合如何？"铲除暴徒，以雪百年来浸润之耻，谁曰不愿？糜烂土地，荼毒生灵，去父母之邦，岂人之所乐哉？因此沉吟意不决者累日。终于在方寸中决定了"移兰"之策。种兰而艾生于其旁，而且很近，甚至根荄相交，茎叶相附，可见种兰的地方选得不好。兰既不得其所，用不着锄或溉，只有迁地为良。其法：把兰好好地掘起，慎勿伤根折叶。然后郑重地移到名山胜境，去种在杜衡芳芷所生的地方。然后拿起锄头来，狠命地锄，把那臭叶连根铲尽。或者不必用锄，但须放一把火，烧成一片焦土。将来再种兰时，灰肥倒有用处，这"移兰锄艾"之策，乃不易之论。香山居士死而有知，一定在地下点头。

然而这兰的根，深固得很，一时很不容易掘起，况且近来根上又壅培了许多土壤，使它更加稳固繁荣了。第一，杭州搬回来的家具，把缘缘堂装点得富丽堂皇，个个房间里有明窗净几，屏条对画。古圣人弃天下如弃敝屣；我们真惭愧，一时大家舍不得抛弃这些赘累之物。第二，上海、松江、嘉兴、杭州各地迁来了许多人家。石门湾本地人就误认这是桃源。谈论时局，大家都说这地方远离铁路公路，不会遭兵火。况且镇小得很，全无设防，空袭也决不会来。听的人附和地说道："真的！炸弹很贵。石门湾即使请他来炸，他也不肯来的！"另一人根据了他的军事眼光而发表预言："他们打到了松江、嘉兴，一定向北走苏嘉路，与沪宁路夹攻南京。嘉兴以南，他们不会打过来。杭州不过是风景地点，取得了没有用。所以我们这里是不要紧的。"又有人附和："杭州每年香火无量，西湖底里全是香灰！这佛地是决不会遭殃的。只要杭州无事，我们这里就安。"我虽决定了移兰之策，然而众口铄金，况且谁高兴逃难？于是存了百分之一的幸免之心。第三，我家世居石门湾，亲戚故旧甚多。外面打仗，我家全部迁回了，戚友往来更密。一则要探听一点消息，二则要得到相互的慰藉。讲起逃难，大家都说："要逃我们总得一起走。"但下文总是紧接着一句："我们这里总是不要紧的。"后来我流亡各地，才知道每一地方的人，都是这样自慰的。呜呼！"民之秉彝，好是懿德。"普天之下，凡有血气，莫不爱好和平，厌恶战争。我们忍痛抗战，是不得已的。而世间竟有以侵略为事，以杀人为业的暴徒，我很想剖开他们的心来看看，是虎的？还是狼的？

阴历九月二十六日，是我四十岁的生辰。这时松江已经失守，嘉兴已经炸得不成样子。我家还是做寿。糕桃寿面，陈列了两桌；远近亲朋，坐满了一堂。堂上高烧红烛，室内开设素筵。屋里充满了祥瑞之色和祝贺之意。而宾朋的谈话异乎寻常；有一人是从上海南站搭火车逃回来的。他说：火车顶上坐满了人，还没有开。忽听得飞机声，火车突然飞奔。顶上的人纷纷坠下,有的坠在轨道旁,手脚被轮子碾断,惊呼号啕之声淹没了火车的开动声!又有一人怕乘火车,是由龙华走水道逃回来的。他说上海南市变成火海。无数难民无家可归,聚立在民国路法租界的紧闭的铁栅门边。日夜站着。落雨还是小事,没得吃真惨!法租界里的同胞拿面包隔铁栅抛过去。无数饿人乱抢。有的面包落在地上的大小便中,他们管自挣得去吃!我们一个本家从嘉兴逃回来。他说有一次轰炸,他躲在东门的铁路桥下。看见一个妇人抱着一个婴孩,躲在墙脚边喂奶。忽然车站附近落下一个炸弹。弹片飞来,恰好把那妇人的头削去。在削去后的一瞬间中,这无头的妇人依旧抱着婴孩危坐着,并不倒下;婴孩也依旧吃奶。我听了他的话,想起了一个动人的故事,就讲给人听:从前有一个猎人入山打猎,远远看见一只大熊坐在涧水边,他就对准要害发出一枪。大熊危坐不动。他连发数枪,均中要害,大熊老是危坐不动。他走近去察看,看见大熊两眼已闭,血水从颈中流下,确已命中。但是它两只前脚抱住一块大石头,危坐涧水边,一动也不动。猎人再走近去细看,才看见大石头底下的涧水中,有三只小熊正在饮水。大熊中弹之后,倘倒下了,那大石头落下去,势必压死她的三个小宝贝。她被这至诚的热爱所感,死了也不倒。直待猎人掇去了她手中的石头,她方才倒下。猎人从此改业。(我写到这里,忽把"它"字改写为"她",把"前足"改写为"手"。排字人请勿排错,读者请勿谓我写错。因为我看见这熊其实非兽,已经变人。而有些人反变了禽兽!)呜呼!禽兽尚且如此,何况于人。我讲了这故事,上述的惨剧被显得更惨,满座为之叹息。然而堂前的红烛得了这种惨剧的衬托,显得更加光明。仿佛在对人说:"四座且勿悲,有我在这里!炸弹杀人,我祝人寿。除了极少数的暴徒以外,世上没有一个人不厌恶惨死而欢喜长寿,没有一个人不好仁而恶暴。仁能克暴,可知我比炸弹力强得多。目前虽有炸弹猖獗,最后胜利一定是我的!"坐客似乎都听见了这番话,大家欣然地散去了。这便是缘缘堂最后一次的聚会。祝寿后一星期,那些炸弹就猖獗到石门湾,促成了我的移兰之计。

民国廿六年十一月六日,即旧历十月初四,是无辜的石门湾被宣告死刑的日子。古人叹人生之无常,夸张地说:"朝为媚少年,夕暮成丑老。"石门湾在那一天,朝晨依旧是喧阗扰攘,安居乐业,晚快忽然水流云散,阒其无人。真可谓"朝为繁华街,夕暮成死市。"这"朝夕"二字并非夸张,却是写实。那一天,我早上起来,并不觉得什么异常。依旧洗脸,吃粥。上午照例坐在书斋里工作,我正在画一册《漫画日本侵华史》,根据了蒋坚忍著的《日本帝国主义侵略中国史》而作的。我想把每个事件描写为图画,加以简单的说明。一页说明与一页图画像对照,形似《护生画集》。希望文盲也看得懂。再照《护生画集》的办法,照印本贱卖,使小学生都有购买力。这计划是"八一三"以后决定的,这时候正在起稿,尚未完成。我的子女中,陈宝、林先、宁馨、华瞻四人向在杭州各中学肄业,这学期不得上学,都在家自修。上午规定是用功时间。还有二人,元草与一吟,正在本地小学肄业,一早就上学去。所以上午家里很静。只听得玻璃窗震响,我以为是有人在窗棂上碰了一下之故,并不介意。后来又是震响,一连数次。我觉得响声很特别:轻微而普遍。楼上楼下几百块窗玻璃,仿佛同时一齐震动,发出远钟似的声音。心知不妙,出门探问,邻居也都在惊奇。大家猜想,大约是附近的城市被轰炸了。响声停止了以后,就有人说:"我们这小地方,没有设防,决不会来炸的。"别的人又附和说:"请他来炸也不肯来的!"大家照旧安居乐业。后来才知道这天上午崇德被炸。

正午,我们全家十个人围着圆桌正在吃午饭的时候,听见飞机声。不久一架双翼侦察机低低地飞过。我在食桌上通过玻璃窗望去,可以看得清人影。石门湾没有警报设备。以前飞机常常过境,也辨不出是敌机还是自己的,大家跑出去,站在门口或桥上,仰起了头观赏,如同春天看纸鸢,秋天看月亮一样。"请他来炸也不肯来"这一句话,大约是这种经验所养成的。这一天大家依旧出来观赏。那侦察机果然兜一个圈子给他们看,随后就飞去了。我们并不出去观赏,但也不逃,照常办事。我上午听见震响,这时又看见侦察机低飞,心知不妙。但犹冀望它是来侦察有无设防。倘发见没有军队驻扎,就不会来轰炸。谁知他们正要选择不设防城市来轰炸,可以放心地投炸弹,可以多杀些人。这侦察机盘旋一周,看见毫无一个军人,纯是民众妇孺,而且都站在门外,非常满意,立刻回去报告,当即派轰炸机来屠杀。

下午二时,我们正在继续工作,又听得飞机声,我本能地立起身,招呼坐在窗下的孩子们都走进来,立在屋的里面。就听见砰的一声,很近。窗门都震动,继续又是砰的一声。家里的人都集拢来,站在东屋的楼梯下,相对无言。但听得墙外奔走呼号之声,我本能地说:"不要紧!"说过之后,才觉得这句话完全虚空。在平常生活中遇到问题,我以父亲、家主、保护者的资格说这句话,是很有力的,很可以慰人的。但在这时候,我这保护者已经失却了说这句话的资格,地面上无论哪一个人的生死之权都操在空中的刽子手手里了!忽然一阵冰雹似的声音在附近的屋瓦上响过,接着沉重地一声震响。墙壁摆动,桌椅跳跃,热水瓶、水烟袋翻落地上,玻璃窗齐声大叫。我们这一群人集紧一步,挤成一堆,默然不语,但听见墙外奔走呼号之声比前更急。忽想起了上学的两个孩子没有回家,生死不明,大家担心得很。然而飞机还在盘旋,炸弹机关枪还在远远各处爆响。我们是否可以免死,尚未可知,也顾不得许多了。忽然九岁的一吟哭着逃进门来。大家问她"阿哥呢?"她不知道,但说学校近旁落了一个炸弹,响得很,学校里的人都逃光,阿哥也不知去向。她独自逃回来,将近后门,离身不远之处,又是一个炸弹，一阵机关枪。她在路旁的屋宇下躲了一下，幸未中弹。等到飞机过了，才哭着逃回家来。这时候飞机声远了些，紧张渐渐过去，我看见自己跟一群人站在扶梯底下，头上共戴一条丝绵被（不知是何时何人拿来的），好似元宵节迎龙灯模样，觉得好笑；又觉得这不过骗骗自己而已，不是安全的办法。定神一想，知道刚才的大震响，是落在后门外的炸弹所发。一吟在路上遇见的也就是这个炸弹，推想这炸弹大约是以我家为目标而投的。因为在这环境中，我们的房子最高大，最瞩目，犹如鹤立鸡群，刽子手意欲毁坏它。可惜手段欠高明。但飞机还没离去，大有再来的可能，非预防不可。于是有人提议，钻进桌子底下，而把丝绵被覆在桌上。立刻实行。我在三十余年前的幼童时代，曾经作此游戏，以后永没有钻过桌底。现在年已过半，却效儿戏；又看见七十岁的老太太也效儿戏，这情状实在可笑。且男女老幼共钻桌底，大类穴居野处的禽兽生活，这行为又实在可耻。这可说是二十世纪物质文明时代特有的盛况！

我们在桌子底下坐了约一小时，飞机声始息。时钟已指四时，在学的孩子元草，这时候方始回来。他跟了人逃出学校，奔向野外，幸未被难。邻居友朋都来慰问，我也出去调查损失。才知道这两小时内共投炸弹大小十余枚，机关枪无算。东市炸毁一屋，全家四人压死在内，医生魏达三躲在晒着的稻穗下面，被弹片切去右臂，立刻殒命。我家后门外五六丈之处，有五人躺在地上，有的已死，脑浆迸出。有的还在喊"扶我起来！"（但我不忍去看，听人说如此。）其余各处都有死伤。后来始知当场炸死三十余人，伤无算。数日内陆续死去又三十余人。犹记那天我调查了回家的时候，途中被一个邻妇拉住。她告诉我，她的丈夫和儿子都被难。"小的不中用了，大的还可救。请你进去看。"她说时，脸孔苍白，语调异常，分明神经已是错乱了。我不懂医法又不忍看这惨状，终于没有进去看，也没有给她任何帮助。

只是劝她赶快请医生,就匆匆回家。两年以来,我每念此事,总觉得异常抱歉。悔不当时代她去请医生,或送她药费。她丈夫是做小贩的,家里未必藏有医药费,以待炸弹的来杀伤。我虽受了惊吓,未被伤害,终是不幸中之幸者。

我的妹夫蒋茂春家在三四里外的村子——南沈浜——里。听见炸弹声,立刻同他的弟弟继春摇一只船来,邀我们迁乡。我们收拾衣物,于傍晚的细雨中匆匆辞别缘缘堂,登舟入乡。沿河但见家家闭户,处处锁门。石门湾顿成死市。河中船行如织,都是迁乡去的。我们此行,大家以为是暂避。将来总有一日回缘缘堂的。谁知其中只有四人再来取物一二次,其余的人都在这潇潇暮雨之中与堂永诀,而开始流离的生活了。

舟抵南沈浜,天已黑,雨未止,雪雪(我妹)擎了一盏洋油灯,一双小脚踏着湿地,到河岸上来迎接。我们十个人——岳老太太(此时适在我家做客,不料从此加入流亡团体,一直同到广西)、满哥(我姐)、我们夫妇,以及陈宝、林先、宁馨、华瞻、元草、一吟——闯入她家,这一回寒暄,真是有声有色。吾母生雪雪后患大病,不能抚育;雪雪从小归蒋家。虽是至戚,近在咫尺,我自雪雪结婚时来此"吊烟囱"(吾乡俗称阿舅望三朝为吊烟囱)之后,一直没有再访。一则为了茂春和雪雪常来吾家,二则为了我历年糊口四方,归家就懒于走动。这一天穷无所归,而夤夜投奔,我初见雪雪时脸上着实有些忸怩。这农家一门忠厚,一味殷勤招待,实使我更增愧感!后门外有新建楼屋两楹,乃其族人蒋金康家业。金康自有老屋,此新屋一向空着,仅为农忙时堆积谷物之用。这时候楼上全空,我们就与之暂租,当夜迁入。雪雪就像"嫁比邻"一样,大家喜不自胜。流亡之后,虽离故居,但有许多平时不易叙首的朋友亲戚得以相聚,不可谓非"因祸得福"。当夜我们在楼上席地而卧,日间的浩劫的回忆,化成了噩梦而扰每个人的睡眠。

次日大雨。僮仆昨天已经纷纷逃回家去。今后在此生活都得自理。诸儿习劳，自此开始。又次日，天晴。上午即见飞机两架自东来，至石门湾市空，又盘旋投弹。我们离市五里之遥，历历望见，为之胆战。幸市中已空，没有人再做它们的牺牲者，此后它们遂不再来。我家自迁乡后，虽在一方面对于后事忧心忡忡；但在他方面另有一副心目来享受乡村生活的风味，饱尝田野之趣，而在儿童尤甚。他们都生长在城市中，大部分的生活在上海、杭州度送。菽麦不辨，五谷不分。现在正值农人收稻、采茶菊的时候，他们跟了茂春姑夫到田中去，获得不少宝贵的经验。离村半里，有萧王庙。庙后有大银杏树，高不可仰。我十一二岁时来此村蒋五伯（茂春同族）家做客，常在这树下游戏。匆匆三十年，树犹如昔，而人事已数历沧桑，不可复识。我偃卧大树下，仰望苍天，缅怀今古。又觉得战争、逃难等事，藐小无谓，不足介意了。

访蒋五伯旧居，室庐尚在，圮坏不堪。其同族超三伯居之。超三伯亦无家族，孑然一身，以乞食为业。邮信不通，我久不看报，遂托超三伯走练市镇（离村十五里），向周氏姐丈家借报，每日给工资大洋五角。每次得报，先看嘉兴有否失守。我实在懒得去乡国，故抱定主意：嘉兴失守，方才出走；嘉兴不失，决计不走。报载我有重兵驻嘉兴，金城汤池，万无一虑。我很欢喜，每天把重要消息抄出来，贴在门口，以代壁报。镇上的人尽行迁乡，疏散在附近各村中。闻得我这里有壁报，许多人来看。不久我的逃难所传遍各村，亲故都来探望。幼时业师沈蕙荪先生年老且病，逃避在离我一里许的村中，派他的儿子来探询我的行止。我也亲去叩访，慰藉。染坊店被炸弹解散，店员各自分飞，这时都来探望老板。这是百年老店，这些人都是数十年老友。十年以来，我开这店全为维持店员五人的生活，非为自己图利，但亦惠而不费。因此这店在同业中有"家养店"之名。我极愿养这店，因为我小时是靠这店养活的。然而现在无法维持了。我把店里的余金分发各人,以备不虞之需。若得重见天日,我一定依旧维持。我的族叔云滨,正直清廉,而长年坎坷,办小学维持八口之家。炸弹解散他的小学。这一天来访,皇皇如丧家之狗。我爱莫能助。七十余岁的老姑母也从崇德城中逃来。她最初客八字桥王蔚奎(我的姐丈)家,后来也到南沈浜来依我们。姑母适崇德徐氏,家富,夫子俱亡,朱门深院,内有寡媳孤孙。今此七十于患难中孑然来归,我对她的同情实深于任何穷人!超三伯赴练市周氏姐丈家取报纸,带回镜涵的信。她说倘然逃难,要通知她,她要跟我们同走。我的二姐,就是她的母亲,适练市周氏。家中富有产业及骂声。二姐幸患耳聋,未尽听见,即已早死。镜涵有才,为小学校长;适张氏一年而寡。孑然一身,寄居父家。明知我这娘舅家累繁重,而患难中必欲相依,其环境可想而知。凡此种种,皆有强大的力系缠我心,使我非万不得已不去其乡。

村居旬日,嘉兴仍不失守。然而军队已开到了,他们在村的前面掘壕布防。一位连长名张四维的,益阳人,常来我的楼下座谈。有一次他告诉我说:"为求最后胜利,贵处说不定要放弃。"我心中忐忑。晚快,就同陈宝和店员章桂三人走到缘缘堂去取物。先几天吾妻已来取衣一次。这一晚我是来取书。黑夜,像做贼一样,架梯子爬进墙去,揭开堂窗,一只饿狗躺在沙发上,被我们电筒一照,站了起来,给我们一吓。上楼,一只饿猫从不知哪里转出来,依着陈宝的脚边哀鸣。我们向菜橱里找些食物喂了它。室中一切如旧,环境同死一样静。我们向各书架检书,把心爱的、版本较佳的、新买而尚未读过的书,收拾了两网篮,交章桂明晨设法运乡。别的东西我都不拿,一则拿不胜拿;二则我心中,不知根据什么理由,始终确信缘缘堂不致被毁,我们总有一天回来的。检好书已是夜深,我们三人出门巡行石门湾全市,好似有意向它告别。全市黑暗,寂静,不见人影,但闻处处有狗作不平之鸣。它们世世代代在这繁荣的市镇中为人看家,受人给养,从未挨饿,今忽丧家失主,无所依归,是谁之咎?忽然一家店楼上发出一阵肺病者的咳嗽声,全市为之反响,凄惨逼人。我悄然而悲,肃然而恐,返家就寝。破晓起身,步行返乡。出门时我回首一望,看见百多块窗玻璃在黎明中发出幽光。这是我与缘缘堂最后的一面。

邮局迁在我的邻近,这时又要迁新市了。最后送来一封信,是马一浮先生从桐庐寄来的。上言先生已由杭迁桐庐,住迎薰坊十三号。下询石门湾近况如何,可否安居,并附近作诗一首。诗是油印的,笔致犹劲,疑是马先生亲自执钢笔在蜡纸上写的。不然,必是其门人张立民君所书。因为张的笔迹酷似其师。无论如何,此油印品异常可爱。自有油印以来,未有美于此者也。我把油印藏在身边,而把诗铭在心中,至今还能背诵:

礼闻处灾交,大者亡邑国。奈何弃坟墓,在士亦可式。妖寇今见侵,天地为改色。遂令陶唐人,坐饱虎狼食。伊谁生厉阶,讵独异舍识?竭彼衣养资,殉此机械力。铿翟竟何神,蒙羿递相贼。生存岂无道,吴乃矜战克。嗟哉一切智,不救天下惑。飞鸢蔽空下,遇者亡其魄。全城为之摧,万物就碌轹。海陆尚有际,不仁于此极。余生恋松楸,未敢怨逼迫。蒸黎信何辜,胡为罹锋镝?吉凶同民患,安得殊欣感?衡门不复完,书史随荡析。落落平生交,遁处各岩穴。我行自兹迈,回首增怆恻。临江多悲风,水石相荡激。逝从大泽钓,忍数犬戎陑?登高望九州,几地犹禹域?儒冠甘世弃,左衽伤耄及。甲兵甚终偃,腥膻如可涤。遗诗谢故人,尚相三代直。(将避兵桐庐,留别杭州诸友。)

这信和诗,有一种伟大的力,把我的心渐渐地从故乡拉开了。然而动身的机缘未到，因循了数日。十一月二十日下午，机缘终于到了：族弟平玉带了他的表亲周丙潮来，问我行止如何。周向我表示，他家有船可以载我。他和一妻一子已有经济准备，也想跟我同走。丙潮住在离此九里外，吴兴县属的悦鸿村。我同他虽是亲戚，一向没有见面过。但见其人年约二十余岁，眉目清秀，动止端雅。交谈之后，始知其家素封，其性酷爱书画，早是我的私淑者。只因往日我常在外，他亦难得来石门湾，未曾相见。我窃喜机缘的良好，当日商定避难的方针：先走杭州，溯江而上，至于桐庐，投奔马先生，再定行止。于是相约明日下午放船来此，载我家人到他家一宿，次日开船赴杭。丙潮去后，我家始见行色。先把这消息告知关切的诸亲友，征求他们的意见。老姑母不堪跋涉之苦，不愿跟我们走，决定明日仍回八字桥。雪雪有翁姑在堂，亦未便离去。镜涵远在十五里外，当日天晚，未便通知，且待明朝派人去约。章桂自愿相随，我亦喜其干练，决令同行。其实在这风声鹤唳之中，有许多人想同我们一样地走，为环境所阻，力不从心，其苦心常在语言中表露出来。这使我伤心！我恨不得有一只大船，尽载了石门湾及世间一切众生，开到永远太平的地方。

这晚上检点行物，发现走路最重要的东西没有准备：除了几张用不得的公司银行存票外，家里所余的只有数十元现款，奈何奈何！六个孩子说："我们有。"他们把每年生日我所送给的红纸包统统打开，凑得四百余元。其中有数十元硬币，我嫌笨重，给了雪雪。其余钞票共得四百元。不知从哪一年开始，我每逢儿童生日，送他一个红纸包，上写"长命康乐"四个字，内封银数如其岁数。他们得了，照例不拆。不料今日一齐拆开，充作逃难之费！又不料积成了这样可观的一个数目！我真糊涂：家累如此，时局如彼，会不乘早领出些存款以备万一，直待仓皇出走时才计议及此。幸有这笔意外之款，维持了逃难的初步，侥幸之至！平生有轻财之习，这种侥幸势将长养我这习性，永不肯改了。当夜把四百金分藏在各人身边，然后就睡。辗转反侧之间，忽闻北方震响，其声动地而来，使我们的床铺格格作声！如是者数次。我心知这是夜战的大炮声。火线已逼近了！但不知从哪里来的。只要明日上午无变，我还可免于披发左衽。这一晚不知如何睡去。

次日，十一月二十一日上午，阿康（染坊店的司务）从镇上奔来，用绍兴白仓皇报道："我家门口架机关枪，桥堍下摆大炮了！听说桐乡已经开火了！"我恍然大悟，他们不直接打嘉兴；却从北面迂回，取濮院、桐乡、石门湾，以包围嘉兴。我要看嘉兴失守才走，谁知石门湾失守在先。想派人走练市叫镜涵，事实已不可能；沿途要拉夫，乡下人都不敢去；昨夜的炮声从北方来，练市这一路更无人肯走，即使有人肯去，镜涵已迁居练市乡下，此去不止十五里路，况且还要掮挡，当天不得转回；而我们的出走，已经间不容发，势不能再缓一天，只得管自走了。幸而镜涵最近来信，在乡无恙。但我至今还负疚于心。上午向村人告别。自十一月六日至此，恰好在这村里住了半个月。常与村人往来馈赠，情谊正好。今日告别，后会难知！心甚惆怅。送蒋金康房租四元，强而后受。又将所余家具日用品之类，尽行分送村人。丙潮的船于正午开到。我们胡乱吃了些饭，匆匆下船。茂春、雪雪夫妇送到船埠上。我此时心如刀割！但脸上强自镇定，叮嘱他们"赶快筑防空壕，后会不远"。不能再说下去了。

此去辗转流徙，曾歇足于桐庐、萍乡、长沙、桂林、宜山。为避空袭，最近又从宜山迁居思恩。不知何日方得还乡也。

桐庐负暄[1]

中华民国二十六年十一月下旬。当此际，沪杭铁路一带，千百年来素称为繁华富庶，文雅风流的江南佳丽之地，充满了硫磺气、炸药气、厉气和杀气，书卷气与艺术香早已隐去。我们缺乏精神的空气，不能再在这里生存了。我家有老幼十口，又随伴乡亲四人，一旦被迫而脱离故居，茫茫人世，不知投奔哪里是好。曾经打主意回老家去，我们的老家是浙江汤溪，地在金华相近，离石门湾约三四百里。明末清初，我们这一支从汤溪迁居石门湾，三百余年之后几乎忘记了自己的源流。直到二十年前，我在东京遇见汤溪丰惠恩族兄，相与考查族谱，方才确知我们的老家是汤溪。据说在汤溪有丰姓的数百家，自成一村，皆业农。惠恩是其特例。我初闻此消息，即想象这汤溪丰村是桃花源一样的去处，其中定有良田、美池、桑竹之属，和黄发垂髫怡然自乐的情景。而窃怪惠恩逃出仙源，又轻轻为外人道，将引诱渔人去问津了。我一向没有机会去问津。到了石门湾不可复留的时候，心中便起了出尘之念，想率妻子邑人投奔此绝境，不复出焉。但终于不敢遂行，因为我只认得惠恩，并未到过老家。惠恩常居上海，战起前

---

[1] 1940年2月3日夜作于都匀。原载《文学集林》1941年第4期译文特辑。

数月，我曾在闸北青云路他的寓中和他会晤。闸北糜烂以后，消息沉沉，不知他逃避何处。今我全无介绍，贸然投奔丰村，得不为父老所疑？即使不被疑，而那里果然是我所想象的桃花源，也恐怕我们这班四体不勤，五谷不分的人一时不能参加他们的生活。这一大群不速之客终难久居。因此回老家的主意终归打消。正在走投无路而炮火逼近我身的时候，忽然接到马湛翁先生的信。内言先生已由杭迁桐庐，住迎薰坊十三号，并询石门湾近况如何，可否安居，外附油印近作五言《将避兵桐庐留别杭州诸友》一首（见第一记）。这封信和这首诗带来了一种芬芳之气，散布在将死的石门湾市空，把硫磺气、炸药气、厉气、杀气都消解了。数月来不得呼吸精神的空气而窒息待毙的我，至此方得抽一口大气。我决定向空气新鲜的地方走，于是决定先赴杭州，再走桐庐。这时候离石门湾失守只有三十余小时，一路死气沉沉，难关重重。我们一群老弱险些儿转乎沟壑，幸得安抵桐庐，又得亲近善知识，负暄谈义，可谓不幸中之大幸，其经过不可以不记录。

十一月二十一日下午一时，我们全家十人和族弟平玉，店友章桂，共十二人，乘了丙潮放来的船，离去石门湾，向十里外的悦鸿村进发。这是一只半新旧的乡下航船，并非第一记中所述的玻璃窗红栏杆的客船。我们平时从来不坐这种船，但在这时候，这只船犹如济世宝筏，能超度我们登彼岸去，其价值比客船高贵无算了。因为四乡的船只都被军队统制，丙潮这只船不被封去，是万一的挂漏。上午他押送空船从悦鸿村开来，路上曾经捏两把汗，幸而没有意外。道经五河泾，我从船窗里望见河岸上的小茶店门口，老同学吴胜林与沈元（最近他已病死在失地里了！）二人正在相对品茗，脸上没有半点笑容。吴是本地人，沈是我的邻居，石门湾被炸后，迁避在这乡下的。我颇想招呼他们，向他们告别，并且假如可能的话，我又颇想拉他们下船，和他们一同脱离这苦海。然而事实上我并不招呼他们，因为他们都有父母，还有妻子，他们的生活都托根在本地，即使我的船载得下他们两家的人，他们必不肯跟了我去飘泊。所以我不向他们招呼、告别，免却了一番无用的惆怅。石门湾镇上的人，像他们这样生活托根在本地的占大多数，像我这样糊口四方的占最少数，所以逃出的很少，硬着头皮留着的很多。"听天由命！""逃不动，只得不逃！""逃出去，也是饿死！"这是他们的理由或信念。我每次设身处地想象炮火迫近时的他们的情境，必定打几个寒噤，我有十万斛的同情寄与沦落在战地里的人！

船到悦鸿村，已是傍晚，更兼细雨。石埠子发滑，丙潮一一扶我们上岸。预备在他家吃了夜饭略事休息，于半夜里开向杭州。丙潮的继母，是我的叔母的妹妹。虽有这瓜葛，我一向没有到过他家。今日突然全家登门，形势颇为唐突，但也顾不得了。丙潮的父亲是修行的，正在庙里诵经，大约是祈祷平安。丙潮的母亲，我叫她五娘姨的，捧着水烟筒出来迎接，连忙督率媳妇去为我们备夜饭。我们走进他们的房间里去休息，看见他们也有明窗净几，窗外也有高高的粉墙。我虽同他家素少来往，但一见就可推知这是村中的小康之家。想象他们在太平时代饱食暖衣、养生丧死无憾，又有"月明松下房栊静，日出云中鸡犬喧"的清趣，真可令人羡煞。但是现在，村上也早已闻到风声鹤唳。常有邻人愁容满面、两眼带着贼相偷偷地走进来，对屋里的人轻轻地讲几句话，屋里的人也就愁容满面、两眼带了贼相。炮火的逼迫已使得全村的房屋田地都动摇起来，我似乎看见这主人家的那一副三眼大灶头，根柢已经松动，在那里浮荡起来了。主人有两房儿媳，均已抱孙。丙潮是次房，有一子，方三岁。全家一向融融泄泄地同居在这村屋中，现在主人将把次房儿孙交付给我，同到天涯去飘泊，是出于万不得已吧。他的意思是："大难将临，人命不测，而'不孝有三，无后为大'。"故把两房儿孙分居两处，好比把一笔款子，分存两个银行，即使有变，总不会两个银行同时坍倒。我初闻此言，略起异感，这异感立刻变成严肃与悲哀。这行为富有悲壮之美！为了保存种族，不惜自己留守危境，让儿孙退到安全地带去。这便是把一族当作一体看，便是牺牲个体以保存全体，能推广此心及于国家、民族和人类，则世界大同也是容易实现的。我极愿替他带丙潮一房出去，同他们共安危。故乡的亲友中，比丙潮亲近而常来往的不知凡几。今当远行，偏偏和这疏疏而素不来往的丙潮在一起，全是天意！而丙潮爱好艺术，视画如命，原属我辈中人，又是天意！

半夜里，大家起身。丙潮夫人把钞票缝在孩子的棉衣领里、背心里和袖子里了，预备辞家。他们又办了两桌菜，给我们吃半夜饭。将欲下船，丙潮含了两眶眼泪，问我要不要到庙里去向他父亲告别，后半句呜咽不成声了。我在理性上赞成他行这个礼，在感情上不赞成他演这种悲剧，踌躇不能对。后者终于战胜了前者，我劝他不必去了，于是大家匆匆下船。一行大小十五人，行李一共不过七八件。知道行路难，行李大家竭力简单。我们十人，行物已简单到无可再简的程度。每人裹在身上的一套冬衣而外，所谓行李者，只是被褥、日用品如牙刷、毛巾、热水壶等和诸儿正在学习的几册英文书、数学书而已。我的书籍文具一概不拿，因为一则拿不胜拿，二则我不知因何根据，确信石门湾不会糜烂，图书没有人要，决定抱易卜生主义："不完全则宁无。"故我离开故乡时，简直是"仅以身免"。不过身边附有表一只，香烟匣一只，香烟嘴一只，和钱袋一只；钱袋内除钞票外，还有指南针一只，石章一方，边款刻着一篇细字《般若波罗蜜多心经》的牙章一方，和鉴赏心经时用的小扩大镜一具。这些旧物，至今还随附在我的身边。

船里睡的半夜，不知怎样过去了。天明，船已开过新市镇。天气大晴，而远处有隆隆之声。这显然不是雷，必是炮声或炸弹声。我摸出指南针来一量，知道隆隆之声自北方来。我疑心桐乡、濮院等处已在打过来了，但恐惊吓船里的老幼，就把这恐怖藏在心里独自受用。好在这也同绘画、音乐的鉴赏一样：一幅画数十人共看，看到的并不少；一人独看，看到的也并不多。一支曲数十人共听，听到的并不少；一人独听，听到的也并不多。现在把这恐怖归我一人独自受用，受用的也并不多。然而船里的人终于大家恐怖起来，因为他们疑心这是炸弹声，一定有一批敌机正在附近大肆轰炸。倘使飞过来，我们这船一定是轰炸的目标。因为石门湾被炸后第二天，我们避居在离镇五里的南沈浜时，曾经亲见敌机又来轰炸石门湾。那时镇上的人家早已搬空，只有两只逃难船正在运河里走，就被用机关枪扫射，死了两个背纤的，伤了船里许多人。为有这事实，我们这船不敢再在青天白日之下的运河里走。约上午八九时，我们在一株大树下停泊了。上岸去一看，附近有一所坍损的庙宇，额曰白云庵。我们就进去坐。这庵破得不成样子，显然久已断绝香火了，只有一个老太太正在灶间烧芋艿。我们没吃早饭，正在肚饥，看见地上堆着生芋艿，就向她买，并且托她代烧，再给她柴火钱。老太太答允了，便搬出几个条凳来让我们在廊下坐。屋向南，太阳暖洋洋地晒着，很是舒畅，令人暂时忘记了自己是无家可归的流离者。吃饱了芋艿，女孩儿们穿着大衣，披着围巾，戴着手表，在水边树下往来嬉戏，全同在杭州西湖上游汪庄、郭庄一样。我心中戒严，就吩咐她们回船去把大衣围巾手表脱去了，并把两个较新的手提皮箱藏在船舱中。忽然，有四个穿黑衣服的中年男子来了，他们也到庵里来坐，注视我们，并互相耳语。平玉是老于江湖的人，就暗中通知我教我当心。太阳正大，北方的隆隆声不息，庵门口有中国军源源不绝地开过。忽然飞机声近来了，大家吓得落胆，找地方躲避。幸而不是飞机，是一只小轮船开过。然而我们不敢开船，只得和那四个穿黑衣服的可疑的人在白云庵里默默相对。后来这四人出去了。我疑惧未释，过了一会，走到门外去窥探他们的行踪。但见他们并没有去，却在离庵数十步的树旁交头接耳、徘徊顾视，其视线常向着庵内。时已下午二时半，船人催着要走，我们就下船。四个穿黑衣的人站在远处监视我们下船。平玉走到离开四人最近的地方，故意高声喊道："到新市镇去！"实则我们这船开向与新市镇反对方向的杭州。我想：四人倘继续监视，一定看破这一点。我深恐平玉弄巧成拙，下船后疑惧更增。若果他们乘了小船追上来，不必有手枪，也可取得我们身上的钞票，我们大有转乎沟壑的恐怖。况且时光尚早，太阳正大，敌机的机关枪扫射，又另是一种恐怖！

　　船行将近塘栖，我们又尝到一种异味的恐怖：一只船与我们的船对面行来，船里满装着兵。一个兵士站在船头上，当两船交臂的时候，他向我们的船里探望了一下，没有什么。两船背驰之后他忽回转头来，向坐在我们的船头上的章桂叫问："喂！矮鬼子在什么地方？"章桂一时听不懂他的话，讨一句添，那兵士重说一遍："矮鬼子在什么地方？！"章桂还是听不懂，回答他一个："不晓得。"这时两船已经背驰得很远，这回答就结束了。我坐在章桂邻近的船棚下，分明听见这番问答。最初我也听不懂，因为我虽然从那隆隆的炮声而推测敌已犯桐乡、濮院，然主观不能承认，感情不肯确信，主观和感情之所以反对者，因为我的心中自有一个从某种灵感得来的信念：我决不会披发左衽。因此我确信自己决不会遇到敌人，因此我不预备别人问我们敌人的行踪，最初也不能理解那兵士的话。但是听了两遍，终于听出了，我告诉了章桂，大家回想，又证之以环境的种种现状，就确信矮鬼子已经逼近我们，这一船兵士是去抵抗的！我探望船外，看见运河之水，既广且深。矮鬼子倘用汽船溯运河而来，我这只人力船定被迫及！到那时候要免披发左衽，惟有全家卜居于运河之底，长眠于河床之中。我催船人摇快一点，但没有说明理由。船人不解其意，虚应了一声。忽然,那边有人喊我们停船,我探首一望,喊停船的是另一只兵船,他们一面大喊我们停船,一面拼命地凑近我们来。船上人说:"要拉船了。"拼命地逃,不理睬他们,他们的喊声更严厉了。我再探首一望,看见兵士已举枪向我们瞄准,连忙命船人停手。可是风很大、水很急,一时停不得,船就在中流打圈子,打了七八个圈子,兵船已凑得上来,两个兵士拉住了我们的船棚木,两只船就一同在运河的中流打圈子。我以为要逐我们这一群老幼上岸了,幸而不然,只是要借一个船夫。那兵士指着我们的来处说:"前方很紧急,我们要赶快运东西去,你借给我一个人,摇三十里路就放他回来。"说着就拉住我们船上把大橹的丫头(三十余岁的男工),拼命地拉到他们的船里去。丫头拼命地挣扎,并且叫喊。另一个兵士就拿枪柄来打丫头的屁股。其间我曾经向他们讲些道理,但都不被理睬。到这时候,我大声叫喊了。我劝丫头不要挣扎,我们一定在塘栖等他。谁知我们从此断送了一个丫头,因为我们开到塘栖,看见两岸的商店房屋,统统变成兵营,且有许多兵窥探我们的船,都有想拉的样子。我们势不能在塘栖等丫头的回来,只得管自开了。于是我们在船里作种种检讨:有人说,"摇三十里放回来"是说说的,即使我们真个在塘栖等候,也是徒然。有人说,在这局面之下,我们对丫头爱莫能助了,也没有什么对他不起。惟丙潮有一点不放心:丫头原是丙潮村上的人,由丙潮雇请来为我们摇逃难船的。丙潮知道他身上不曾带钱,假如兵士没有送他工钱,他走回家去,路上要挨饿!为了塘栖等候的失信,我对丫头也万分抱歉,然而没有法子报谢。惟有叮嘱丙潮,船到杭州后,托船人带加倍的工资去送丫头。

半夜里船摇到了拱宸桥,就在桥外停泊了。大家肚饥,船里有饭而没菜,幸而丙娘娘拿出一个枕头来,枕头里装的是熏豆,于是拆开枕头,大家用熏豆下饭。有的人嫌它太干,下不得咽,又幸而船上有酱油,于是用酱油淘饭。吃过了饭,另一只船也开到了,停泊在我们的旁边。章桂等出去探望,认得船里的人是张班长,便同他攀谈起来。所谓张班长,是曾在石门湾当过公差的人。为欲探问消息,我也走出船来和他谈话。他的船很小,没有棚,船上用一张芦扉障风御寒。时值严冬,况已夜半,船里不能过夜。他正在拿些衣物想上岸去求宿,满口咒骂叹息,分明是不胜其悲愤者。我同平玉、章桂、丙潮四人跟着他上岸,一边问他消息。据说他是从桐乡来的,他的家眷住在桐乡。他今天去接,不料桐乡正在杀人放火,他险些儿送了命,幸而坐了这小船逃脱。讲到这里,其人长叹一声:"唉!我家里的人不知怎么样了!"午夜的寒风把他的余音吹得发抖,变成一种哭声。惊惧之极,我反有余暇来鉴赏他的哭声。我想起颜渊所闻的桓山之鸟的悲鸣声,大约有类于此。我等默默跟着他走,走进一间房子。这房子里面荒凉而广大,好似某种作坊,内有一个伛偻的老头子伴着一盏菜油灯。张班长同他好像本来相熟的,并没有讲什么借宿的话,就把肩上一只行囊除下来放在一堆砻糠旁边的一堆烂木头上。我们再问前方的情形,他在摇头叹息和颤抖中间断断续续地讲了几句话:"啊哟,杀人!""啊哟,放火!""啊哟,强奸!"就把身子钻进砻糠堆里去睡觉了。我们见此情形面面相觑,大家觉得惊奇而又发笑,然而这时候没有心情讨论砻糠里如何睡觉的问题,大家默默退去,再去找那伛偻的老头子谈话。我问他:"杭州到桐庐还有公共汽车么?"那老头子向我发出鄙视的笑声,说道:"还想汽车?船也没有了!还是前几天,他们雇桐庐船,出到一百六十元!现在是一千六百元也雇不到了!"我们默默地退出,将下船,我叮嘱三人一句话:"不要把张班长所说杀人放火等话告诉船里的人。"

回船我但言情形紧张、船只难得,我们恐非步行不可,就劝大家把行李挑选,求其极简,把可以不带的托船户载回悦鸿村去,免得抛弃道旁。我妻和丙潮夫人皆有难色，但我们力劝，她们终于打开包裹箱子来复选了一次。我也打开皮箱来把孩子们正在诵读的三册笨重的英文原本 Stevenson: New Arabian Nights 统统拿出；又把英文字典拿出；又把我的一册 English Japanese Dictionary 拿出，简之又简，结果只剩几册几何演算等买不到的东西而已。于是索性把这些东西塞在包裹里，把其余的东西连皮箱交给船户，请他退回悦鸿村去。时候已过夜半，船里的人互相枕借地就睡了。我睡不着，我想起了包裹里还有一本《日本帝国主义侵略中国史》和月前在缘缘堂时根据了此书而作《漫画日本侵华史》的草稿。我觉得这东西有危险性，万一明天早晨敌人追上了我，搜出这东西，船里的人都没命。我自己一死是应得的，其他的老幼十余人何辜？想到这里，睡梦中仿佛看见了魔鬼群的姿态和修罗场的状况，突然惊醒，暗中伸手向包裹中摸索，把那书和那画稿拉出来用电筒验明正身，向船舷外抛出。"咚"的一声，似乎一拳打在我的心上，疼痛不已。我从来没有抛弃过自己的画稿，这曾经我几番的考证、几番的构图、几番的推敲，不知堆积着多少心血，如今尽付东流了！但愿它顺流而东流到我的故乡，生根在缘缘堂畔的木场桥边，一部分化作无数鱼雷，驱逐一切妖魔；一部分开作无数自由花，重新妆点江南的佳丽。我坐着蒙眬就睡，但听见船舱里的孩子们叫喊。有的说胸部压痛了，有的说腿扯不出了，有的哭着说没处睡觉。他们也是坐着，互相枕藉而就睡的，这时吃不消而叫喊了。满哥被他们喊醒，略为安排，同时如泣如诉地叫道："这群孩子生得命苦！"其声调极有类于曼殊大师受戒时赞礼僧所发的"悲紧"之音，在后半夜的荒寂的水面上散布了无限的阴气。我又不能入睡了。

　　五点钟，天还没亮，大家起身（其实无所谓起不起，大家坐着睡觉的），带了初选复选后的、精选的行李上岸。虽经精选，连棉被等毕竟也有两三担。但是岸上无人，挑夫无处寻觅。只有几个兵在那里站岗,他们都一脸横肉、杀气腾腾,用电筒探照我们,发见是一群难民,脸上的横肉弛懈而去。我们向附近各处找挑夫,结果找到二人。行李作两担太重,于是轻的东西由各人自己拿了。船里还有两个被包,再也带不动。我不谋于家人,擅自放弃在船里,交船户带回去了。这一件事虽小,却引起了长期的后悔,因为这两个包裹里是两条最上的丝棉被和几件较新的衣服。我们经过江西、湖南,以至广西,一路都没有丝绵。每逢冬天,大家必然回忆起这两个包裹来,而埋怨我的孟浪。因为当时第三个挑夫并非绝对雇不到的,况且后来得到失地里传出来的消息,丙潮家于地方失陷后即遭盗劫,我们所寄存的东西一概被抢。所以当天交船户带回去的东西,等于抛弃路旁!"早知如此,拱宸桥上岸的时候无论如何也背了它走!"直到两年后的现在,我家已由广西深入贵州,家人还常讲这样的话。我最初常在心中窃怪:缘缘堂中无数的衣服器具书籍尽付一炬,何以反不及拱宸桥抛弃的一些东西的受人怜惜?后来一想,这里边大有道理:缘缘堂所损失的虽多,其代价是神圣抗战以求最后胜利,是大家所甘心的。拱宸桥所损失的虽小,但由于慌张与无计划,因此足以引起长期的后悔。我更加怀疑世间注重物质的人了,人根本是惟心的动物。义之所在,视死可以如归,何况区区身外之物?情所不甘,一毛也不肯拔,何况拱宸桥船里崭新的丝绵被与衣服呢?

行李已有人挑,言定每人工资三元,挑到六和塔下。但是人的进行,还有问题:从拱宸桥至六和塔,三十六华里,十五个人中,有十三个能走,只有丙潮家三岁的传农和我家七十岁老太太走不动。丙潮背负了传农,老太太却无办法。摇船的都是丙潮的同村人,我托丙潮商借一人,请其背负老太太。言明送到桐庐,奉送相当的报酬。结果一个长身的壮年人名叫阿芳的来应我的聘,就请阿芳背了老太太。一行十六人,行李两担,于晨光曦微中迤逦向六和塔进发。杭州可说是我的第二故乡，小时候在这里当过五年寄宿生，最近又在这里做了多年的寓公，城中田家园三号我的寓屋，朋友们戏称为我的"行宫"的，到最近两个月之前方才撤消，所以我们一家人对杭州都很熟悉。但这时候，大家都不认识它了，因为它的相貌已经大变：从前繁盛的街道，现在冷落无人；马路两旁的店铺都关上门，使人误认为阴历正月初，但又没有正月初所特有的穿新衣裳拜年的人和酒旗戏鼓之类。只是难得有几个本地人战战兢兢地走过，用一双好奇的眼光向我们注视；或者一队兵士匆匆忙忙地开过，用一排严肃的眼光向我们扫射而已。行了一程，老太太发生了问题：她的胸部贴在阿芳的背脊上一抛一抛地走，上压力大得很，走不到十里路，气喘得说不出话来，决不能再走了。扶了她走呢，一步不过五寸，一分钟可走十步，明天才走得到六和塔。幸而平玉有门路，出重价访到了一顶轿子，这才如鱼得水悠然而逝了。我们行了一程，西湖忽然在望，保俶塔的姿态依然玲珑，亭亭玉立于青山之上，投一个清晰的倒影在下面的大镜子中。这分明就是往日星期六我同儿女们从功德林散步时所见的西湖，也就是陪着良朋登山临水时所见的西湖，也就是背着画箱探幽览胜时所见的西湖。如今在仓皇出奔中再见它，在颠沛流离中和它告别，我觉得非常惭愧，不敢仰起头来正面看它。我摸出一块手帕来遮住了脸，偷偷地滴下许多热泪来。辞家以来从没有流过泪，今天遇于一哀而出涕，窃怪涕之无从。我们平日的自然观照大都感情移入于自然之中，故我喜自然亦喜、我愁自然亦愁。但我当时的自然观照，心理并不如此，我当时把西湖这自然美景当作一个天真烂漫的婴儿看，他不理解环境的变迁，不识得人事的沧桑，向人常作笑颜，使人常觉可爱。在这风雨满城浩劫将至的时候，他的姿态越是可爱，令人越是伤心，我的涕泪即由此而来。平玉走在我近旁，还以我是为了抛弃故乡的财产、身受流离之苦痛而哭，用不入耳之言来相劝慰。唉！他如何能理解我的心情！

走到南山路，空袭警报来了。我们一群人因为走的快慢不同都失散了，只得各人管自逃命。我逃进一个树林中，看见里面有屋子，屋子里都是兵士，他们都不介意，我也放心了些。过了一会飞机声响了，炸弹爆发了，声音很远，兵士说是炸钱江大桥。我想，我们正是向着这地方前进，走得快的，逼近目标，一定比我吃惊更多，但也无法顾及他们了。幸而大家无恙，于下午二时许，会集于六和塔下的一所小茶馆内。坐在这小茶馆内的三小时的生活，我将永远不能忘却。在这里，我尝到了平生从未尝过的恐怖、焦灼、狼狈、屈辱的滋味，现在安居在后方补记此事，提起笔来还觉寒心。我们一到六和塔下，大家又疲又饥，道旁的店铺都关门，只此一家还开着，这就成了我们的惟一的休息所。店门口还有一个卖油沸粽子的，更是难得。我们泡了几碗茶、吃了些油沸粽子就开始找船，先问茶店老板，谁知这老板有意趁火打劫，想拿我们作牺牲，他最初笑我们一大群人，到此刻还想走桐庐。他把前几天难民雇船的困难一一告诉我们，其结论是今天无论如何也雇不到了。他告诉我们，这钱江大桥的脚上，早已埋藏炸药，早晚可以炸断；昨天敌人已经打到了临平（是骗我们），今天这桥要炸断也说不定。我信以为真，说些好话请他帮忙。他得意地笑道："法子倒有一个：走路，凉亭里宿夜。"他说时用手指点我家的七十岁的老太太，又用手指点门外细雨蒙蒙中的泥泞的路。时候已是下午三时，茶店老板的帮助已经绝望。我只有委托平玉章桂二人负责觅船，意在必得。二人受嘱，深入江之上游，百计搜求。四时许，一女子自外来，谓现有一船，赴桐庐至少七八十元，如肯出，即可同去下船。我们嫌贵，那女子怫然而去，走入店之内房。我记得曾经在茶店内房门隙中看见过这女子，料定她必是老板娘，于是恍悟老板的奸计。我的胆子忽然大起来，不理睬他们，管自坐着吃茶。过了一会，老板来下逐客令了："喂，你们这一大批人究竟怎样？坐了大半天还不走！座位都被你们占杀了！"我遏住心头的无明业火，婉言答道："我们没办法，只得再坐一下。你再泡几碗茶来，我奉送加倍的茶钱是了！"老板冷笑道："我们要关门了！有船你们不要坐，老坐在我这店里，算什么呢？"他指着我们对旁人说道，"你们看，这店好像是他们开的了！"又对我说，"我们要关门了！你们马路旁边坐吧！"我正在无地容身的时候，平玉和章桂来了。他们带了一个船户来，要我同到某处去讲价。我绝处逢生，对于那不仁老板的愤怒，忽然消解了一大半。我叮嘱大家忍气吞声，再坐一下便起身而去。出门时犹闻老板的咕噜之声，但只作不闻绝不理睬。我们跟着船户走到一处地方，一个警察模样的人正在等候我们，他对我说："这船原是我们机关里封着的。但我们一时无用，可以让给你。开到桐庐，你付他二十五元，不可再少。"我一口答应，并且表示感谢。我们拿出两块钱来送他，强而后受。既得船，我连忙回到茶店，去通知家人上船。半路里遇见一部分人正在走来，他们因为受不了老板的白眼，宁愿彷徨于歧途了，他们得知这消息，如久旱之逢甘雨，连忙下船。我回到茶店，救出了其余诸人，便付茶钱。老板脸上凶相已经不见，只见非常颓唐的颜色，大约他失败之后对于刚才的不仁已经后悔了；他来收茶钱的时候，我瞥见他的棉袄非常褴褛,大约他的不仁是贫困所强迫而成的。人世是一大苦海！我在这里不见诸恶，只见众苦！

下午五时，正欲开船逃出这可怕的杭州，忽然又来一种阻力，使我们几乎走不成。阿芳正欲下船，忽被兵士拉去挑担了！我们再三说情，兵士说："一下子就放他回来。"便押着他远去了。我们昨天损失了一个丫头，不能救回，抱歉满胸。今离乡已远，时局又紧，这阿芳必须救他回来，一同逃难。姑且相信兵士的话，把船停在江边等候。然而警察模样的人来劝告了，他说："你们应该赶快开！被他们看见了，一定请你们上岸，把船拉去。"我们把左右为难的情形告诉他，大家搔头摸脚了一会。忽然一个军人跳上船头来,说:"借一借!"就收起船缆,一脚把船撑开,大家吃了一惊,后来才知道这军人住在一只大轮船内,大轮船靠不得岸,停在江心,他要借我们的船摆一个渡,去大轮船上取物,于是大家放心,反从这军人得到了好消息。他站在船头上报告我们:"平望我军大胜,敌人死伤无算,他们无论如何打不到杭州。"平望在湖州境内,离我乡不远。如果我军大胜,我乡不会沦陷。讲到这里,大家拍手喝彩。等到兵士取物完毕,把船撑回岸边归还我们的时候,阿芳已蒙兵士放回,在岸边等我们了!大家又是拍手喝彩。连忙开船,等到船离一二里,遥望江干六和塔可以入画的时候,我心里好似放下了一块大石头。我这时候已能用完全"无关心"的眼睛来鉴赏江干的风景了,自然永远调和、圆满而美丽,惟人生常有不调和、缺陷与丑恶的表演,然而人生的丑终不能影响大自然之美。你看:人间有暴徒正在从事屠杀,钱江的胜景不但依旧,又正像西施得了螟母的对照,愈加显示其美丽了。我过去曾把自己的悲欢的感情移入于自然之中,而视自然为我忧亦忧我喜亦喜的东西,未免亵渎了大自然!

我在不仁老板的店门口买了些油沸粽子下船,这时拿出来分送给船里的十余个饿人,就当作夜饭了,我名下派到一只。这一只油沸粽子非常味美,为我以前所未曾尝到。我一粒一粒地吃,惟恐其速完。我欣赏一粒一粒的米,由此发现了人类社会的祸苗:这美味,分明不在粽子上,而在我的舌上。可知味的美恶无绝对价值,全视舌的感觉而定。大饥大荒,则树皮草根味美于粱肉;穷奢极欲,则粱肉味同糟粕,而必另求山珍海味。得十求百,得百求千,得千求万……这人欲的深渊没有底止,人类社会中一切祸乱都是这种人欲横流而成!在这类的遐想中,我昏沉欲睡。满船的人都劳倦,不久全船静悄悄的。惟有船老大在暗中撑着这一船劳倦的难民,向钱江上游迈进。你以为这船老大是超度众生的大慈大悲救苦救难观世音菩萨么？不，他是魔鬼。半夜里，他就显出原形来。

我睡梦中听见人语，还以为是缘缘堂中早起浇花的儿女们的笑语声；惊醒细听方知身在逃难船中，这是船老大与平玉的对话声。船已经停泊，船老大正在诘问平玉："到桐庐你给我多少钱？"平玉回答："不是讲好二十五块钱么？已经付你十五块，到桐庐再付你十块！"对话就这样继续下去：

"哪个同我讲到？二十五块钱怎么到桐庐？"

"那位警察同你讲到，我们在六和塔下当场付你十五块钱！"

"那钱是你们给他的，我没有用得！"

"啊哟……"

"你们要到桐庐，究竟出多少钱？"

"二十五块！已经付了你十五块！"

"二十五块？现在什么时候？我不去了！"

说着他就上岸去。

我从船棚缝里望望岸上，最初一团漆黑；渐渐看见一片荒地，岸边站着几株小树和一个船老大的可怕的黑影，我此时愤懑填胸，关不住了，就发泄出来。我厉声向那人说："喂，我们明明讲好的，你怎么没信用！你想敲竹杠，欺侮我们逃难的人！你这……"

平玉连忙阻住了我，低声下气地对那人说："喂，船老大，有话好讲！现在的确不比平常时候，你要多少，总可商量。不过我们家里已被鬼子打掉，现在只剩这几条命了。你要多少，我们到了桐庐，一定向亲戚朋友借来送你。不过你既然载了我们，请你一定送到，总算救救我们的命！"

我佩服平玉的机警，自惭太老实，几乎闯祸，于是也压住了一肚子气，把语气从强硬转到哀婉，说了些好话。船老大风凉地说道："我撑不动了,锅子里有饭,你们吃吃饱吧!"

　　这话有一股阴气,笼罩了满船的人,我立刻想起了《水浒传》中某一回来。平玉穿了套鞋上岸了,我看见他手扶着一株小树,同船老大低声谈判。过了好一会儿,谈判完成,最后的结论是,到桐庐送他四十五块钱,六和塔下付的十五块钱作废。平玉满口好话,伴了船老大一同下船,船又开了。船里人都醒了,然而静悄悄的,没有一句话。只有平玉向我耳语:"我已用草柴在岸边的小树上打了一个圈。万一有事,我们可向这记号的地方去追究,他的伙伴一定在这里头。"我佩服他,究竟是老江湖。在我,做梦也不会想到这种策略。船已经依旧向前迈进,想来今晚不会再有事了。然而我辗转反侧,不能入睡。我觉得这船老大很可怜,他是一个魔鬼,但是魔鬼中的有道君子。他不敢用武力威胁,正是阿Q所谓"君子动口不动手"。他敲诈不求现交,信用我们的话,愿意到桐庐收款,足见"盗亦有道"。为爱惜维护这一线"信义",我颇想履行条约,到桐庐时付他四十五元。但平玉胸有成竹,定要惩戒他,我也不便干涉了。

　　船到富阳,是次日的清晨。我们肚子饿得很,大家上岸去找食物。我同了两个孩子,到一所小店里去吃素面。约有两天不得吃热食了,这碗面热辣辣的,味美无比。正在想吃第二碗,章桂来催我们下船了。说是兵要拉船,须赶快开走为妥,于是买了些干粮匆匆下船。有的人买了肉馒头带到船里,慢慢地吃。我看见他们的馒头里裹着一块大肉,半块露出在外面。我素来不知肉味的人,看了也可推想其广告力之大。我没有到过富阳,这时匆匆一踏其地,所得的印象只是热辣辣的素面与广告性的肉馒头而已。

　　这一日天气晴明,冬日可爱。我们把船棚推开,坐在船头上欣赏江景,算是苦中作乐。我们在江里常常遇着别的逃难船,并舷的时候彼此交谈一会,互述来路及去处。有好几个人问我们:"你们到了桐庐想再走么？"我们回答说："不定。"其人大都摇摇头，表示非再走不可。我望见岸上有黄包车，载了人和铺盖在走长途。又有一种极简单的轿子：两根竹杠上挂下两块板来，高的一块坐人，低的一块踏脚。我们看惯藤轿官轿的，最初以为这是专为逃难而造的轿子，后来深入内地才知道山乡走长路的轿子都是这样简单的。

　　船到桐庐，已是晚上十点半。我们在船里，远远望见一座高楼，玻璃窗内灯烛辉煌，大家很高兴，预想这一定是我们的休息慰安之所了。停泊后，我同平玉、丙潮上去找旅馆，一连问了好几家都没有空房，占住着的全是兵士，连走廊里都有人躺着。只有一家旅馆，有一间大厅，厅的一旁已经有兵士睡着，另一旁可以租给我们住。我们十六个人中，只有五个是男子，其余的都是女人或小孩。教他们同兵士杂处在一间屋子里，他们一定不肯，我也一定不做。计无所出，只得先去访问了马先生再说。迎薰坊不远，一敲门，开门出来的是张立民君。他的一双眉毛和一脸糙胡子，大类日本人画的达摩祖师所有的，本来富有严肃之气，见我半夜三更敲进马先生的门来，大约已知情形不妙，脸色愈加严肃了。他住在楼下的厢房内，就延我们三人到厢房内坐。我说明了来意，他就上楼去通知马先生。我想阻止他，因为时已十一点钟，马先生一定已经就寝，我不该惊扰他，然而这回我竟惊扰了他。炮火的暴力，使我越礼于我所尊敬的人，过后思之常抱遗憾。往日在杭州，我的寓所常在他家的近邻。然而我不常去访，去访时大都选择阴雨的天气。因恐晴天去访，打断他的诗兴或游兴。我每次从马氏门中回出来，似乎吸了一次新鲜空气，可以继续数天的清醒与健康。数天之后，又为环境中的恶浊空气所困，萎靡不振起来。"八一三"前，我离开杭州后，不曾再吸过这种新鲜空气。这一天半夜里，我带了满身的火药气与血腥气而重上君子之堂，自觉得非常唐突。我在灯光下再见马先生，我的忧愁、疑惑与恐惧，不久就被他的慈祥、安定而严肃的精神所克服。我又觉得半夜惊扰的唐突还可乞恕，这副忧愁、疑惑、恐惧的态度真是最可鄙的。然而马先生并不鄙视我，反而邀我这一船难民立刻上岸，到他家投宿。在无可奈何之下，我也不及辞让，就派平玉和丙潮去迎取船里的老幼上岸。难民像侵略军一样，突然占据了他的一楼及一厢。占据了还不够，平玉和船老大又在堂上演了一幕丑剧！

平玉昨晚向船老大哀求乞怜之后，今天坐在船头上，脸上常常现出愤愤不平之色。我曾戏称他为"不平玉"，他皱一皱眉头说："我有办法，到桐庐发表。"大家笑他，又戏称为"桐庐发表"了。原来我们都是平玉所谓"好人"，我们昨夜没有吃刀子绳子或冷水馄饨，心中就感谢皇天好生之德以及船老大不杀之恩，无暇顾及报复或惩戒了，所以怪他不平，笑他有什么办法，以为他是说说罢了。谁知人和行李全部上岸之后船老大站在马氏堂前等候付价的时候，平玉忽然满脸溅朱，一把抓住了船老大的胸脯，雷鸣一般地骂道："你这忘八，半夜里敲诈良民，我拉你公安局去！"说着，拖了船老大就走。船老大的一件短小破棉袄，被他使劲一拉，半件缩了上来，挤在胸前，下面露出裤腰和肉体来。我们大家上前劝解，平玉放了手，回转头来向着马先生，一五一十地诉述这船老大的可恶，抵掌而谈，几乎把唾沫溅在马先生的脸上。船老大如同遭了雷殛一般，咕噜地说了些话，便在庭中双膝跪下、对天立誓了。他用近似于杭州白的一种口音哀号地说："我某某倘然有心敲诈，天诛地灭，百世不得超生！"又跪着哭诉了许多话，对马先生表白他的无罪。他一定是认马先生为皇天，觉得"到此难瞒"了。不然，昨夜那么凶狠的一个魔鬼，世间哪个人能够使他变成如此驯良的一个人而跪着忏悔呢？这决不是平玉的武力所能致。我回想昨夜的情形，而观照此刻的现象，觉得这是"最后的审判"中的一幕。Michelangelo 在 Sistine 壁上所绘的画中，决定找不出这样动人的一幕。

这一幕丑剧的最后，经我们劝解，平玉收回了赴公安局的成命，照六和塔下原约，付了他十块钱，然后闭幕。这晚我睡在马先生家的厢屋中的小铁床上，身体很舒服而心甚不安。人间以飘泊为苦，比之于蓬絮。我带着一大群眷族，这飘泊又非蓬絮可比。我们从这时候起，渐感觉一家好比覆巢之鸟，今晚幸得栖息于这高枝上，但终非久长之计，我总得另营一个新巢，三天之后，果在离桐庐二十里的河头上找到了我们的新巢。

这时候马氏门人在桐庐的，除前述的张立民以外，还有王星贤。从我们外汉看来，马先生如果是孔子，则王张就好比是颜曾。记得投奔马氏的第二天，我早晨起来，听见孩子们在那里说："昨夜睡时无垫被，冷得很！"在平时，例如旅行中携带不周，或家居时天气骤寒被褥在箱橱中未及拿出，他们偶尔也有这样的诉说。今天他们也只如平时地诉说，并不作啼饥号寒的语调。然而这声音传入我的耳中，异常凄楚。因为现在我们更无箱橱，这是真正的号寒！我家虽贫贱，这群孩子从来未曾受过真正的冻馁，今日寇相迫，使我家的孩子们身受冻馁之苦，我岂能坐视？我立刻赴市上买了垫被回来给他们。我脸上的悲愤之色终日不消，大约这已被张君所注意了，他有一次同我在路上走，诚意地对我说："你要远行，路上倘不便的话，你家的老太太可以住在这里，我替你看顾。"我曾经对他说过："我想到汉口，而任重道远，难于实行。"现在他用这样的话来慰藉我，我当时的感激，真难于言宣。我在这戎马仓皇中，扶老携幼而逃难，若非有这种朋友的慰藉，其结果不堪设想。但他不是本地人，况且时局变化正未可知，我决不可以此相累；然而他的慰藉，使我觉得人间还有"爱"的存在，我还有生的意味。勇气一增加，悲愤就消失。我想，张君一定能"老吾老"，故能"以及人之老"。王君为学不厌，后来我曾和他同住过数月，见他终日伏案读圣贤书，而且鼻子里哼出一种音调来，足见其中大有乐趣。古人有"此肘三十年不离案"者,我想就是这种人。他又诲人不倦,我曾和他同在一个学校里当教师,见他从来不请假,恪守教师的一切任务。听说他以前在别处教课,也是从来不缺课,病假一定照补的,这可谓教不倦。他的生活非常俭约:他的衣服很朴素,一袭恐不止穿三十年;他的帽子古色苍然,一冠恐不止着十年。他的两个肩膀微微扛起(而且微有高低),无论何时都像准备鞠躬的样子。他说话时对无论何人都和颜悦色、低声下气,在无论何时都从容不迫、侃侃而谈,我决不能想象此人怒骂的样子。我和他在一个师范学校里同事的时候,膳厅里的饭比箪食瓢饮更苦,同事都不堪其忧,只有此人不改其乐,每天欣然地上饭厅,欣然地上教室,从来不曾在房间里扇一个风炉。我猜想他已经找到了"孔颜乐处"了。我的新巢,即因王星贤的辗转介绍而得来。

王星贤有一个学生,姓童名鑫森的,以前不知什么时候,曾经因不知什么人的介绍而向我要过一幅画。这时童君来马府访老师,知道我逃难到此,就来相见,并且邀我到一家菜馆里去吃饭。这时候,马先生已决定迁居离城二十里的阳山坂的汤庄,我为欲追随马先生,正想在阳山坂附近找房子。恰好这位童君有朋友姓盛名梅亭的,在阳山坂附近的河头上的小学当校长,而且是本地人。他就在席上写一张介绍片给我托他在河头上找房子,我河头上的新巢因此找到,这一饭之恩实在不止一饭而已。我持片到河头上去找盛梅亭校长,居然承他转请他的叔父(是乡长)把三间楼屋借给我们住,不肯说租金,但说:"我要感谢日本鬼,不是他们作乱,如何请得到你们来住。"我找到房子,在马府已扰了四天,我心非常不安。马先生却对我说:"你们不来住,兵士也要来住的。"其实那时的桐庐兵士不一定强占民房,马先生这话是安慰我们这一批难民的。

十一月二十八日,我们辞别马先生,先行入乡。借乘马先生运书的船,请汤庄的工人志元同他的儿子凤传二人摇船。桐江山明水秀,一路风景极佳;但我情愿欣赏船头上的白布旗,旗上"桐庐县政府封"六字,是马先生的亲笔(盖当时民间难得雇船,这运书船是由县政府代雇来的)。我珍爱马先生的字,而尤其珍爱他随便挥写的字,换言之,可说是"速写"的字。并非说他用心写出的字不及随便写出的字的好,乃根据我的一种艺术欣赏论:我以为造型美术中的个性、生气、灵感的表现,工笔不及速写的明显。工笔的艺术品中,个性、生气、灵感隐藏在里面,一时不易看出。速写的艺术品中,个性、生气、灵感赤裸裸地显出,一见就觉得生趣洋溢。所以我不欢喜油漆工作似的西洋画,而欢喜泼墨挥毫的中国画;不欢喜十年五年的大作,而欢喜茶余酒后的即兴;不欢喜精工,而欢喜急就。推而广之,不欢喜钢笔而欢喜毛笔,不欢喜盆景而欢喜野花,不欢喜洋房而欢喜中国式房子。我的尤其珍爱马先生随便挥写的字,便是为此。我曾经拿他寄我的信的信壳上的字照相缩小,制版刊印名片。这时我很想偷了这面白布旗去珍藏起来,但终于没有这股艺术的勇气。

　　船到河头上,已是下午,留守汤庄的金先生已为我们买了鸡肉蔬菜,准备进屋请神之用,平玉就卷起衣袖去当厨司。盛乡长的房子三楼三底,很是宽大、坚固而且新,分明建造得不久,梁上的红纸儿全没褪色,红纸上的字为我所未曾见过:右边一个"有"字,左边一个倒写的"好"字。我们看了都不解其意,研究了一下,才知是"有到头,好到底"之意。我们草草安排了房室,就往屋外察看。这里毗邻的不过三四份人家,都是盛氏本家。四周处处有竹林掩护,竹林之外,是一片平畴,平畴尽处,是波澜起伏的群山。山形特别美丽的一方面,离我们不到一里之处有一大竹林,遥望形似三潭印月;竹林中隐藏着精舍,便是汤庄,马先生即日要来卜居的。我颇想在我所租的房屋的梁上加贴一张红纸,红纸上倒写一个"住"字,但愿在这里"住到底"。

谁知这一住不过二十三天,又被炮火逼走了!

这一住虽只二十三天,却结了不少的人缘,至今回想起来,还觉得有一根很长的线,一端缚住在桐庐的河头上,迤逦经过江西、湖南、广西而入贵州,另一端缚住在我们的心头上。第一是几家邻居:右邻是盛氏的长房,主人名盛宝函的,是一个五六十岁的loudspeaker,读书而躬耕,可称忠厚长者。他最先与我相过从,他的儿子,一个毛二十岁的文弱青年,曾经想进音乐学校的,便与我格外亲近。讲起他的内兄,姓袁的,开明书店编辑部里的职员,"八一三"时逃回家来的,和我总算是同事。于是我们更加要好,盛大先生教儿子捧了一甏家酿的陈酒来送我;过几天又办一桌酒馔,请我去吃。我们的前邻是盛氏的二房,便是替我租屋的小学校长盛梅亭君之家。梅亭之父即宝函之弟,已经逝世。梅亭是一个干练青年,把小学办得很好。他的儿子七八岁,天生是聋哑,然而特别聪明,我为诸邻人作画,他站在旁边看,看到高兴的时候,发出一声长啸,如哭如笑,如歌如号,回家去就能背摹我的画。他常常送酒和食物来给我,有一次,他拿了一把炭屑来送我,我最初不解其意,看了他的手势,才知道是给我作画起稿用的。试一试看,果然选得粒粒都好,可以代木炭用。这聋哑孩子,倘得常处在美术的环境中,将来一定是大美术家。他的感官的能力集中在视觉上,安得不为大美术家呢?我们的后邻是盛氏的四房,四先生也是耕读的,常和我来往,也送我一甏酒,又办了菜请我去吃饭。只有三先生,即我的房东,身任乡长,不住在这里,相见较少,特地办了酒请我到乡公所去吃。乡公所就在学校里,学校里的美术先生,姓黄名宾鸿的,是本乡人,其家在二十五里外的一个高山——名船形岭——的顶上。有一次,他特地邀我到他家去玩。他的父亲和祖父,都是善良忠厚的山民,竭诚地招待我,留我在山顶上住了一晚,次日才回来。凡此种种人缘,教我今日思之,犹有余恋。使我永远不能忘记,而为我这桐庐避难进行曲的 climax 的,是汤庄的负暄。

"逃难"把重门深院统统打开,使深居简出的人统统出门。这好比是一个盛大的展览会,平日不易见到的杰作这时候都出品,有时这些杰作竟会同你自己的拙作并列在一块。我在桐庐避难而得常亲马先生的教益,便是一个适例。我们下乡后一二天,马先生也就迁居到汤庄来,王星贤君及其家族一同迁来,他们和我相距不过一里。时局不定,为了互通消息及慰问,我的常访汤庄似乎不是惊扰而反是尽礼,不是权利而反是义务了。我很欢喜,至多隔一二天,必定去访问一次。马先生平时对于像我这样诚敬地拜访的人都亲切地接见、谆谆地赐教,山中朋友稀少,我的获教就比平时更多。这时候正是隆冬,而风和日暖。我上午去访问,马先生就要我和星贤同去负暄。僮仆搬了几只椅子,捧了一把茶壶,去安放在篱门口的竹林旁边。这把茶壶我见惯了:圆而矮的紫砂茶壶搁在方形的铜炭炉上,壶里的普洱茶常常在滚。茶壶旁有一筒香烟,是请客的;马先生自己捧着水烟筒和我们谈天,有时放下水烟筒,也拿支香烟来吸,有时香烟吸毕,又拿起旱烟筒来吸"元奇"。弥高弥坚、忽前忽后而亦庄亦谐的谈论,就在水烟换香烟、香烟换旱烟之间源源地吐出来。我是每小时平均要吸三四支香烟的人,但在马先生面前吸得很少,并非客气,只因为我的心被引入高远之境,吸烟这种低级欲望自然不会起来了。有时正在负暄闲谈,另有客人来参加了。于是马先生另换一套新的话兴来继续闲谈,而话题也完全翻新。无论什么问题,关于世间或出世间的,马先生都有最高远最源本的见解。他引证古人的话,无论什么书,都背诵出原文来。记得青年时,弘一法师做我的图画音乐先生,常带我去见马先生,这时马先生年只三十余岁。弘一法师有天对我说:"马先生是生而知之的。假定有一个人,生出来就读书,而且每天读两本(他用食指和拇指略示书之厚薄),而且读了就会背诵,读到马先生的年纪,所读的还不及马先生之多。"当时我想象不到这境地,视为神话。后来渐渐明白,近来更相信弘一法师的话决非夸张,古人所谓"过目成诵"是确有其事的。记得有一次,有人寄一张报纸来,内有关于时局的消息,马先生和我们共看,他很快地读下去,使我无论如何也赶不上。我跳了几行赶上了,不久就落伍;再跳几行赶上去,不久又是落伍。这时我想,古人所谓"一目十行"也是确有其事的。马先生所能背的书,有的我连书名都没有听见过!所以我在桐庐负暄中,听了不少的高论,但不能又不敢在这里赞一词。只是有一天,他对我谈艺术。我听了之后,似乎看见托尔斯泰、卢那卡尔斯基等一齐退避三舍。王星贤记录着马先生每次的谈话,我向他借来抄一段在这里:

十二月七日丰君子恺来谒,先生语之曰:辜鸿铭译礼为 arts,用字颇好。arts 所包者广。忆足下论艺术之义,有所谓"多样的统一"者。善会此义,可以悟得礼乐。譬如吾人此时坐对山色,观其层峦叠嶂,宜若紊乱,而相看不厌者,以其自然有序、自然调和,即所谓多样的统一是也。又如乐曲必合五音六律、抑扬往复而后成,然合之有序,自然音节谐和、铿锵悦耳。序和同时,无先后也。"礼乐不可斯须去身",平时如此,急难中亦复如此。困不失亨,而不失其亨之道在于贞。致命是贞,遂志即是亨。见得此义理端的,此心自然不乱,便是礼;不忧不惧,便是乐。纵使造次颠沛、槁饿以死,仍不失其为乐也。颜子不改其乐,固是乐。乐必该礼,而其所以能如是者,则以其心三月不违仁。故仁是全德,礼乐是合德。以其于体上已自会得,故夫子于其问为邦乃就用上告以四代之礼乐。会不得者,告之亦无用。即如此时前方炮火震天、冲锋肉搏,可谓极乱。而吾与二三子犹能于此负暄谈义,亦可谓极治。即此一念,便是虽当极乱之时,活机固未息灭。扩而充之,未必不为将来拨乱反正之因端也。非是漠然淡然、不关痛痒，吉凶与民同患，自然关怀。但虽在忧患，此义自不容忘。亦非故作安定人心之语，克实而言，理本如此。所谓真语者、实语者、如语者，不妄语也。礼乐之兴，必待其人；苟非其人，道不虚行。吾今与子言此，所谓千钧之弩不为鼷鼠发机。善会此义，而用之于艺术，亦便是最高艺术……

我希望春永远不来，使我长得负暄之乐。春果然不来，而炮火逼近来了。敌兵在吾乡石门湾与中央军相遇，打了四进四出。其间，我们正在桐庐负暄。后来中央军终于放弃吾乡，说是"改变战略"，敌兵就向杭州进犯。有一天，我们正在负暄谈义，听见远处有人造的雷声，知道炮火迫近来了。我们想走，天天在讨论"远行"或"避深山"的问题。我主张远行，并且力劝马先生也走。马先生虽只孑然一身，但有亲戚、学生、僮仆相从，患难中他决计不愿独善其身，一行十余人，行路困难，未能容允我的劝请。其实我也任重道远，老幼十五人，盘费只剩三百元，如何走得动！于是在附近找桃源。我想起二十五里外的船形岭顶上的黄家，以前我曾经到过一次的，觉得地利人和均合意。有一天我便雇了四顶轿子，请黄宾虹引导，邀马先生和星贤一同上山观看。路上的人看见我们一连四乘轿子向深山去，大都惊惶，拦住轿子探问消息，足见时局已很紧张了。到了山上，黄氏父祖闻知马先生来，倒屣出迎，办起丰盛的酒食来款待；知道我们来觅万一的退步，便应允将新造的屋让出来给马先生住，还有老屋可以馆待我们。我们盘桓至下午二三点钟方始下山，我还记得轿子在路亭旁休息的时候，我们入亭小坐，看见壁上用木炭题着一首诗，大约是出于农夫工人的手笔的："山上有好水，平地有好花。好花年年有，同栈不在乎。"马先生考辨了好久，说同栈恐是铜钱之误，于是对于作者的胸襟不凡大加赞叹。赞叹之不足，又讨论之；讨论之不足，又删改之。马先生改作云:"山上有好水,平地有好花。好花年年有,铜钱何足夸。"王星贤别有所见,另为改作一首:"山上有好水,平地有好花。好花年年有,到处可为家。"当此之时,风鹤虫沙,已满山中;我等为寻桃源而来,得在长亭中品评欣赏农夫野老的诗歌,正是一段佳话,不可以不记。而这作者在长亭中弄斧,恰被鲁班路过看见,加以斧正,又是一段奇迹,更不可以不记。

邻人盛宝函请马先生晚酌,我也奉陪。黄昏席散,僮仆提灯来迎马先生返汤庄,我也送去。路上马先生对我说:"近又作了一诗,比前(见第一记)□□得多,明天写出来给你看。开头是'天下虽干戈,吾心仍礼乐',大意你或者可以想象了。"上文两个方框我记不清是什么字,大体是和平中正之意,未便乱加,且付阙如。第二天我到汤庄,到手了一张横幅,上面写着:

避乱郊居述怀,兼答诸友见问:
天下虽干戈,吾心仍礼乐。避地将焉归,藏身亦已绰。
求仁即首阳,齐物等南郭。秉此一理贯,未释群生缚。
琐尾岂不伤,三界同飘泊。人灵眩都野,壹趣惟沟壑。
鱼烂旋致亡,虎视犹相搏。纳阱曰予知,偭规矧改错。
胜暴当以仁,安在强与弱!野旷知霜寒,林幽见日薄。
尚闻战伐悲,宁敢餍藜藿?蠢彼蜂蚁伦,岂识天地博!
平怀颣仓溟,寂观尽寥廓。物难会终解,病幻应与药。
定乱由人兴,森然具冲漠。麟凤在胸中,豺虎宜远却。
风来晴雪异,时亨鱼鸟若。亲交不我遗,持用慰离索。

十二月十七八中,传闻将有大军来桐庐,欲利用山地作战场,以期歼灭日寇。傍晚,果然开到了一批军队,敲我们的门,说要借宿一宵，明晨开赴杭州作战。兵队纪律很好，其长官晚上和我闲谈，说他是从吾乡石门湾退出来的，亲见石门湾变成焦土。又忠告我们说："这地方不可再住，须得迁往远处或大山中，说不定这地方要放弃。"明晨，兵队果然把地扫得精干净而开拔了。我忽然感觉得这里不可再留，连忙去汤庄，再劝马先生作远行之计。然马先生首阳之志已决，对于诸种环境的变迁，坦然不慌。我不能动他。于是返家收拾萧条的行物，与姐妻子女计议，故园既已成为焦土，我们留在这里受惊毫无意义，决定流徙于远方。岳老太太年已七十，不胜奔走之苦。我破晓起来，同我妻商量，拟把老太太寄托与船形岭黄宾虹家。因为他家也有七八十岁的老人，当不致因我家老太太而受累。我妻向老太太商请，得其同意。于是我们二人同赴学校，请托黄君，黄君慨然允诺。当日雇了一乘轿子，由黄君领导，章桂护送，抬老太太上山。临别，许多人偷偷地弹泪，说不出话来。我心中除了离别之苦以外，又另有一种难过：我不能救庇一位应该供养的老人，临难把她委弃在异乡的深山中，这是何等惭愧的事！

我们的难民队中最干练的平玉已于前日冒险赴上海，阿芳也已回去。平玉有一朋友姓车的住在我们附近的江边，我去托他找船，知道他也有远行之意。为了途中互助之计，我就约他同行，请他在门口的江边物色一只小船，定于明晨载我们到二十里外的桐庐城中，再找远行的船。布置已定即走汤庄去辞别马先生，路上我想好了许多话，预备再苦劝他一番，务请他离开这飘摇的桐庐，但等到一走进门，望见了他的颜色，却一句话也说不出来。但觉得这里有一股强大的力，一切战争、炮火、颠沛、流离等事当着它都辟易。我含糊地说道："我也许要走，但没有定。"回到家里，写了一张纸送去，书面告别。邻人都依依不舍，彼此往返辞送馈赠，忙了一天。古语云："悲莫悲于生别离。"这种日子连过十天，包你断肠而死！事后我揽镜自照，发见鬓边平添了不少的白发。

我在桐庐的最后一天,十二月廿一日的早晨,我们黎明即起,打点下船。一行十四人,除去了老太太,得十三人。想起了西洋人的习惯,我一时对于这个数目觉得讨嫌。幸而车氏父子三人加入了,得十六人,便不介意。王星贤和马先生的外甥丁安期、管汤庄的金先生搭我的便船赴城,欲用原船把马先生留存在城中的书载回乡下。王星贤看见我们十余人只有两担行李,表示惊讶。被他一提醒,我自觉得一寒至此,不胜飘零之感。幸而船到桐庐,不久找到了一只较大的船,言定二十八元送到兰溪,即于下午二时离开桐庐。一帆风顺,溯江而上。我抽了一口气,环顾家人,发现大家神情惆怅,如有所失,而吾妻尤甚。一个孩子首先说破:"外婆悔不同了来!"言下各处响应。我在桐庐时,看见公共汽车还通,便下个决心,喊船夫停船,派章桂上岸步行回船形岭,迎老太太下山,搭公共汽车到兰溪相聚。这时候杭州快要失守,富阳桐庐一带交通秩序混乱。我深恐此事难得圆满。谁知章桂果能完成其使命:带了一位七十岁的老太太,搭了最后一班的公共汽车,与我们差不多同时到达兰溪。好像是天教我们一家始终团聚,不致离散似的!

决心[1]

十二月二十三上午,我们的船到了兰溪。一停泊,我妻和长女陈宝即刻登岸,奔向汽车站去。约一小时,两人回来,站在岸上向船里欢呼:"外婆失而复得!"船里也起一阵欢呼。

为的是我们避地桐庐时,寇犯杭州。我决心西行赴长沙。有一班无知的乡人说,杭州一破,浙江马上失守。衢州,江山非常紧张,到江西,湖南的路交通断绝。要去只有徒步。我们这团体中,都能徒步,只有最小的和最老的走不动。最小的是亲戚家的三岁孩子,他的父母预备背了逃。最老的是我妻的七十岁的母亲,但没有人能背了她逃。我们计虑:与其半途尴尬,不如寄在桐庐山中,免得飘泊。于是就用轿子将老太太抬上桐庐的深山中,寄托在一位画友黄宾虹君的家里。黄君与我原不相识。萍水相逢,同道相谋。一见如故,竟把家族托付他。好在他家也有老人,可以相伴。且在深山中,可以放心。但我们开船后,发现行路并不困难,船舶无阻,汽车照常,乡人的话全是谣言。同时我妻忽忽若有所失,茶饭无心。诸儿闻炮声即纪念外婆。连同行的亲戚也为之流泪。于是我下个决心,托章桂(亲戚)半途上岸,

---

1 原载《少年先锋》1938 年 4 月 5 日第 4 期。

回到桐庐山中，陪老太太乘汽车南行，预约在兰溪相会。所以我们的船一到兰溪，我妻首先到汽车站等候她的母亲。奇巧得很！相差仅半小时，先后来到。我们的团体缺而复完，大家欢喜，小孩们欢呼"外婆失而复得！"

然我在途中曾一度懊悔。因为我的船停泊在建德附近的三河镇时，上岸遇一操上海白的女人。她皱着眉头告诉我，她有亲戚在江西，想去投奔。可是人告诉她，江山、玉山之路不通，江西到不得。于是她失望了，流落在这小镇上。我听了这话惊心，回想桐庐乡人之言到底不是无据。但事已至此，非努力向前不可。我又下个决心：我定要带了完全无缺的团体到湖南！

但这决心又几乎打消。为的是我在兰溪临江旅馆一宿，遇见老同学曹聚仁兄。他浑身军装，担任各报战地记者，正在握笔从戎。我一见他如获至宝，立刻探问他前途的情况。他断然地告诉我："你们要到长沙、汉口，不能！我们单身军人，可搭军用车的，尚且不容易去，何况你带了老幼十余人！你去了一定半途折回。我为你计，还是到浙江的永康或仙居。那里路近，生活程度又低。设或有警，我会通知你。"他说话向来毅然决然。穿了军装说话更加力强。我确信他，且感谢他。立刻打消了西行的决心。

是晚，他说是地主，请我全家在聚丰园会餐。我辞谢不得，就同家姐带了四个小孩赴约。席上聚仁兄把前线的模样描写给我们听，有声有色，使我们如同身历其境。"大时代到了！"这句话他反复了数次。随后他注视我说："你胡不也做点事？"我摸摸我的胡须说："我是老弱者，哪能跟你一样做事呢？在这大时代有甚事好做呢？不过，我其实只有四十岁。西洋人有一句谚语说：Life begins at forty，照西洋人说，我现在正是生活开始的时候。现在我的牺牲虽然很大，但今后可以重新来过。灰心我是决不会的。"（近见《少年先锋》第二期聚仁兄的杂感中,也记录着我和他兰溪相会事。内有数处错误:他说我对他自称以前"昏聩",又说"以后要改变做人的态度",皆非我说的话,恐是他军事繁忙,记不清这些小事之故,或另有他故。还有,他说我从桐乡逃来,非也。我是崇德人,乃从崇德逃来。又说我四十一岁,亦非也。我当时四十岁。又说我的儿子瞻瞻是高中生,亦非也。他十四岁,是初中二年级生。此等事在他虽甚小,但在我却有关系:例如外人看了他的文,以为我是桐乡人而冒充崇德籍,或者以为我的儿子以初中二年级生冒充高中学生,岂不冤枉。故须在此附笔声明。)

是晚我同他住在同一旅馆。他明天要到乡下去。我原约在旅馆等他,一同把家眷送到仙居去,投奔我们的老同学黄隐秋兄。但他去后,我同家姐商量一会儿,觉得非西行不可,同行的一位朋友也主张西行。于是我的决心死而复活:"我决定要到长沙!否则半路转入沟壑!但决不愿居浙江!仙居也许比长沙好,但我决定要到长沙!"吾心既决,就留一张条子在旅馆老板处,托他转交聚仁兄,谢他招待的厚意,并道失约之歉。遂另雇一舟,载了老幼十余人和两担行物,开向衢州去了。

我们离兰溪后,一路顺风地到衢州,经常山,上饶,南昌,萍乡,终于平安地到达长沙。现在我个人且已到了汉口。沿途非但毫无阻碍,并且到处蒙当地老百姓的同情,受兵士的帮忙。(事实将见另文。)我觉得比太平时行路更容易。因为敌忾同仇,军民一家,同胞互相爱护,不如太平时代的分你我了。但我相信聚仁兄的话决不是骗我,一定是当时时局紧张,交通情形骤变莫测之故。现在幸赖将士捍卫之劳,仙居和长沙均无恙。我感佩聚仁兄的眼光和诚意,同时又庆幸自己的决心的成功。就补写这篇日记。

一饭之恩[1]

去年冬天我与曹聚仁兄在兰溪相会,他请我全家吃饭。席上他忽然问我:"你的孩子中有几人欢喜艺术?"我遗憾地回答说:"一个也没有!"聚仁兄断然地叫道:"很好!"

我当时想不通不欢喜艺术"很好"的道理。今天,三月二十三日,我由长沙到汉口。就有人告诉我:"曹聚仁说你的《护生画集》可以烧毁了!"我吃惊之下,恍然记起了去冬兰溪相会时的谈话,又忽然想通了他所谓不欢喜艺术"很好"的道理,起了下面的感想:

"《护生画集》可以烧毁了!"这就是说现在"不要护生"的意思。换言之,就是说现在提倡"救国杀生"的意思。这思想,我期期以为不然。从皮毛上看,我们现在的确在鼓励"杀敌"。这么惨无人道的狗彘豺狼一般的侵略者,非"杀"不可。我们开出许多军队,带了许多军火,到前线去,为的是要"杀敌"。

但是,这件事不可但看皮毛,须得再深思一下:我们为什么要"杀敌"?因为敌不讲公道,侵略我国;违背人道,荼毒生灵,所以要"杀"。故我们是为公理而抗战,为正义而抗战,为人道而抗战,为和平而抗

---

[1] 原载《抗战文艺》1938年8月13日第2卷第4期。

战。我们是"以杀止杀",不是鼓励杀生。我们是为护生而抗战。

《护生画集》中所写的,都是爱护生灵的画。浅见的人看了这些画,常作种种可笑的非难:有一种人说,"今恩足于及禽兽,而功不至于百姓者,独何欤?"又有一种人说:"用显微镜看,一滴水里有无数小虫。护生不能彻底。"又有一种人说:"供养苍蝇,让它传染虎列拉[1]吗?"他们都是但看皮毛,未加深思;因而拘泥小节,不知大体的。《护生画集》的序文中分明说是:"护生"就是"护心"。爱护生灵,劝戒残杀,可以涵养人心的"仁爱",可以诱致世界的"和平"。故我们所爱护的,其实不是禽兽鱼虫的本身(小节),而是自己的心(大体)。换言之,救护禽兽鱼虫是手段,倡导仁爱和平是目的。再换言之,护生是"事",护心是"理"。以前在报纸看见一段幽默故事,颇可以拿来说明护生的意旨:有一位乡下老婆进城,看见学校旁边的操场上,有两大群学生正在夺一根绳,汗流满面,声嘶力竭,起而复仆者再,而绳终未夺得。老婆见此,大发慈悲,上前摇手劝阻道:"请你们息争!这种绳子舍间甚多,回头拿两根奉送你们!"盖此老婆只见夺绳的"事",不解拔河之戏之"理",故尔闹此笑话,护生者倘若执着于禽兽鱼虫,拘泥于放生吃素,而忘却了"护心"、"救世"的本旨,其所见即与此乡下老婆相等,也是闹笑话。故佛家戒杀,不为己杀的三净肉可食。儒家重仁,不闻其声亦忍食其肉,故君子远庖厨。吃三净肉和君子远庖厨,都是"掩耳盗铃"。掩耳盗铃就是"仁术"。无端有意踏杀一群蚂蚁,不可!不是爱惜几个蚂蚁,是恐怕残忍成性,将来会用飞机载了重磅炸弹而无端有意去轰炸无辜的平民!岂真爱惜几个蚂蚁哉,所以护生的掩耳盗铃,是无伤的。我

---

[1] 即霍乱,cholera 的旧时译名。

希望读《护生画集》的人，须得体会上述的意旨，勿可但看皮毛，拘泥小节。这画集出版已经十年，销行已达二十万册。最近又有人把画题翻译为英文，附加英文说明，在欧美各国推销着。在现今这穷兵黩武，惨无人道的世间，《护生画集》不但不可烧毁，我正希望它多多添印，为世界人类保留一线生机呢！

现在我们中国正在受暴敌的侵略，好比一个人正在受病菌的侵扰而害着大病。大病中要服剧烈的药，才可制胜病菌，挽回生命。抗战就是一种剧烈的药。然这种药只能暂用，不可常服。等到病菌已杀，病体渐渐复元的时候，必须改吃补品和粥饭，方可完全恢复健康。补品和粥饭是什么呢？就是以和平，幸福，博爱，护生为旨的"艺术"。

我的儿女对于"和平幸福之母"的艺术，不甚爱好，少有理解。我正引为憾事，叹为妖孽。聚仁兄反说"很好"，不知其意何居？难道他以为此次抗战，是以力服人，以暴易暴；想步莫索里尼[1]，希特勒，日本军阀之后尘，而为扰乱世界和平的魔鬼之一吗？我相信他决不如此。因为我们抗战的主旨处处说着：为和平而奋斗！为人道而抗战！我们的优待俘虏，就是这主旨的实证。

从前我们研究绘画时，曾把画人分为两种：具有艺术思想，能表现人生观的，称为"画家"，是可敬佩的。没有思想，只有技巧的，称为"画匠"，是鄙贱的。我以为军人也可分为两种：为和平而奋斗，为人道而抗战，以战非战，以杀止杀的，称为"战士"，是我敬佩的。抚剑疾视，好勇斗狠，以力服人，以暴易暴的，称为"战匠"，是应该服上刑的。现今世间侵略国的军人，大都是战匠，或被强迫为战匠。

---

[1] 即墨索里尼。

世界和平，人类幸福，都被这班人所破坏，真是该死！所以我们此次为和平而奋斗，为人道而战争，我以为是现世最神圣的事业。这抗战可为世界人类造福。这一怒可安天下之民。

杜诗云："天下尚未宁，健儿胜腐儒。"在目前，健儿的确胜于腐儒。有枪的能上前线去杀敌。穿军装的逃起难来比穿长衫的便宜。但"威天下，不以兵甲之利"。最后的胜利，不是健儿所能独得的！"仁者无敌"，兄请勿疑！

我曾在流难中，受聚仁兄一饭之恩。无以为报，于心终不忘。写这篇日记，聊作答谢云尔。

还我缘缘堂

二月九日天阴,居萍乡暇鸭塘萧祠已经二十多天了。这里四面是田,田外是山,人迹少到,静寂如太古。加之二十多天以来,天天阴雨,房间里四壁空虚,行物萧条,与儿相对枯坐,不啻囚徒。次女林先性最爱美,关心衣饰,闲坐时举起破碎的棉衣袖来给我看,说道:"爸爸,我的棉袍破得这么样了!我想换一件骆驼绒袍子。可是它在东战场的家里——缘缘堂楼上的朝外橱里——不知什么时候可以去拿得来,我们真苦,每人只有身上的一套衣裳!可恶的日本鬼子!"我被她引起很深的同情,心中一番惆怅,继之以一番愤懑。她昨夜睡在我对面的床上,梦中笑了醒来。我问她有什么欢喜。她说她梦中回缘缘堂,看见堂中一切如旧,小皮箱里的明星照片一张也不少,欢喜之余,不觉笑了醒来,今天晨间我代她作了一首感伤的小诗:

儿家住近古钱塘,也有朱栏映粉墙。
三五良宵团聚乐,春秋佳日嬉游忙。
清平未识流离苦,生小偏遭破国殃。
昨夜客窗春梦好,不知身在水萍乡。

平生不曾作过诗,而且近来心中只有愤懑而没有感伤。这首诗是偶被环境逼出来的。我嫌恶此调，但来了也听其自然。

邻家的洪恩要我写对。借了一枝破大笔来。拿着笔，我便想起我家里的一抽斗湖笔，和写对专用的桌子。写好对，我本能伸手向后面的茶几上去取大印子，岂知后面并无茶几，更无印子，但见萧家祠堂前的许多木主，蒙着灰尘站立在神祠里，我心中又起一阵愤懑。

晚快章桂从萍乡城里拿邮信回来，递给我一张明片，严肃地说："新房子烧掉了！"我看那明片是二月四日上海裘梦痕寄发的。信片上有一段说："一月初上海新闻报载石门湾缘缘堂已全都焚毁，不知尊处已得悉否"；下面又说，"近来报纸上常有误载，故此消息是否确凿不得而知。"此信传到，全家十人和三个同逃难来的亲戚，齐集在一个房间里聚讼起来，有的可惜橱里的许多衣服，有的可惜堂上新置的桌凳。一个女孩子说：大风琴和打字机最舍不得。一个男孩子说：秋千架和新买的金鸡牌脚踏车最肉痛。我妻独挂念她房中的一箱垫锡器和一箱垫磁器。她说："早知如此，悔不预先在秋千架旁的空地上掘一个地洞埋藏了，将来还可去发掘。"正在惋惜，丙潮从旁劝慰道："信片上写着'是否确凿不得而知'，那么不见得一定烧掉的。"大约他看见我默默不语，猜度我正在伤心，所以这两句照着我说。

我听了却在心中苦笑。他的好意我是感谢的。但他的猜度却完全错误了。我离家后一日在途中知石门湾失守，早把缘缘堂置之度外，随后陆续听到这地方四得四失，便想象它已变成一片焦土，正怀念着许多亲戚朋友的安危存亡，更无余暇去怜惜自己的房屋了。况且，沿途看报某处阵亡数千人，某处被敌虐杀数百人，像我们全家逃出战区，比较起他们来已是万幸，身外之物又何足惜！我虽老弱，但只要不转乎沟壑，还可凭五寸不烂之笔来对抗暴敌，我的前途尚有希望，我决不为房屋被焚而伤心，不但如此，房屋被焚了，在我反觉轻快，此犹破釜沉舟，断绝后路，才能一心向前，勇猛精进。丙潮以空言相慰，我感谢之余，略觉嫌恶。

然而黄昏酒醒，灯孤人静，我躺在床上时，也不免想起石门湾的缘缘堂来。此堂成于中华民国二十二年，距今尚未满六岁。形式朴素，不事雕斫而高大轩敞。正南向三开间，中央铺方大砖，供养弘一法师所书《大智度论·十喻赞》，西室铺地板为书房，陈列书籍数千卷。东室为饮食间，内通平屋三间为厨房、贮藏室及工友的居室。前楼正寝为我与两儿女的卧室，亦有书数千卷。西间为佛堂，四壁皆经书。东间及后楼皆家人卧室。五年以来，我已同这房屋十分稔熟。现在只要一闭眼睛，便又历历地看见各个房间中的陈设，连某书架中第几层第几本是什么书都看得见，连某抽斗（儿女们曾统计过，我家共有一百二十五只抽斗）中藏着什么东西都记得清楚。现在这所房屋已经付之一炬，从此与我永诀了！

我曾和我的父亲永诀，曾和我的母亲永诀，也曾和我的姐弟及亲戚朋友们永诀，如今和房子永诀，实在值不得感伤悲哀。故当晚我躺在床里所想的不是和房子永诀的悲哀，却是毁屋的火的来源。吾乡于中华民国二十六年十一月六日，吃敌人炸弹十二枚，当场死三十二人，毁房屋数间。我家幸未死人，我屋幸未被毁。后于十一月二十三日失守，失而复得，得而复失，失而复得，得而复失，……以至四进四出，那么焚毁我屋的火的来源不定；是暴敌侵略的炮火呢，还是我军抗战的炮火呢？现在我不得而知。但也不外乎这两个来源。

于是我的思想达到了一个结论：缘缘堂已被毁了。倘是我军抗战的炮火所毁，我很甘心！堂倘有知，一定也很甘心，料想它被毁时必然毫无怨怖之色和凄惨之声，应是蓦地参天，蓦地成空，让我神圣的抗战军安然通过，向前反攻的。倘是暴敌侵略的炮火所毁，那我很不甘心，堂倘有知，一定更不甘心。料想它被焚时，一定发出喑呜叱咤之声："我这里是圣迹所在，麟凤所居。尔等狗彘豺狼胆敢肆行焚毁！

亵渎之罪，不容于诛！应着尔等赶速重建，还我旧观，再来伏法！"

无论是我军抗战的炮火所毁，或是暴敌侵略的炮火所毁，在最后胜利之日，我定要日本还我缘缘堂来！东战场、西战场、北战场，无数同胞因暴敌侵略所受的损失，大家先估计一下，将来我们一起同他算账！

未来的国民——新枚[1]

三月间我初到长沙时，就写信给广西柳州的朋友，问他柳州的生活状况，以及从长沙到柳州的路径。当时我有三种主张，一是返沪，一是入川，一是赴桂。返沪路太远，入川路太难，终于决定赴桂。还有一更重要的原因：久闻桂有"模范省"之称，我想去看一看。所以决定赴桂。柳州的朋友覆我一封长信，言桂中种种情状，并附一纸详细的路径。结论是劝我早日入桂，表示十分的欢迎。然而长沙也是可爱的地方，虽曾被屈原、贾谊涂上一层忧伤的色彩，然而无数的抗战标语早已给它遮住，如今不复有行吟痛哭之声，但见火焰一般的热情了。况且北通汉口，这实际的首都中的蓬勃的抗战热情，时常泛滥到长沙来，这环境供给我一种精神的营养，使我在流亡中不生悲观，不感失望，而且觉得极有意义，极有希望。所以我舍不得离开湘鄂，把柳州朋友的信保存在行囊中。直到五月间，桂林教育当局来信，聘我去担任"暑期艺术师资训练班"的教课，我方才启程入桂。桂林与柳州相去只有一天的行程，若赴柳州必经桂林。与我的初衷并不相背。且在这禽兽逼人的时候，桂人不忘人间和

---

[1] 1938年6月25日作于桂林大中华旅馆303号。原载《宇宙风》1938年9月16日第75期。

平幸福之母的艺术，特为开班训练，这实在是泱泱大国的风度，也是最后胜利之朕兆，假使他们不来聘请我，我也想学毛遂自荐呢。我就在六月廿三日晨八时，率眷十人，同亲友八人，乘专车入桂。

从长沙到桂林，计五百五十公里，合旧时约千余里。须分两天行车。这么长的汽车旅行，我们都是第一次经历。这么崎岖的公路，我们在江南也从来没有走过。最初大家觉得很新奇，很有趣味。后来车子颠簸得厉害，大家蹙紧了眉头，相视而叹。小孩中有的嚼了舌头，有的震痛了巴掌，有的靠在窗口呕吐了。那些行李好像是活的，自己会走路。最初放在车尾，一会儿走到车中央来了。正午车子在衡阳小停，车夫教我们到站旁的小饭店去吃饭。有多数人不要吃，有些人吃了一点面。一小时后，车子又开，晚七时开到了零陵，零陵就是柳子厚所描写过的永州，然而我们没有去玩赏当地的风景，因为时候已迟，人力已倦，去进牢狱似的小客栈，大家认为无上的安乐窝，不想再出门了。

夜饭后，我巡视各房间，看见我家的老太太端坐竹凳上摇扇子，我妻拿着电筒赶来赶去寻手表（她失了手表，后来在草地上寻着），我心中就放下两块大石头。第一，因为老太太年已七十一岁，以前旅行只限于沪杭火车。最近从浙江到长沙，大半是坐船的。这么长途的汽车旅行，七十年来是第一次。她近来又患一种小毛病，一小时要小便一二次。然而她又怕臭气，茅厕里去了两次就发痧。今天她坐在汽车里，面前放一个便桶。汽车开行时，便桶里的东西颠簸震荡，臭气直熏她的鼻子，然而她并不发痧，也不疲倦，还能端坐在凳上摇扇子，则明天还有大半天的行程，一定也可平安通过，使我放心。第二，我妻十年不育了，流亡中忽然受孕，怀胎已经四个月。据人说，三四个月的胎儿顶容易震脱，孕妇不宜坐汽车。然而她怀了孕怕难为情，不告诉人，冒险上汽车去。我在车中为她捏两把汗。准备万一有变，我同她半途下车求医，让余人先赴桂林，幸而直到零陵不见动静，进了旅馆她居然会赶来赶去寻手表，则明天大半天的行程，一定也能平安通过。这更使我放心而且欢庆。

大肚皮逃难，在流亡中生儿子，人皆以为不幸，我却引为欢庆。我以为这不过麻烦一点而已。当此神圣抗战的时代，倘使产母从这生气蓬勃的环境中受了胎教，生下来的孩子一定是个好国民，可为未来新中国的力强的基础分子。麻烦不可怕。现在的中国人倘怕麻烦，只有把家族杀死几个，或者遗弃几个给敌人玩弄。充其极致，还是自杀了，根本地免了麻烦。倘中国统是抱这种思想的人，现在早已全国沦亡在敌人手里，免却抗战的麻烦了！这里我想起了一件可痛心的事：去年十二月底，我率眷老幼十人仓皇地经过兰溪，途遇一位做战地记者的老同学[1]，他可怜我，请我全家去聚丰园吃饭。座上他郑重地告诉我："我告诉你一件故事。这故事其实是很好的。"他把"很好"二字特别提高。"杭州某人率眷坐汽车过江，汽车停在江边时，一小孩误踏机关，车子开入江中，全家灭顶。"末了他又说一句，"这故事其实是很好的。"我知道了，他的意思，是说"像你这样的人，拖了这一群老小逃难，不如全家死了干净。"这是何等浅薄的话，这是何等不仁的话！我听了在心中不知所云。我们中国有着这样的战地记者，无怪第一期抗战要失败了。我吃了这顿"嗟来之食"，恨不得立刻吐出来还了他才好。然而过后我也并不介意。因为这半是由我自取。我在太平时深居简出，作文向不呐喊。逃难时警察和县长比我先走，地方混乱。我愤恨政府，曾经自称"老弱"，准备"转乎沟壑"，以明政府之罪。

因此这位战地记者就以我为可怜的弱者，他估量我一家在这大时

---

1 即曹聚仁。

代下一定会灭没。在这紧张的时候，肯挖出腰包来请我全家吃一餐饭，在他也是老同学的好意。这样一想，我非但并不介意，且又感谢他了。我幸而不怕麻烦，率领了老幼十人，行了三四千里戎马之地，居然安抵桂林。路上还嫌家族太少，又教吾妻新生一个。这回从长沙到桂林的汽车中，胎儿没有震脱，小性命可保。今年十月间，我家可以增一人口，我国可以添一国民了。十年不育，忽然怀胎，事情有点稀奇。一定是这回的抗战中，黄帝子孙壮烈牺牲者太多；但天意不亡中国，故教老妻也来怀孕，为复兴新中国增添国民。当晚我们在零陵的小旅馆里欢谈此事，大家非常高兴。我就预先给小孩起名。不论男女，名曰"新枚"。这两字根据我春间在汉口庆祝台儿庄胜利时所作的一首绝诗。诗云："大树被斩伐，生机并不绝。春来怒抽条，气象何蓬勃！"这孩子是抗战中所生，犹似大树被斩伐后所抽的新条。我最初拟即名之曰"新条"。他（或她）的大姐陈宝说，条字不好听，请改"条枚"的枚字。我赞成了。新枚虽未出世，但他（或她）的名字已经先到人间。家人早已虚席以待了。

第二天，又是八点钟开车。零陵以西的公路比前愈加崎岖。有时汽车里的人被抛到半尺之高。下午三时到桂林，全家暂住大中华旅馆。新枚还是安睡在他（或她）母亲的肚子里，也被带进大中华。

宜山遇炸记[1]

宜山第一次被炸时，约在二十七年[2]秋，我还在桂林。听说那一次以浙江大学为目标，投了无数炸弹。浙大宿舍在标营，该地多沟，学生多防空知识，尽卧沟中，侥幸一无死伤。却有一个患神经病的学生，疯头疯脑的不肯逃警报，在屋内被炸弹吓了一顿，其病霍然若失，以后就恢复健康，照常上课。浙大的人常引为美谈。

我所遇到的是第二次被炸，时在二十八年夏。这回可不是"美谈"了！汽车站旁边，死了不少人，伤了不少人，吓坏了不少人。我是被吓坏的人之一。自从这次被吓之后，听见铁锅盖的碰声，听见茶熟的沸声，都要变色，甚至听见邻家的老妇喊他的幼子"金保"，以为是喊"警报"，想立起身来逃了！日本军阀的可恶，今日痛定思痛，犹有余愤。幸而我们的最后胜利终于实现了，日本投降了，军阀正在诛灭了！而我依然无恙。现在闲谈往事，反可发泄余愤，添助欢庆呢！

我们初到宜山的一天，就碰一个大钉子：浙江大学的校车载了我一家十人及另外几个搭客及行李十余件，进东门的时候，突被警察二

1　1939年7月21日作于宜山。曾载某报1939年11月6日，后又载《导报》1946年8月1日第1卷第1期及《论语》同年12月1日第118期。

2　即1938年。

人拦阻，说是紧急警报中，不得入城。原来如此！怪不得城门口不见人影。司机连忙把车头掉转，向后开回数公里，在荒路边一株大树下停车。大家下车坐在泉石之间休息。时已过午，大家饥肠辘辘。幸有粽子一篮，聊可充饥。记得这时候正是清明时节。我们虽是路上行人，也照故乡习惯，裹"清明粽子"带着走。这时候老幼十人，连司机及几位搭客，都吃着粽子，坐着闲谈。日丽风和，天朗气晴。倘能忘记了在宜山"逃警报"，而当作在西湖上 picnic 看，我们这下午真是幸福！从两岁的到七十岁的，全家动员，出门游春，还邀了几位朋友参加。真是何等的豪爽之举，风雅之事！唉，人生此世，有时原只得作如是观。

粽子吃完，太阳斜斜的，似乎告诉我们可以入城了。于是大家上车，重新入城，居然进了东门。刚才下车，忽见许多人狂奔而来。惊问何事，原来又是警报！我们初到，不辨地势，只得各自分飞，跟了众人逃命。我家老弱走不动的，都就近逃出东门，往树木茂盛的地方钻。我跟人逃过了江，躲进了一个山洞内。直到天色将黑，警报方才解除。回到停车的地方，幸而行李仍在车上，没有损失；人也陆续回来，没有缺少。于是找住处，找饭店，直到更深才得安歇。据说，这一天共发三次警报。我们遇到的是第二、第三两次。又据说，东门外树木茂盛处正是车站及军事机关。如果来炸，这是大目标。我家的人都在大目标内躲警报！

我们与宜山有"警报缘"：起先在警报中初相见，后来在警报中别离；中间几乎天天逃警报，而且遇到一次轰炸。

我们起初住在城内开明书店的楼上。后来警报太多，不胜奔走之劳，就在城外里许处租到了三间小屋，家眷都迁去，我和一个小儿仍在开明楼上。有一天，正是赶集的日子，我在楼窗上闲眺路旁的地摊。看见一个纱布摊忽然收拾起来，隔壁的地摊不问情由，模仿着他，也把货收拾起来。一传二，二传三，全街的地摊尽在收拾，说是"警报来了！"大家仓皇逃命。我被弄得莫名其妙，带着小儿下楼来想逃。刚出得门，看见街上的人都笑着。原来并无警报，只是庸人自扰而已。调查谣传的起因，原来那纱布摊因为另有缘故，中途收拾。动作急速了些，隔壁的地摊就误认为有警报，更快地收拾，一传二，二传三，就演出这三人成虎的笑剧。但在这笑剧的后面，显然可以看出当时人民对于警报的害怕。我在这风声鹤唳、草木皆兵的空气中，觉得坐立不安，便带了小儿也回乡下的小屋里去。

这小屋小得可怜：只是每间一方丈的三间草屋。我们一家十口，买了两架双层床，方才可住。床铺兼凳椅用，食桌兼书桌用，也还便当。若不当作屋看，而当作船看，这船倒很宽敞。况且屋外还有风景：亭、台、岩石、小山、竹林。这原是一个花园，叫作龙岗园。我住的屋原是给园丁住的。岩石崎岖突兀，中有许多裂缝。裂缝便是躲警报的地方。起初，发警报时大家不走。等到发紧急警报，才走到石缝里。但每次敌机总是不来，我们每次安然地回进小屋。后来，正是南宁失守前数日，邻县都被炸了。宜山危惧起来。我们也觉得石缝的不可靠，想找更安全的避难所。但因循下去，终于没有去找。

有一天，我正想出门去找洞。天忽晴忽雨，阴阳怪气。大家说今天大约不会有警报。我也懒得去找洞了。忽然，警报钟响了。门前逃过的人形色特别仓皇。钟声也似乎特别凄凉。而且接着就发紧急警报。我拉住一个熟人问，才知道据可靠消息，今天敌机特别多，宜山有被炸的可能。我家里的人，依警报来分，可分为两派：一派是胆大的，即我的太太、岳老太太，以及几个十六岁以上的青年。另一派是胆小的，即我的姐姐和两个女孩。我呢，可说无党无派，介乎其中。也可说骑墙，蝙蝠，两派都有我。因为我在酒后属于胆大派，酒前属于胆小派。这一天胆大派的仍旧躲到近旁的石缝里。我没有饮酒，就跟了胆小派走远去。

走远去并无更安全的目的地，只是和烧香拜佛者"出钱是功德"同样的信念，以为多走点路，总好一点。恰好碰到一批熟人，他们毅然地向田野间走，并且招呼我们，说石洞不远。我们得了向导，便一脚水一脚泥地前奔。奔到一处地方，果然见岩石屹立，连忙找洞。这岩石形似一个V字横卧在地上，可以由岔口走进尖角，但上面没有遮蔽，其实并不是洞！但时至此刻，无法他迁，死也只得死在这里了。

许多男女钻进了V字里。我伏在V字的口上。举目探望环境，我心里叫一声"啊呀"！原来这地点离大目标的车站和运动场不过数十丈，倒反不如龙岗园石缝的安全！心中正在着急，忽然听到隆隆之声，V字里有人说："敌机来了！"于是男女老幼大家蹲下去拿石上生出来的羊齿植物遮蔽身体。我站在外口，毫无遮蔽，怎么办呢？忽见V字外边的石脚上，微微凹进，上面遍生羊齿植物。情急智生，我就把身体横卧在石凹之内，羊齿植物之下。

我通过羊齿植物的叶，静观天空。但见远远一群敌机正在向我飞来，隆隆之声渐渐增大。我心中想：今天不外三种结果：一是爬起来安然回家；二是炸伤了抬进医院里；三是被炸死在这石凹里。无论哪一种，我惟有准备接受。我仿佛看见一个签筒，内有三张签。其一标上1字，其二标上2字，其三标上3字，乱放在签筒内。而我正伸手去抽一张……

正在如此想，敌机三架已经飞到我的头顶。忽然，在空中停住了。接着，一颗黑的东西从机上降下，正当我的头顶。我不忍看了，用手掩面，听它来炸。初闻空中"嘶"的声音，既而砰然一响，地壳和岩石都震动，把我的身体微微地抛起。我觉得身体无伤。张眼偷看，但见烟气弥漫，三架敌机盘旋其上。又一颗黑的东西从一架敌机上落下，"嘶"，又一颗从另一架上落下。两颗都在我的头顶，我用两手掩面，但听到四面都是"砰砰"之声。

一颗炸弹正好落在V字的中心,"砰"的一声,我们这一群男女老幼在一刹那间化为微尘——假如这样,我觉得干干脆脆的倒也痛快。但它并不如此,却用更猛烈的震动来威吓我们。这便证明炸弹愈投愈近,我们的危险性愈大。忽然我听见V字里面一个女声叫喊起来。继续是呜咽之声。我茫然了。幸而这时光敌机已渐渐飞远去,隆隆之声渐渐弱起来。大家抽一口气。我站起来,满身是灰尘。匍匐到V字口上去探看。他们看见我都惊奇,因为他们不知我躲在哪里,是否安全。我见人人无恙,便问叫声何来。原来这V字里面有胡蜂作窠。有一女郎碰了蜂窠,被胡蜂螫了一口,所以叫喊呜咽。

敌机投了十几个炸弹,杀人欲似已满足,便远去了。过了好久,解除警报的钟声响出,我们相率离开V字,眼前还是烟尘弥漫,不辨远景。蜂螫的女郎用手捧着红肿的脸,也向烟尘中回家去了。

我饱受了一顿虚惊,回到小屋里,心中的恐怖已经消逝,却充满了委屈之情。我觉得这样不行!我的生死之权决不愿被敌人操持!但有何办法呢?正在踌躇,儿女们回来报告:车站旁、运动场上、江边、公园内投了无数炸弹,死了若干人,伤了若干人。有一个女子死在树下,头已炸烂,身体还是坐着不倒。许多受伤的人呻吟叫喊,被抬赴医院去。……我听了这些报道,觉得我们真是侥幸!原来敌人的炸弹不投在闹市,而故意投在郊外。他们料知这时候人民都走出闹市而躲在郊外的。那么我们的V字,正是他们的好目标!我们这一群人不知有何功德,而幸免于难。现在想来,这V字也许就是三十四年八月十日之夜出现的V字,最后胜利的象征。

这一晚,我不胜委屈之情。我觉得"空袭"这一种杀人办法,太无人道。"盗亦有道",则"杀亦有道"。大家在平地上,你杀过来,我逃。我逃不脱,被你杀死。这样的杀,在杀的世界中还有道理可说,死也死得情愿。如今从上面杀来,在下面逃命,杀的稳占优势,逃的稳是吃亏。死的事体还在其次,这种人道上的不平,和感情上的委屈,实在非人所能忍受!我一定要想个办法,使空中杀人者对我无可奈何,使我不再受此种委屈。

次日,我有办法了。吃过早饭,约了家里几个同志,携带着书物及点心,自动入山,走到四里外的九龙岩,坐在那大岩洞口读书。

逍遥一天,傍晚回家。我根本不知道有无警报了。这样的生活,继续月余,我果然不再受那种委屈。城里亦不再轰炸。但在不久之后,传来南宁失守的消息。我又只得带了委屈之情,而走上逃难之路。

教师日记[1]

1938 年 10 月 24 日

校舍建筑尚未成功,学校在斧斤影里,杭育声中先行开课,将来择吉补行开校典礼。今天上午七时十分,行最初次的纪念周。全校学生一百三十余人,教师十余人,雍容一堂,行礼如仪。我脱离教师生活,十年于兹。今日参加此会,犹疑身为来宾,不知自己已是此剧中的一角色了。

校长和教务主任讲了诚恳无间的训话之后,校长便拉我讲演。我推辞。学生席中一阵鼓掌声把我赶上台去。许多脸孔仰望着我,我心中不免有些不自然。但立刻想起现在是角色登台,十年前当教师时曾经磨练过的那种演剧的本能就复活起来,简短地讲了一番话。大意如下:

我与诸君行过相见礼,并且共唱党歌。我们已由礼乐结合,成为新相知了。古人云:"乐莫乐于新相知。"我今天觉得非常快乐!

"我们的新相知,实在是很难得的:前几天,我曾在桂林城内监

---

[1] 标题见 1939 年 2 月 28 日《教师日记》。本文根据抗战期间作者执教于桂林师范、浙江大学(宜山、遵义)和国立艺专(重庆沙坪坝)时所写的日记编成。

督你们入学考试。那时我对着满堂的投考者，曾经想道：不知这数百人中哪里的几位，是我们的学生，将与我共数晨夕？我看看数百只脸孔，但脸孔上并没有写明，我不得而知。今天我才知道，原来与我有缘的就是你们这几位！你们恐也有这样的感想。当你们在考场中看见我时，也许有人真心想道：不知这胡子是不是我将来的先生？但现在你们也知道了。投考者有数百人之多，其中大多数与这学校无缘，偏偏你们这几位有缘。这不是很难得的吗？这是难得之一。

其次，这里的诸位先生，是由中华民国各省各地会集拢来的人。有河北人，江苏人，浙江人，安徽人，湖北人，湖南人，仿佛是全国各省的代表！因了国难，东西南北地集合拢来，来作你们的导师教师。这是难得之二。

又次，桂林以山水著名于全国。我们这学校位于山水之间，风景特别美丽，青天白日特别鲜明！我们有这样的好环境，是难得之三。

有这三重难得，我们的新相知特别快乐。希望诸君今后努力用功，不要辜负这难得的好机会！

九时十分，我第一次上课，高师班的美术。点名后首先问："刚才我在纪念周讲话，你们都能懂吗？倘有听不懂的，请举手。"没有人举手。我很高兴，就对他们讲美术的范围和学习法。……

十时的简师图画课，仅讲图画学习法，即上文的下半，但讲得特别疏略。因为这班里的人听不懂我的语言，举手者竟过半数。我的话风大受阻碍了。

十时四十分下课后返寓，途遇章桂[1]。持医生信催我即刻赴桂。

1　即随作者一家一起逃难的乡亲。

因吾妻力民在桂林医院患子痫症，要我去决定办法。匆匆于二时半到车站，拟乘三时开之三班车赴桂林。彬然[1]从车站来，报道今天是阴历九月初二。照例，初二、十六下午车停班。我近来惯于逃难，对于横逆之来，心君泰然不动。只是勉尽人力，以听天命。于是我说姑且上站一看。

到站，适有一小汽车满载行客，将开桂林。我要求附搭，得其许可，但只能坐司机之椅背上，身体屈作S形，且须出车资桂钞二元五角。三点三刻，我的身体又由S恢复I，站在省立医院的产科主任郑万育的面前了。

郑医师说，临产期尚距三星期。但一患子痫症，今天非生产不可。倘延迟则危险性增大。他决定四点钟行手术。我到得正好。又说，或破肚，或人工生产，须再诊后决定。又说，万一不能大小两全，则保大抑保小？我知道生产破肚并无危险，关于手术悉听医师决定。至于不能两全，则当然保大。医生即出证书要我签字盖章。无印泥，用指蘸红墨水抹印面而盖章，结果意外地清楚。

我到医院时，联棠、梓生、鲁彦、丙潮[2]诸君皆已在场，分我忧患，壮我胆量，心实万分感激。此时我谢诸君，请其返家。梓翁独留，相与坐手术室外走廊内烧香烟，谈广州失守、武汉放弃事。娓娓两小时，而新枚（此是我第七子，名字在胎中时预为取定）出世，大小平安。盖郑医师不但手术高，医德更高。其动作之周详，态度之和蔼，令人感佩。母子二人平安脱险，实是他的医德的所赐。他是我的读者，一

---

1 即傅彬然，作者之好友，浙江第一师范学校同学，昔年上海开明书店老同事。当时亦在桂林师范任教。

2 联棠即陆联棠，当时桂林开明书店负责人；梓生即张梓生；鲁彦即王鲁彦，皆作者之好友；丙潮，指周丙潮，作者的表弟，他随作者一起从家乡逃难至内地。

见相契。看护士中亦有周女士,为我昔日在上海时之学生。十余年后五千里外患难中相遇,亦奇缘也。六时半出医院,拉梓翁到"秀林"[1],饱餐一顿。夜宿崇德书店[2]章桂床中(章桂留乡)。

1938 年 10 月 26 日

拂晓,力民忽苏醒,且索食。自言自入院后即失知觉,直达这时候方才醒悟,但觉全身疲乏,却并无痛苦。这样说来,这回她虽然不是平产,却比平产更少苦痛,真是所谓"因祸得福"了。她不相信已生下一个孩子,更不相信孩子是男。陈宝特请护士抱来给她看,方始疑信参半。我也直到此时方知婴孩是男。昨晨送别马先生时,马先生道贺后即问我所生是男是女,我不能答,但说是一个"人"。闻者皆失笑。

1938 年 10 月 28 日

晨五时,与一吟[3]离院赴桂益行,天方破晓。车直到七点半开,九点始到家。上午有课两小时,已来不及去上。且日来奔走甚疲,今天要休息了。我赴桂之次日,恐岳母年老,闻力民在院难产,不胜其忧,故不惜来往车费(桂洋三元六毫)特派杨子才[4]君乡下报信。故家人早已安心。今我返家,备述详情,皆大欢喜。诸儿更盼早见新弟。华瞻[5]即于是日下午上桂林,以慰其母,视其弟。

---

1 即当时桂林一餐馆名。
2 即作者为解决一起逃难至内地的乡亲们的生活问题而开设的一家书店。
3 即作者之幼女。
4 即作者子女的同学,逃难途中邂逅,当时在崇德书店工作。
5 即作者之长子。

牛棚上漏，我书房迁彬然所曾居之西室。拟请工人修牛棚之漏，平牛棚之地，留给新枚居住。倘他吃牛奶，住牛棚，将来力大如牛，可以冲散敌阵，收复失地。至少能种田，救世间的饿人。即使其笨也如牛，并不要紧。中国之所以有今日，实因人太聪明，不肯用笨功的缘故！

1938 年 11 月 17 日

今日（旧历九月廿六日）是我生日。年年此日必罢工一天，以资退省。今虽时值非常，此例亦不愿废止。早晨差嫂嫂（女工也）送信至教务处，请假一天。

喝了两杯老米酒，闭目静坐，对过去生涯作一次总回顾。这次回顾，所见与往年略有不同。往年走的都是平路，今年走的路很崎岖。站在崎岖的丘壑中回顾过去的康庄，觉得太过平坦，竟变成了平凡。再过四天，十一月廿一日，是我们逃难周年纪念日。过去一年中，艰苦，焦灼，紧张，危险，已经备尝。在他方面，侥幸，脱险，新鲜，快意的滋味也尝过不少。所谓"山穷水尽疑无路，柳暗花明又一村"，用以比方我这一年间的生活，很是恰当。过去的生活，犹如一片大平原，长路漫漫，绝少变化，最多不过转几个弯，跳几道沟，或是渡几乘桥梁而已。而这一年间的崎岖之路，增加我不少的经验，给我不少的锻炼。然而我决不是赞美崎岖之路而不乐康庄大道。谁不愿在康庄大道上缓步徐行呢？但走崎岖之路也有它的辛劳的报酬，并非全然不辛，尤不必视为畏途而叫苦连天。这一点精神，是我四十一岁生辰的退省中可以自勉的一事。至少希望我的孩子们将来能接受我这笔遗产。

说起孩子们，想起还未满月的新枚。十年不育，流亡中忽添了这一个婴孩，打破了十年来家庭的岑寂，改动了十年来固定不易的家庭章法，又可说是"柳暗花明又一村"的一个著例。

1938 年 11 月 19 日

今日简师作文。为了下星期要出壁报，稿子难得，今天在作文班中出了七八个题目，令诸生任择一题写作。有可观者，即取作壁报材料，省得另外审阅来稿。这也是教师偷懒的一个好法子。

午饭后召集各班宣传股学术干事，会议壁报事。我发见了广西青年的一种强硬相，我主张漫画不另立一栏，而分散在时事、评论、报告、文艺等栏中。因为一切漫画犹文章，不过表现工具不同（文章用语言，漫画用形象），应与文章同样分栏。二者，文画像错杂，报纸形式好看（有变化）。画集中一处，则报之一部分变成画报，且疏密不匀，形式不好看。有二学生再三反对，必欲使文画分居。但所持理由皆不健全，盖常识缺乏而主观强硬之表现也。姑听之。将来他们向我征文时，我即拒绝，原因是为了我的文中有画，不合你们的体例。同他们开个玩笑，使他们自悟头脑的简单。

1938 年 11 月 21 日

前晚学校中发生了不幸的事：高师一个学生病死了。近来学生患病者甚多。而学校没有校医，听病者自生自死。这不幸可说是应得的。

我今天第一课是高师美术。开讲之前，首先提及这件不幸之事，想表示一点抱歉、惋惜、勉励的意思。刚说了"最近我们很不幸，损失了一位同学"一句话，发见座中有人窃笑的，深以为怪！想要当场指斥他，又觉得太察察，结果恐反不好；但以目示意，严厉地讲了一番"生死事大"的话。预备将来再惩戒。第二课简师图画，我照例先讲这番话。座中又有人窃笑。我不复能耐，正想指斥，门口有人报告"敌机来了！"全堂学生鸟兽散。我也跟他们跑到了野外。我走到离校约数十步的树荫下，与一木匠南京人共座闲谈，即闻东方有轰炸之声，继续三四次。不知何处正在遭殃！？约半小时，轰炸声与机声俱杳,乃返校。上课时间还有十分钟。但教室中空空如也。盖学生正从四野陆续返校,尚未毕至也。但见有一学生先返,正在门口质问事务主任:"警报电话线何日装好?"事务主任正在搪塞应付。我想直到敌机来炸毁了校舍,扫杀了学生,警报线还没有装好呢。

1938 年 11 月 26 日

彬然早车赴桂林晤愈之。我不去,因汽车太挤,而我牙病未愈。但告彬然,多带些消息来。

今天简师国文,选读《孟子》。讲义是我自己抄的。因为校中只有老少两书记,而老者在病,少者甚忙。还是自抄,免得索债似的向人要讲义,且有"没得"的危险。简师学生国文程度太坏,作文竟有远不如我家十一岁之元草[1]者。今选《孟子》令学生熟读,试看有无效果。我预定选二章:见牛及许子。《孟子》中此二章最长,且亦可见《孟子》的一斑。一年毕业的学生,只能读此二章,无暇窥全豹也。今天讲"见牛"章上半,讲到"善推其所为","举斯心加之彼"处,很是感动;现代社会一切乱子,都由人不能"推其所为",不能"举斯心加之彼"而来。治人者不知从内治本,而从外统制,故乱子愈出愈多,而治终不可得。我把此理详为学生讲说。他们默默地听,不知有否感动。

此理可为我的艺术科教授法的佐证。我教艺术科,主张不求直接效果,而注重间接效果。不求学生能作直接有用之画,但求涵养其爱美之心。能用作画一般的心来处理生活,对付人世,则生活美化,人世和平。此为艺术的最大效用。学艺术科也要"举斯心加之彼",也

---

[1] 即作者之次子。

要"善推其所为"。故虽在非常时期，图画科也不必专重抗战画。今之所为艺术教师，解此旨者，有几人欤？

1938年11月27日

昨夜得郑晓沧[1]兄电报，云"浙大欲聘王星贤兄为英文讲师，元旦开学，当为劝驾"。今晨王来，劝驾即成。盖浙大原有此意，最近由我教唆，早已得王同意也。我夏间荐王于桂师，今又教唆浙大聘王，何太好事？实有用意：王久从马湛翁[2]生游，犹孔门游夏之徒。我荐王于桂师，因湛翁居桂林也；我教唆浙大聘王，因湛翁居浙大也。王实难得之友人，我极盼与之共晨夕。但为更大的意志——使湛翁师生相得益彰——不惜主动地送别他。相别当在一个月之内。此后校中惟彬然一旧友，余皆新相知也。古语云：乐莫乐于新相知。但又云：衣不如新，人不如故。吾于友人实无分新旧，但觉送别总不如相见之高兴。"山中相送罢，日暮掩柴扉。"读读也够岑寂了，何况实行！但吾闻艺术的感人，强于现实。读书如此岑寂，实行恐亦不过尔尔。

1938年12月1日

晨间到校，惊悉昨日桂林惨遭轰炸：……死伤约二百余人。诸熟悉友人所居，闻均未殃及，彬然、星贤正驰出慰问。吾八点钟有讲演，题为《漫画宣传艺术》。吾本有愤懑向学生发泄，今已不可复遏，上台即严责一顿："昨日下午吾在简师教室，将自作宣传画幅悬壁上，

---

1 即作者之友，当时在宜山浙江大学任教务长。

2 即马一浮，湛翁为其号。

以示壁报漫画组,忽闻哄堂大笑。时吾与王星贤先生同在教室,皆甚惊奇,一时不知笑之来由。事后王先生告我,彼当日换一新衣,以为诸生睹彼之新衣而笑也。我则回首细检壁报上画幅,以为恐有一幅倒悬,以致惹起此哄堂大笑也。但找求原因,了不可得。我问学生:'笑什么?'有人答曰:'没得头。'原来四幅中,有一幅描写敌机轰炸之惨状者,画一母亲背负一婴儿逃向防空洞,婴儿头已被弹片切去,飞向天空,而母亲尚未之知,负着无头婴儿向防空洞狂奔。原来引起哄堂大笑者,即此无头之婴儿也。诸生此举远出吾意料之外!此画所写,根据广州事实,乃现在吾同胞间确有惨状,触目惊心,莫甚于此。诸生不感动则已,哪里笑得出?更何来哄堂大笑?我想诸生之心肠必非木石,所以能哄堂大笑者,大约战祸犹未切身,不到眼前不能想象。报志所报告,我所描写,在诸生还以为是《水浒传》、《封神榜》、《火烧红莲寺》所说,白光一道,人头落地,光景新鲜,正好欣赏,所以哄堂大笑,而无同情之感。我们的敌人颇能体谅你们这脾气,为要引起广西全民抗战,昨天已到桂林来演给你们看了:昨天下午,你们那组人正在对着无头婴儿哄堂大笑的时候,七十里外的桂林城中,正在实演这种惨剧,也许比我所画的更惨。四五里宽广的小城市中,挤着十八万住民。向这人烟稠密的城中投下无数炸弹和烧夷弹!城中的惨状请你们去想象,现在你们还能哄堂大笑吗?……今天要我来讲漫画宣传技法。但我觉得对你们这种人,画的技法还讲不到。第一先要矫正人的态度。一切宣传,不诚意不能动人。自己对抗战尚无切身之感,如何能使别人感动?……"

1938 年 12 月 3 日

下午收集学生漫画,得四十幅,单纯明快,颇可用。将四十幅分为四份,交学生明日赴乡间张贴。中午会议,教师分班率领学生下乡。

星期一、二赴山口（十余里），三、四赴苏桥（廿余里），五、六即在两江。我与李雨三被派在两江，免得走路，且在星期五、六，明日起当有五天闲暇。

下午四时正欲返家，校中得教育厅长秘函，谓蒋委员长明日来两江谒李宗仁之老太太，道经桂师，或入参观，嘱校方预为整理。并谓秘密勿宣，对学生但言厅长来视察可也。校长因公赴桂林。代理者即集各教师会商，将厨房、厕所、教室、寝室分别整洁。立刻召集学生派任工作，动手扫除。瞬息之间，大广场中砖砾一空，楚楚可观。广西学生喜于服从，能埋头工作，甚是可嘉。

1938年12月4日

上午闻邻人李雨三话声，推想其方从校归，拟去探问消息，而界门闩闭。从门隙中窥之，见李正在廊下劈柴，其夫人正在洗衣，二人相对工作，一面打京片子[1]谈话。此一对夫妇甚可爱，一口道地官话，不似广西南方官话之扭捏，也不似吾江南蓝青官话之柔腻，且二人皆擅长京戏，每晚饭后，引吭高歌，生旦一齐出场。我从隔壁听戏，几疑身在西湖歌舞之场。此家庭夫妇二人外尚有二孩，一家四口，不雇佣仆。自作自食，自得其乐。平日日间，李赴校教课，夫人在家操作。傍晚归家，共办晚饭，饱餐一顿，便专心唱戏。此犹高歌"日出而作，日入而息"之人也。今日我从门隙中窥见此景，更觉可爱，即回室取纸和笔，为之写生。夫妇二人并不知道，照旧工作。此为最好之写生题材。倘令知之，彼等必局促不安，或加以做作，态度不自然矣。

---

1 方言，为旧时对北京话的称呼。

写生毕，视原稿颇能成幅，即取宣纸为之放大，敷以彩色，题陶诗"衣食当须记，力耕不吾欺"两句，持往相赠。近索画者甚众，积纸盈筐，每苦无力应嘱，李君并不索吾画，更不送纸来，而吾自动相赠。故画不可索，须作者自赠方佳。
　　……

1938 年 12 月 15 日

　　今日下午，学生发起开会，为星贤送别。演词之后，有茶点，诸人轮唱京剧为余兴，一大盛会也。星贤临别赠言，饶有意味。大约谓救国先须救己，彼此行实为从马先生修学，以救自己。诸生倘亦以此自勉，则天涯犹比邻也。予亦拟致辞，但学生相邀不甚力。大约因时间不早，恐茶点会与晚餐相遇，故急欲散会也。茶点席上，校长强予作补白，乃讲短话一篇："你们用茶点送先生，我前天作画送先生。画一人正在行路，回视路旁土中有果实嫩芽正在萌动，面有喜色。为什么作此画送别王先生？你们有所不知：原来王先生的老先生——马先生——欢喜吃果子，他家里统统是好的果子。王先生常常去吃。有时老先生送他吃，有时王先生偷来吃。他到两江来的时候，带了许多果子来。他曾把其中一个果子的核抛在这公路旁，就是我们这学校里。将来冬尽春来，一切种子普雨悉皆萌，这种子也萌芽起来。于是王先生再经过我们这地方，眼看见它已发芽，心里很是欢喜。我的画所指的正是这状态。你们用茶点送别王先生，我也得吃茶点。我用这画送别王先生，应把画给你们看。但这画已收藏在王先生的行李中，不便拿出来，只好讲给你们听听。这就算补白了。"五时半散会，同事复为王先生饯饮，我不参加。返家已将上灯。

1938年12月22日

上海一班无聊小文人,在报上攻击我。起因是我寄表侄一帆[1]信中有句云:"此次流离来桂林,虽道途劳顿,但一路饱览名山大川,可谓因祸得福。"一帆以此信交《文汇报》发表,次日即有某报攻击我与叶圣陶。因叶圣陶有诗句云:"全家来看蜀中山",亦曾在此报发表也。此事上月章雪村[2]先生最早来信相告。但言之甚略。今日得《文汇报》高季琳君来信,附辩护文二篇。我读该二文,始知其半。但攻击之文,终未见及,不知说些什么。据该二文推测,其言一定是咬文嚼字,吹毛求疵,无聊之极,大约另有用意。或者,孤岛人满,生活困难;欲骗稿费,苦无材料,就拿我作本钱。如此则甚可怜。我惠而不费,做个善举也罢。不然,则甚可悲观:吾国有此种无赖青年,如何抗战?

1938年12月29日

伤风,牙火升,请杨大夫诊治,吃药。伤风起于学校成立纪念会上,已六天矣。

近每晨弄褓襁,为之喂乳,换尿布,唱歌,已成习惯。十五年前之"子烦恼"生活,今日重温,并不生疏。非不生疏,一种亲子之爱助它一温即熟也。

下午丙潮自桂林步行来此,云昨日桂林被空袭,崇德书店被毁,幸章桂、杨子才等勇敢抢救,损失尚不大。但三人生活自今即成问题。此店于九月一日创设,我为垫本,设计,开明诸友亦帮不少忙。至今

---

1 即作者姑母之孙徐一帆。
2 即章锡琛,上海开明书店负责人。

四个月，营业数为二千数百元，并不算坏，至少，四人生活可以维持。我原为救济四人而作，可算能达目的。但今后又成问题。商量结果，决计结束。闻章桂、杨子才考别机关已被录取，则丙潮夫妇容再设法，人的问题可以解决。余款二百余元，除还客账外当归同人，彼等每人按月十元之薪均未支足也。我之垫本，则作为资助，不求收回矣。

1939 年 1 月 31 日

得鲍慧和[1]自上海来信，言嘉兴失陷后其家属在失地中辗转迁徙，不胜其苦。曾在沪禾间贩货，一图衣食，反耗百余金。曾与黄涵秋[2]共应某广告画社招请，几被骗。该社乃骗子所设也。末言"今将重返嘉兴失地中，赋闲，每日'看太阳出看太阳没而已'。"最后一语幽默而沉痛。

1939 年 2 月 6 日

天晴。上午步行到校，风和日暖，绝不觉道路之远。惟有一事，甚不自然：校中近设门警，每日立大门口，专向进出之教职员行敬礼。然教职员仅十数人，且半住校内，难得进出。进出者仅数人耳。故此校警之职甚闲。吾每到校，离校半里之遥，即见校警徜徉门口，百无聊赖之状。见吾将至，预先准备，如临大敌。吾行将近校门，则校警早已肃立门内，跃跃欲试。迨吾入内，则彼用尽平生之力，向吾行举手礼。一若其半日之职务，尽在此一举者。吾自遥见校警，至此始透一口大气。猜想彼亦如此。在此一片大自然中，吾与校警共演此剧，

---

1 即作者寓居嘉兴时所收的学画弟子。
2 即作者在日本时结识的好友，后成为口琴家。

甚是可笑。因此吾每到校，常以此事之不自然为苦。因此入校之后，非万不得已不敢进出。前彬然曾提议废除此举，校长以为不可。

1939 年 2 月 19 日

今日为廿八年古历元旦。上午作画八幅，题皆用古人句：严霜烈日皆经过，次第春风到草庐。而各幅形式不同。自留一幅，悬对座，余者以赠桂师同事之索画者。同事中多颠沛流离而来者，得此画可资振作。

1939 年 2 月 23 日

午丙潮家邀吃年酒。彬然、祖璋同席。五千里外之荒村中，有此一桌浙江菜与浙江人，殊属难得。

夏丏尊先生来信，言弘一法师已闭关，信由彼转。又言李荣祥[1]居士有出尘之思，前日忽失踪。又言彼一月起已辞开明职，并函圣陶早为其女满子完姻，以了大事，行将赋归去来。上海陶亢德[2]寄来《众生月刊》数册，代为拉稿。翻阅之，见中有夏先生作《怀晚晴老人[3]》一文，述抗战后老人言行之镇静。满子虽未完姻，已随夫入川，受舅姑保护，无异嫁了。今复以此为念，足见夏先生处世审慎，步骤稳健，故若是其多虑也。吾有子女七人，均未成立。但以一双空手，糊口四方。而漠然泰然，自得其乐。在夏先生视之，真铤而走险者也。设使夏先生与吾易地，则夏先生必积忧成疾，而将羽化登仙矣。

---

1 即作者之友李圆净。
2 即作者之友，《宇宙风》杂志编辑者之一。
3 即弘一法师。

1939 年 2 月 24 日

月珠内姐自上海来信，殷勤为问，并寄其新生之孙之照片。信末有云："昨天看见无锡报载子恺兄在乱山丛林之中步行万里，到达长沙。一掬长须，剃个干净。不知确实否？"阅信，全家大笑。抗战以来，江浙报纸屡载我之行止，而大都荒唐可笑。前浙江某报，曾标题曰"丰子恺割须抗战"。又有一报，云记者亲在开化见我"长须已去"。（实则我并未到过开化。）上海某小报则曰"一根不留"。今无锡报又言"剃个干净"。当此国家危急存亡之秋，我之胡须承蒙国人如此关念，实出意料之外。近日新枚在吾怀中，常以小手弄须，时或拔去数根，今后当勿许再弄。此乃报纸之题材，国人所瞩目，小儿岂可乱弄乱拔？日内拟请联华摄一影，以白巾衬须，使之特别明显。多印几张，寄与各地索稿之报志，请其制版刊布，以明前此各报之传讹，并以答其关念之诚。

1939 年 2 月 28 日

今日为吾在桂林师范任课之最后一天。上午赴校，先入松林中对吾之野外厕所作最后之会晤。此野外厕所在离校约二三百步公路旁。松树矮而密，身入其中，如入帐幕。林之深处，有一最矮之小松，干上多折枝，如衣钩，树旁有一小洼，内生丰草丛棘。此即吾之厕所。吾发见此厕所已久。每晨赴校，行至此处，必一造访。先将围巾帽子挂衣钩上，然后如厕。粪落丰草丛棘中，但闻其声，不见其形，有似抽水马桶然。今日最后一次造访，不忍遽去。

下午高中国文最后一课，特编讲义，题曰"国文解话"，述诗词趣事。吾为此讲，有两种意义：一则高尚之古代诗词趣话，足以引起研究兴味，对于艰苦质朴之广西青年尤有调剂感情之效。二则自 Daudet 作最后一课后，最后一课便带不祥之气。今吾国正在积极抗战，最后胜利可操左券。故吾之最后一课必多欢笑，方可解除不祥也。

下午三时学校为吾开欢送会，继以茶点会，继以宴会。此乃老套。王星贤开其始，莫一庸继其后，我今为第三次。会中又请我训辞一次。照前二人例，此辞体裁先述去因，次述训话。吾亦照例；但措辞甚苦。盖王星贤为追随马先生而去，莫一庸为"服从命令"而去，我则既不为追随何人，亦非为服从命令，实无堂皇之理由可言。王星贤以"救国先救己"为训话，莫一庸以"小处着手"为训话，均简明易晓，而切对时下青年之症结；我则再三思维，终不得简明而对症之训话可以遗赠此一群广西青年。不得已，姑妄谈之。其辞略谓："吾之去有三因：一者吾拟利用此流离，以从事游历。在我多历地方，可以增长见闻，在诸君多得师傅，亦可以集众广益。此利己利人之事也。二者吾乡失陷，吾浙已非完土，吾心常有隐痛。浙江大学乃吾之乡学，对吾有诸君不能想象之诱惑力。此乃吾去此就彼之主观方面之原因。三者，吾在此虽蒙学校当局优遇，学生诸君爱戴，然吾于美术不能教实技，贻误诸君前程。不早告辞，罪将愈重，故不可不去也。至于训话，平日课内所言皆是，今日实难特标一语。欲勉为临别赠言，亦只得概括平日课内所述，作一结论。总之，艺术不是孤独的，必须与人生相关联。美不是形式的，必须与真善相鼎立。至于求学之法，吾以为须眼明手快，方可有广大真实之成就。眼明者，用明净之眼光，从人生根本着眼之谓也。手快者，用敏捷之手腕，对各学科作切实之钻研之谓也。故眼明乃革命精神之母，手快乃真才实学之源。诸君若能以此法求学，则吾此去，于心甚慰。吾十年不教课矣。抗战后，始在此再执教鞭。西人有言曰：'Life begins at forty。'我正值四十之初，在此执教，可说是吾之真正生活之开始。故此校犹如吾之母校。今后远游他方，念及此校，当有老家之感。甚望诸君及时努力，将来各有广大真实之成就也。记得吾与诸君初相见时，久雨方晴，青天白日，特别丰富。今吾与诸君相别,又值天雨方晴,阳光满堂。此足证诸君前途之光明,祈各勉励。"

宴毕已六时。唐校长送我返家,校工文嵩携灯引路。此情此景,今后永不能忘。

1939 年 3 月 12 日

吾家将徙宜山,此消息已遍传全村。盖自二月底起即准备启行,但舟车难得,迁延再三,行色已见半月余,故村中远近皆知也。昨日某邻人不知因何误会,到学校放一谣言,曰吾家明日离去。彬然父子及祖璋以为真,午后特来送别。实则桂林三十一集团军为吾谋车尚无回音,此间雇船亦暂从缓,何日可走,尚不得而知也。座谈片时,送三人到圩,正值市日,见有卖铁树者,每株一角。吾即买一株。将手植于租屋之空地中,以留纪念。他日抗战胜利,吾率眷返杭州,道经桂林,必来此一访旧居,此树当欣然待我之来访也。路遇数相识者,皆不解此意,讶我正欲远徙而反买树。我之所为,彼所谓"无益之事"也。古人云:"不为无益之事,何以遣有涯之生。"

1939 年 3 月 16 日

欲行不行,今日已不知是第几次。半月以来,天天准备走,而天天不走。初则懊恼,继以忍耐,今则成为习惯,无所动心。似觉走也好,不走也好;家不异船,船不异家;两江犹宜山也,宜山犹两江也。不但吾个人为然,儿女亦皆如此。友人谓吾等皆有修养功夫。戏答之曰:"吾曾读数行佛经,诸儿近读一篇养生主,故克有此功夫。在广西,非有此修养不可。"

1939 年 3 月 21 日

天又雨,船不至。焦灼之极,反变安定。前日因候舟不至,为免焦急,即利用时间，重作《漫画阿Q正传》，已成三分之一。今日焦急之极，又变安定，遂续作该画。驾轻就熟，一朝而获十幅。此画共计五十四幅。若船迟迟不至，则画或可在此完成，然后启程。

此画今日已是第三次重作。第一次作于廿六年春，时闲居杭州田家园，茶余酒后，取《阿Q正传》逐一描现，悬之床头，以为友朋谈笑之助。时张生逸心[1]同居杭州，出资自印吾所作西湖十二景将成，即要求再印《漫画阿Q正传》。许之，夏间锌版五十四块已成，付上海南市城隍庙附近某印刷厂印行。正在印刷中，"八一三"事起，南市成为火海，此阿Q漫画之锌版及原稿皆成灰烬。不久我即离乡逃难，辗转流离。途中常念及此稿，自念此身若再得安居，誓必重作此画，以竟吾志。廿七年春抵汉口，钱君匋[2]预知此事，从广州来信，为《文丛》索此稿。吾许为重作，在《文丛》连载。即先寄二幅。续寄六幅。二幅后果刊出，六幅寄出后，正值广州大轰炸，君匋逃避九龙，旋即返沪，邮件遂杳无着落。不久吾离汉，赴桂林，任桂林师范课。而《文丛》复刊，李采臣来函请续作；钱君匋则在沪办《文艺新潮》，屡以航快及电报索此稿。吾对两方皆不允，因一则第三次重画，少有勇气，二则身任师范教师，无复有描写阿Q之余暇与余兴；三则两志并要此稿，使吾左右为难，索性两皆不允，并非奇货可居，实为避免纠纷。君匋函电纷繁，并在志上预告，复将《文丛》曾载之二幅再制锌版，刊于《文艺新潮》之上。吾知其不得已也，但吾之不应嘱，亦非得已。遂另作他二幅寄赠之，并许以后再寄他画。至于阿Q漫画则决不刊载任何杂志。此亦可以对君匋矣。今者，桂师已辞，浙大未就，无职身轻，

---

1 即作者在石门缘缘堂时期私授弟子。后改名张心逸。
2 即作者在上海专科师范时的学生。后为金石书画家。

画兴又作。一朝而获十,则预计五六天即可完成。倘舟车再迟五六天不至,则吾可在此完成此业,径寄上海开明印单行本,然后动身赴宜山。此亦意外之收获也。

下午唐现之君来,赠羊毛笔一支,桃源石一方。石印请其转请林半觉君镌"缘缘堂主"四字,有便送宜山。半觉有金刚钻,能刻桃源石,并许为再刻,故托之。唐君以谦怀求教校事,吾愧无以贡献。但劝其留意物色音乐教师,多买风琴,造成注重音乐之校风,则其所抱"艺术办学,礼乐治校"之宗旨,庶几可以达到。盖化民成俗,莫善于音乐。不必求证于古,即吾所亲历,亦有二著例:一者,幼时求学于浙江第一师范,李叔同先生教音乐甚严。全校置备大洋琴二,小风琴数十。吾辈午饭后十二时一刻,或夜饭后六时一刻,常为教习弹琴之时间。吾至今吃饭快速,不消十分钟,盖于此时养成习惯。浙一师后虽迁,然曾受李先生教化之毕业生中,不乏志士仁人或社会之有力分子。吾确信其为音乐艺术之效果。二者,去岁马一浮先生居开化,第八路军暂时驻其村,与马先生为邻,闻马先生言,八路军纪律更好于五路军,五路军驻在时,军官曾来叮嘱,请将火腿等食物收藏内室,以免不良兵士见可欲而行非礼。八路军到则不须军官镇压,天然秋毫无犯。惟勤于唱歌。每日除操练外,尽是唱歌时间。盖唱歌可以统御感情,调剂生活力之过剩。兵士之心身皆得适度之发泄而调和圆满,自无作恶为非之余暇矣。然此犹音乐之小用耳。吾以此二例告唐君,劝其注重音乐。此外则愧无善言可以奉赠。唐君虚怀乐受,必不河海斯言。吾将拭目以待桂林师范之礼乐化也。

1939 年 3 月 22 日

上午又作《阿Q正传》漫画十幅。下午一时义宁船二艘开到。苏元章君陪我同华瞻到江边看船,约三点钟放过浮桥,先将一部行李装船。吾谢苏君,偕华瞻急急返家,以为将尽半日之长以治行装也。途遇元草呼号而至。问其所以,则曰:"傅、贾二先生来我家,说舒群在桂林打电话来,谓浙大有电报来,云日内派校车来迎。故请勿雇船。"吾闻讯,不敢遽信。吾煞费辛苦,始得此舟。得舟才数十分钟,又将舍去。天公太恶作剧。世间似无此事。故未敢遽信也。及返家,见傅、贾二兄,始知其详。不久唐现之君派人持纸条来,亦言接舒群电如此。吾不悉此电浙大何人所发?何以由舒群打电话?不敢确信,即托傅、贾转嘱苏元章君吩咐舟人,说我有事明日不能成行,行李暂缓装船。且待车至,然后谢舟,津贴定钱若干可也。

欲行不行。感情蓦地紧张,蓦地宽弛,略觉异常。吾闻听善养生者,心意泰然,不为外物所动。君子祸至不惧,福至不喜。而况区区舟车之事,岂足以动吾心哉?是夜续作《阿Q正传》漫画如故。

1939 年 3 月 27 日

昨夜陆联棠君言友人今晨赴柳州,吾托其从柳拍一电报到宜山浙大催车。

上午同张梓生访胡愈之。遇之于生活书店栈房中。愈之所欲与吾谈者,乃一大计划:彼拟广约朋友,编制抗战宣传文画一大套,令全国五百家以上乡村各置一份,名曰:"抗战建国室"。此种文画之读者为民众。故必须极端大众化,且多用图画。图画方面,彼意约我相助。我甚佩其计划,允为襄助。吾意大众阅读之图画,以"肖似"为原则。构图宜"明快",用笔宜"工整"。君必欲吾相助者,吾当改革画风,或借用他人之手,以表自己之心。愈之以为然。其第一步须接洽主办机关。此全国之事,非有雄厚基金不办。则私人团体恐难胜任,宜请政府担任。若果实行,此事业比教书更有意义,虽执鞭之士,吾亦为之。愈之赠吾福建茶二罐。忆昔缘缘堂初成时,有闽僧赠我此茶。今复得此，使我回忆往昔。

午访吴敬生，谢其汽车。即在其家午饭。席上有蚕豆，吾今年第一次吃。两江未见，桂林闻已上市半月矣。下午同吴访詹允明君。取回星贤兄所抄湛翁诗文十册。此抄本詹极保重，未尝须臾离身。曾欲择一可继续三四天之雨天，挂号付邮还星贤兄，而终未择得。（雨继续三四天，则自付邮至送到，可免轰炸。）今得吾便，喜不自胜。然吾今后多一担负。幸携有布袋。纳之袋中，挂手腕上，须臾不离。

于愈之处见一月份牌，乃上海所流行，设计颇佳。该月份牌中画麻雀一桌。王宠惠，张伯伦，板垣，及达拉第四人共叉。王背后站蒋介石、林森二人。张背后站罗斯福。板垣背后站莫索里尼、希特勒。达拉第背后有史太林[1]。窗外复有多人张望，吾不知其名。桌上麻雀，王宠惠已和倒，清筒子，九听教。板垣南风一对与张伯伦对杀；白板一对，与达拉第对杀。各人视线集中于王宠惠之清筒子。此画借中国社会中坚分子所萦心醉魄之麻雀而说明国际形势，设想可谓巧妙。上海租界中只知麻雀而不知世事之女太太们，亦得因此而知国际形势。此画之宣传力可谓广矣。

下午电两江傅彬然，请其明晨来桂林，共商《中学生》复刊事。盖此次若不复兴，后恐不再有机会，直须到太平后复刊。昔曾子居师宾之位，尚有人讥其寇至先去，寇退则返。况《中学生》一册杂志，岂可于患难中逃之夭夭，而乱平后再来做生意哉？

1939 年 3 月 28 日

晨蔡定远来访，共吃早点。上午买零星物件。午彬然至。愈之约

---

1 即斯大林。

赴"大华"吃西菜,张志让君同座。

晚章雪山兄宴客于美丽川菜馆。彬然被推戴为《中学生》主编。列圣陶为社长,联棠为发行人。吾亦列名为编辑委员。固辞不得。一年半以来,青年学生以此相询者甚多,吾每答以"不久终当复刊",故今日竭力玉成之,使吾对询者可以践言耳。编辑之事,只能挂名,稿则自当随时写投也。

晚开明开来宾旅馆,馆彬然与吾二人。窗临西湖,奇峰罗列窗前,形似犬齿。所谓桂林山水甲天下者,其此之谓欤。

此旅馆乃新开张者,其茶房广西本地人,且似是新执此业者。其人忠实可笑,上午吾入室,见门口悬二牌,上书"傅彬然"及"丰子恺"。吾指第一牌,谓茶房,应加"先生"二字,不应直书姓名。茶房惟之,即去改写。晚归室,见其一已改为"傅先生",其二仍是"丰子恺"。此人不能"举一反二",只能"话一是么"。忠实至于此极,真意想不到。

将就睡,有客叩户。迎而视之,面貌依稀仿佛,而不能忆其姓名。及其自言。始知为沈平波,二十年前吾任教春晖中学,每半月赴宁波七塔寺育德小学教课一次。沈君即育德之音乐教师。当日曾与吾共晨夕。一翩翩少年也。今其面貌特点如故,而苍老深黑。犹似瓶花陈设太久,虽仍是此花,而枯缩憔悴,旧貌不可复识矣。彼之视我,当更甚于我之视彼。吾抗战前两鬓已霜,今则霜将成雪,鬓亦渐回黄转白。昨夜在开明,看细字信甚吃力,怪油灯之太黯。雪山以老花眼镜相借。吾取而戴之,顿觉字划清晰。始知非关油灯,实乃视力已衰。今晨已买一百五十度之老花眼镜矣。韩文公年未四十,而发苍苍,而视茫茫。吾今四十有二,视始茫茫。较之韩文公,尚不算早衰也。

1939 年 3 月 30 日

……

《阿Q正传》漫画早已完成。前携赴桂林，请教于张梓生、章雪山两绍兴人。承彼等指示，改正数处。雪山兄善画，亲写一乌篷船相示，远近法颇正确。因忆其子章士钊昔在立达求学，长于图画，盖有家学渊源也。今日再出《阿Q正传》漫画全部校改一遍，写一序冠其首，于是全稿完成矣。

1939 年 3 月 31 日

本想将《阿Q正传》漫画航寄上海开明，托为刊印。前在桂林，闻上海近有日本人搜查书店，并拉捉人。深恐再遭损失，令阿仙用薄纸及铅笔，将逐幅印摹一套，保留副稿。万一此稿有损失，可在铅笔副稿涂墨，再画出版。无论如何，此画册必须刊出。非为画册，乃欲坚持百折不挠之精神，以明炮火之不足畏。

1939 年 4 月 5 日

上午十时，吾正作书与马湛翁先生及章雪村兄，而联棠来，入门高呼"校车来了"。校役同来，以总务长函呈阅，始知上次校车于廿四开到，误闻人言吾已动身，遂即开回宜山。得电报，始再放来。以故迟至今日。真是冤哉枉也。约校役停车四小时，下午二时启行。此四小时内，收拾行物，手忙脚乱。幸有舒群同来相助，唐校长亦亲来帮忙。铺盖四个，皆舒、唐二君代为结束。他日乱平，回忆此事，正是一段佳话。彬然、祖璋、又信、丙潮皆来送行，张新虞君亦到车旁相送。舒群有友人一男一女，皆朝鲜人，欲搭吾车赴修仁参观瑶民生活。故同来两江。联棠复有书九十包，已装车中。吾家行李及十一人一齐上车，而车已挤满。二时开车，遂与两江告别。家具均不得带走。此等家具共值不过大洋五十元，乃去夏初到桂林时所置。当时准备抛弃，故极度简陋。今日果然。计竹榻三个，竹桌四个，竹凳七八个。一部分送房东，另一部分托彬然分送友人。吾与彼等相处半年矣。今日临别，不胜依依。非为区区之财，实为彼等本身。情与无情，元共一体也。

下午五时抵阳朔。浙大办事处陈君出来招待，并为看定旅馆。久仰“阳朔山水甲桂林”。今于夕阳中相见，果然玲珑。县城四周，犬齿山环列，山间有树，有屋有亭，参差罗列。提神于太虚而俯瞩之，宛如上海城隍庙所售假山盆景。所谓“甲天下”者，其在是乎？散步城内，见丧家甚多。门前各悬白布，止书“当大事”三字。此亦一特点。途遇梁寒松君，此人暑中曾在桂林艺术训练班听吾讲，近执教于该地国民中学者。承其指示介绍，得一饭馆，全家于此晚饭。力民入汽车检点行李，发见有三箱二包一篮未曾上车。乃挑妇误走别路，找不到汽车；而吾等人众物多，匆匆未及检点之故。然挑妇皆四嫂（房东）之本家，决不吃没[1]。即走饭店隔壁长途电话局，打一电话与联棠，托其转电彬然，代为查询，择便送宜山。此次旅行，准备欠有规律。以致遗落行李。下次行李必须编号，上下舟车，必须检点。

1939 年 4 月 6 日

上午八时开车离阳朔。九时许到修仁，舒群及二朝鲜人下车。十时许车忽抛锚。司机修理约半小时，宣告绝望。准备下午搭车赴柳，明日另开校车来拖。于是只得下车。幸公路旁有小村，名曰三江街，有小客栈，遂借宿其楼上，伙食须自备。其厨房甚宽广。于是买米买菜，自炊自食。附近有蚕豆，甚新鲜。栈主有酒，味亦可。其人亦和

1　方言，意即吞没。

蔼。与之闲谈。因知此街地近瑶民区，瑶民来贸易者甚多。明日为市，可以一看。查箧中日历，知今日是阴历二月十七日，正清明也。回忆承平之年，此日此时，正当插柳栽花，踏青扫墓。不意今日流离，至于此极！真可谓"路上行人欲断魂"也。

夜有兵一队，来宿吾房门外地上。纪律尚好。黄昏闻兵士中有细语声。从板缝中窥之，见群兵围一洋烛，正在赌纸牌。语声甚细，动作甚谨，似偷儿然。吾不觉失笑。即此亦可见广西纪律尚佳。

1939 年 4 月 7 日

下午三时另一校车自柳州来，吾等即改乘此车，拖病车而行。至榴江，放下病车，独放柳州。抵柳已晚九时。浙大办事处在乐群社，其执事陆君出迎，即托其在乐群社开三房间，携老幼入憩。以电话通知柳州开明。十时曾宗岱偕章桂来。共赴市中晚餐。宗岱客气，为付钞四元余。吾带来开明货八包，即交其带去。

黄昏遥望柳州城市，想见其相当繁盛。明日颇思逗留一天以资游览，但携老幼十人，生怕警报，不如早发。韩文公柳侯庙碑首两句曰："荔子丹兮蕉黄，杂肴兮进侯之堂。"想见南国风光，必有可观者。今吾于深夜默默经过，曾不一瞻柳侯之庙貌，诚憾事也。

1939 年 4 月 8 日

晨八时开车，宗岱、桂荣[1]来送别。一时半抵宜山，甫抵西门口，警察拦阻，云有紧急警报。司机急回车，开出三四公里而后止。吾等下车，于公路旁草地上坐憩。遥望宜山，城虽小而屋宇稠密，正卧山

---

1 即前文提到的章桂。

脚下,静待敌机之来袭,仿佛赤子仰卧地上,静待虎狼之来食者。人间何世,有此景象? 念之怒发冲冠。草地之旁有小流水。妻女乘此机会为新枚洗尿布。待警报解除,而尿布十余块已全干。皆大欢喜,收拾登车。车抵西门口,偕华瞻先入城,约开明金君来助理进屋事。入西门,见一饭店,楼上可坐。吾嘱华瞻折回,要家人来吃饭。吾独赴开明访金君,来此聚会。吾独行将及十字街,忽见群众蜂拥而来,知是警报又作。即随众出北门,渡浮桥,至对河岩石间坐憩。时已五点半,晨在柳吃面一小碗,至此饥肠辘辘。乃连吸纸烟,用以代饭。旁江浙口音之长衫人物,正谈迁校建水之事,定是浙大之人。据云建水地方极好,四时皆春,迁校时取道安南,由镇南关坐火车可以直达。而由此至镇南关之路,校方已有汽车可借,每人路费不消五十元也。吾未见学校当局,而先在此岩石间闻知校讯,亦奇遇也。

六时半解除警报。急赴开明,约金君同到西门外,知星贤兄父子已导引老太太及新枚等入龙岗园租屋中。乃打发挑妇,将行李押送龙岗园,然后偕满哥及诸儿入城求食。不意是日自上午十时至此,警报连发三次。市民皆枵腹,饭店挤拥,绝无座位。于是入开明,托店员代烦。九时始得一饱。店员越钊同王公子钧亮另送饭两客至龙岗园,与老太太及力民。食事始毕。十时返龙岗园。见三室各仅方丈,有二床。十一人居之,殊无办法。幸开明有货堆存,即与诸儿共抬货包,平铺地上,作一大床,十一人始各得其所。开明二楼上三楼,有明窗静室,乃吾所租定。内有大床二,亦吾所购置。但为警报,旷安室而勿居,而十一人拥挤于三方丈中。但不视为屋而视如船,则艨艟巨舰,何窄之有?

1939年4月15日

上午续讲艺术教育,听者骤增,共约百余人,后排无座位,均站立,如看戏然。吾犹演独角戏,颇感周章。下课后闻学生言,其中有许多人逃他课而来听吾讲。此大可不必。但亦无法阻止。不知彼等何为而来?为好奇乎?为艺术乎?为教育乎?抑另有所为乎?

夜与四儿请其先生周君[1]在江南餐室吃西菜。菜殊简陋,聊表敬师之意耳。

1939年4月19日

下午到文庙上艺术欣赏课,教室仅容二三十人,而听者有百余人,皆溢出门外,嗷嗷待坐。急赴注册课,托为设法。因暂用饭厅为讲堂。饭厅者,一大茅棚也。吾入门时,众已历乱就坐,而桌凳东坍西倒,横陈地上,状似初迁家者。幸有黑板,可以将就开讲。因念如此讲艺术欣赏,恐为古今所未有。他日乱平返杭州,回忆今日之情形,乃真可欣赏也。

欣赏二字,似有未妥。名不正则言不顺。故先正名。所谓欣赏,实即对艺术品之看与听之事也。总称此事之语有二:即欣赏与鉴赏。前者有欢乐之意,不宜于悲剧、哀诗。后者注重鉴别,含有批判之意,适于古画、古玩等,而不宜于一般艺术品。今吾所以默认"艺术欣赏"之名目而从事开讲者,即因想不出更妥之第三名,而权用"欣赏"。古人用欣赏二字者,如陶诗"奇文共欣赏"。然欣字不限欢欣之意,亦可当作"满意"、"称心"之意,如"悦"字然。滕文公从孟子学丧礼,定三年之丧,齐疏之服,而五月居庐,未有命戒,恪尽先王之制。故"及至葬,四方来观之,颜色之戚,哭泣之哀,吊者大悦"。此"悦"字若训为欢乐之意,则不近人情,应是"悦服",即"心悦

---

[1] 即浙江大学土木系学生周家骥,当时为作者子女的数学课家庭教师。

诚服"之意。即"满意"、"称心"之意也。今"欣"字亦可训为"欣愿"。故不妨用于一切艺术观照。观悲剧者,出钱买泪也。流泪有快美之感,乃人所欣愿。故悲剧,哀诗,亦可用"欣赏"二字。

1939 年 4 月 24 日

上午陈宝、宁馨、华瞻来上数学课。华瞻年十六,穿吾之广西装,不需改小,已能称身。吾审其姿,惊年华之易逝,叹无常之迅速。吾旧作漫画集中,有一幅题曰《穿了爸爸的衣服》者即以华瞻为模特儿。彼时此子年方三岁,穿吾之洋装背心,其长过膝。扶床学步,其状可笑。吾即取之入画。匆匆十三年后,今日再穿爸爸的衣服,已成平常之事,毫无可笑味;更无入画之资格矣。古人诗云:"去日儿童皆长大,昔年亲友半凋零。"今日诵之,似是吾自己所作。

夜士雄请客。振中及新生书店陈君二人自为厨司,作素菜荤菜均可口。吾饮金橘酒至醉。

下午陈宝、宁馨抱新枚种痘。王星贤夫人抱其幼子同来。彼等在西门外觅省立医院不得,故入城。幸浙大办事处有痘苗,即偕赴办事处种痘。王家小弟弟不哭,新枚则大哭。种后抱到开明门口,哭犹不止。

1939 年 5 月 2 日

浙大师院王院长送来教育部令:附初高中课程时间拟订表,及六年一贯制中学课程时间拟订表,嘱就艺术科审阅,并发表意见。今日整日从事于此。对后者表示一意见:音乐一小时宜改为二小时,始终不减。理由云:"音乐亲和力最大,最善于统制群众感情,团结民族精神。抗战建国之时,尤不可忽。故宜增为始终二小时,且在事实上,较长较深之乐曲,一小时不能教完。若半途停止,过一星期再教,则学生都已忘却，重温颇为费力。一星期二次则易于教成。盖此课与体育相似，必须团体练习，不宜个别自修，故宜照体育例始终二小时也。"……

1939年6月2日

为《中学生》写文一篇，题曰《读爱国诗选》。汪静之君前日送我此书，吾读之，颇有所感。因摘录其中爱国女英雄之故事及诗词，以告青年，鼓励其节气。……

1939年6月5日

闻人言，昨夜敌机四十余架袭南宁，损失如何未悉。拟退租返乡，商诸星贤兄，彼意尚拟流连，吾亦不动。离城返乡，我二人各有不便：在彼，因家居燕山村，离城五六里，每日上课，路途太远。在我则龙岗园仅三方丈，十一人居之，且当夏日，实属难堪。此外，尚有一事使吾等逡巡不忍分离。即吾等同居城中，每晚饭后必漫谈。海阔天空，无所不语。虽是闲话，而交换思想，互述见闻，在我胜读十年书。故虽有夜袭，未肯分手返乡也。谁知傍午警报又作。吾匆匆随众出南门，行数十步，始知并无警报，又随众返城。事后调查，始知出于误传。盖是日为市日，十字街口有某摊，因事收拾，其邻摊误以为警报将至，（宜山警报，每次先通知，后击钟，故未闻钟声，已先知之。）亦起而收拾，而动作急遽。诸摊见之，群起而收拾，路人即误为警报，纷纷逃走。吾亦随之而逃。实则三人成虎，甚为可笑。风声鹤唳，草木皆兵。

1939年6月7日

傍晚收拾行李，离城返乡。乡中三方丈，非有巧妙之布置不可。

为此，今下午课及明晨课请假。周家骥君送来，与之饮酒于竹林下。饮毕，诸儿已于三方丈中布置周妥，十一人皆得鹪鹩巢林之技矣。周君允来此为诸儿授课。幸有竹林，其下可设教桌。天雨则停课。

1939 年 6 月 9 日

下午上课，讲漫画。国人皆以为漫画在中国由吾倡始，实则陈师曾在《太平洋报》所载毛笔略画，题意潇洒，用笔简劲，实为中国漫画之始，第当时无其名，至吾画发表于《文学周报》，始有"漫画"之名也。忆陈作有《落日放船好》《独树老夫家》等，皆佳妙。今为学生详说之。

1939 年 6 月 16 日

夜请王星贤兄及其子钧亮来便酌，目的在补分手后漫谈废止之憾。星兄于六时来，共坐竹林下吃茶漫谈，继之以饮酒漫谈。直至九时始散。今日之漫谈，题材意外奇特：初谈贼，次谈小便，终于谈鬼。所以谈贼者，缘前日吾访王寓，见其壁上揭"每日课儿诗"五绝一首：

凿破青苔地，偷他一片天。

白云生镜里，明月落阶前。

乃杜牧所作，绝妙，堪画，今晨为画一图，面呈星兄，携归补壁，为其诸儿助诗兴。因谈及此"偷天"贼，高于偷花，偷酒，偷书，偷画，又胜于偷闲，可谓贼中之最高尚者。所以谈小便者，因星兄言此诗乃彼髫龄时在私塾中所诵者。为言私塾先生课学之严，因忆某日先生不准学生小便，彼竟遗溺于棉裤中。吾遂忆李笠翁"一家言"中，书房内设竹管通小便之法，于是小便亦成漫谈题材。所以谈鬼者，因星贤兄将长衫脱下，挂树枝上，遥望形极难看。话题遂转向于鬼。一直谈到灯昏月落，毛发悚然，然后散归。门口送别时，吾观钧亮执灯伴父夜归之状，忽忆日本人所书"汉诗"二句：月暗小西湖畔路，夜花深处一灯归。临歧亦为诵之。此句甚佳，不知是中国古诗，抑日本之"汉诗"？惟此二句所写之归人，倘是女人，则尤相称。

1939年6月23日

下午至文庙上课，此是本学期艺术欣赏最后一课。结束讲义外，又以米勒作品数枚相示，而指示其鉴赏之法。因此课名曰"艺术欣赏"，而半年来所讲皆艺术理论。今日以实际鉴赏结束，犹之作文，结束归根于本题也。然吾教授半年，迄未知道学生之艺术素养如何，因起初旁听者众，不便一一探询个性。后来旁听者少，而选科者皆静听而不发问，一直由吾信口讲演。暑假将近，吾亦不复探询听者意见。故吾在浙大，实非授课，全是讲演。今此长期讲演已告结束。三时半离文庙，心情异常轻松。行经城区，在西门内买金橘酒一瓶而归。

1939年6月24日

暑假开始矣。才过一早晨，即觉生活冗长散漫，反不如上课时之有节。此心理恐不独我有，乃人类的弱点。贫者苦不足，富者又苦受累。独身者苦孤单，有家室又苦担负。无子者苦寂寥，有子则又苦作牛马。如平民苦贫贱，做官又苦奔走。不学苦愚陋，学成又苦劳神，而反羡村夫竖子之无知。莎士比亚言"人是瞻前顾后之动物"，吾谓"人是到处寻苦之动物"。吾欲自拔于此恶习，则暑假不必视为乐事。暑假非乐事，则上课亦非苦事。苟能推度此心，则吾之辞典中可无"苦"字。

上午坐竹林下读《礼记》。汪静之君来座谈。前日吾画宜山小景，邮寄汪一幅，今日彼来称谢，吾甚惭。因自同客宜山以来，彼常来访，而吾迄未回谒，因其家居小村中，路途甚难找也。然"礼尚往来"，今来而不往，非礼也。日内必当赴访。

星贤兄今日课毕，返家时过吾寓，手持金橘酒一瓶，约吾晚间赴燕山共饮。小坐即去。晚六时吾赴燕山，相与共饮于茅屋后草地上。肴馔甚丰，复以周明生信作酒。周明生信上劝贤兄学酒并学烟，盛称微醉微醺之法悦境。是诚贿酒之好菜，但既曰微醉，则不可浮大白也。黄昏持电筒归。途中树林下有男女二人高声唱歌，其声淫溺。郑卫之音，大约类此。

桂林初面[1]

汽车驶过了黄沙，山水渐渐美丽起来。有的地方一泓碧水，几树灌木，背后衬着青灰色的远山，令人错认为杭州。只是不见垂柳。行近桂林，山形忽然奇特。远望似犬齿，又如盆景中的假山石。我疑心这些山是桂林人用人工砌造起来的。不然，造物者当初一定在这地方闲玩过。他把石头一块块堆积起来，堆成了这奇丽的一圈。后人就在这圈子内建设起桂林城来。

进北门，只见宽广而萧条的市街，和穿灰色布制服的行人。我以为这是市梢，这些是壮丁。谁知直到市中心的中南街，老是宽广萧条的市街和灰色布制服的行人。才知道桂林市街并不繁华，桂林服装一概朴素。穿灰色布制服的，大都是公务人员。后来听人说：这种制服每套不过桂币八元，即法币四元。自省主席以下，桂林公务人员一律穿这种制服。我身上穿的也是灰色衣服，不过是质料较细的中山装。这套中山装是在长沙时由朋友介绍到一所熟识的服装店去定制的。最初老板很客气，拿出一种衣料来，说每套法币四十元，等于桂林制服十套。我不要，说只要十来块钱的。老板的脸孔立刻变色，连我的朋

1　1938年6月30日作于桂林。原载《子恺近作散文集》（鲁益图书馆1941年10月版）。

友都弄得没趣。结果定了现在这一套,计法币九元,等于桂林制服二又四分之一套。然而我穿着并不发现二又四分之一倍的功用,反而感觉惭愧:我一个人消耗了二又四分之一个人的衣服!

舍馆未定,先住旅馆。一问价,极普通单铺房间每天三元,普通客饭每客六角。我最初心中吓了一跳。这么高的生活程度,来日如何过去?后来才知道这是桂币的数目,法币只合半数。即房间每天一元五角,还有八折,即一元二角;客饭则每客三角。初到桂林这一天,为了桂币与法币的折算,我们受了许多麻烦,且闹了不少笑话。因为买物打对折习惯了,后来对于别的数目字也打起对折来。有人问旅馆茶房,这里到良丰多少路?茶房回答说四十里。那人便道:"那么只有二十里了!"有人问一杭州人,到桂林多少时日了。杭州人答说三个月。那人便道:"那么你来了一个半月了!"后来大家故意说笑,看见日历上写着六月廿四,故意说道:"那么照我们算,今天是三月十二,总理逝世纪念!"租定了三间平屋,租金每月五十八元,照我们算就是二十九元。这租价比杭州贵,比上海廉。但是家徒四壁,毫无一件家具,倒是一大问题。我想租用。早来桂林的朋友忠告我,这里没有家具出租,只有买竹器,倒是价廉物美。我就跟他到竹器店。店甚陋,并无家具样子给你看,但见几个工人在那里忙着削竹。一问,床,桌,椅,凳,书架,大菜台……都会做。我们定制了十二人的用具,竹床,竹桌,竹椅,竹凳,应有尽有,共费法币三十余元。在上海,这一笔钱只能买一只沙发,而且不是顶上的。在这里我又替养尊处优的人惭愧。他们一人用的坐具就耗了十二人用的全套家具,他们一人用的全套家具应抵一百二十人的所费。他们对于人类社会的贡献,是否一百二十倍于常人呢?我家未毁时,家具本来粗陋,此种惭愧较少。现在用竹器,也觉得很满足。为了急用,我们分好几处竹器店定制。交涉中,我惊骇于广西民风的朴节。他们为了约期不误,情愿回报生意，不愿欺骗搪塞。三天以后，我们十二人的用具已送到。三间平屋里到处是竹，我们仿佛是"竹器时代"的人了。

我初进旅馆时，凭在楼窗栏上闲眺，看见楼下有一个青年走过，他穿着一件白布短衫，背脊上画一个黑色的大圈。又有一个人走过，也穿着白衣服，背脊上画着许多黑点，好似米派的山水画。"这是什么呢？"我心中很奇怪。问了早来桂林的朋友，才知道这两个是违犯防空禁令的人。桂林空袭，抗战以来共只三五次。以前不曾投弹。最近六月十五日的一次，敌人在城外数里的飞机场旁投下数弹，死七人，伤数人。此后桂林防空甚严，六月廿一日起，每日上午六时至下午五时半，路上行人不准穿白色或红色的衣服。违犯者由警察用墨水笔在其人背上画一圆圈，或乱点一下，据人说有时画一个乌龟。我到桂林这一天是六月廿四，命令才下了三天，市民尚未习惯，我所见的两人，便是违犯了这禁令而被处罚的。在这禽兽逼人的时代，防空与其过宽，孰若过严。但桂林的白衣禁令，真是过严了。因为桂林的空防已经办得很周到，为任何别的都市所不及。他们城外四周是奇形的石山，山下有广大的洞——天然防空壕。桂林当局办得很周密。他们估计各山洞的容量，调查各街巷住民人口数，依照路程远近，指定空袭时某街巷的住民避入某山洞。画了地图，到处张贴，使住民各自认明自己所属的山洞，空袭时可有藏身之地。假使人人遵行的话，敌机来时，桂林的全体市民都安居在山洞中。无论他们丢了几百个重磅炸弹，也只能破坏我们几间旧房子，不得毁伤中国人的一根汗毛。我所住的地方，指定的避难所为老人洞。我来桂林已六天。天气炎热，人事繁忙，敌机不来，还没有游玩山洞的机会。下次敌机来时，我可到老人洞去游玩一下。

狂欢之夜[1]

处处响着爆竹声。我挤向一家卖爆竹的铺子,好容易挤到了铺子门口。我摸出钞票来,预备买两串爆竹。那铺子里的四川老板正在手忙脚乱地关店门,几乎把我推出门外。我连喊"买鞭炮,买鞭炮",把手中的钞票高举送上。老板娘急忙收了钞票,也不点数,就从架上随便取了两包爆竹递给我,他们的门就关上了。我恍然想起:前几天报上登着,美国人预料胜利将至,狂欢之夜,店铺难免损失,所以酒吧、咖啡店等,已在及早防备。我们这四川老板急忙关门,便是要避免这种"欢喜的损失"。那老板娘嘴里咕噜咕噜,表示他们已经为这最后胜利的庆祝会尽过义务了。

挤得倦了,欢呼得声嘶力竭了,我拿着爆竹,转入小弄,带着兴奋,缓步回家。路遇到许多邻人,他们也是欢乐得疲倦了,这才离开这疯狂的群众的。"丰先生,我们来讨酒吃!"后面有几个人向我喊。这都是我们的邻人,他们与我,平日相见时非常客气。我们的交情的深度,距离"讨酒吃"还很远;若在平时,他们向我说这句话,实在唐突。但在这晚上,"唐突"两字已从中国词典里删去,

---

[1] 原载《子恺近作散文集》(鲁益图书馆1941年10月版)。

无所谓唐突，只觉得亲热了。我热诚地招呼他们来吃酒。我回到家里到主母房里搜寻一下，发见两瓶茅台酒。这是贵州的来客带送我的，据说是真茅台酒，不易多得的。我藏久矣，今日不吃，更待何时？我把酒拿到院子里，许多邻人早已坐着笑谈；许多小孩正在燃放爆竹。不知谁买来的一大包蛋糕，就算是酒肴。不待主人劝酒大家自斟自饮。平日不吃酒的人，也豪爽地举杯。一个青年端着一杯酒，去敬坐在篱角里小凳上吃烟的老姜。这本地产的男工，素来难得开口，脸上从无笑容。这晚上他照旧默默地坐在篱角里的小凳上吃他的烟，"胜利"这件事在他似乎不知不觉。那个青年，不知是谁，我竟记不起了，他大约是闹得不够味，或者是怪那工人不参加狂欢，也许是敬慕他的宠辱不惊的修养功夫，恭敬地站在他面前，替他奉觞上寿。口里说："老姜，恭喜恭喜！"那工人被他弄得莫名其妙，站起身来，从来不曾笑过的脸上，居然露出笑容来。他接了酒杯，一口饮尽。大家拍手欢呼。老姜瞠目四顾表示狼狈，口里说："啥子吗？"照这样子看来，他的确是不知"胜利"的！他对于街上的狂欢，眼前的热闹，大约看作四川各地新年闹龙灯一样，每年照例一次，不足为奇，他也向不参加。他全不知道这是千载一遇的盛会！他全不知道这种欢乐与光荣在他是有份的！当时大家笑他，我却敬佩他的"不动心"，有"至人"风。到现在，胜利后一年多，我回想起他，觉得更可敬佩；他也许是个无名的大预言家，早知胜利以后民生非但不得幸福，反而要比战时更苦。所以他认为不值得参加这晚上的狂欢。他瞠目四顾，冷静地说："啥子吗！"恐怕其意思就是说："你们高兴啥子？胜利就是糟糕！苦痛就在后面！"幸而当晚他肯赏光，居然笑嘻嘻地接受了我们这青年所敬他的一杯茅台酒，总算维持了我们这一夜狂欢的场面。

酒醉之后，被街上的狂欢声所诱，我又跟了青年们去看热闹。带了满身欢乐的疲劳而返家的时候,已是后半夜两点钟了。就寝之后,我思如潮涌,不能成眠。我想起了复员东归的事,想起了八年前被毁的缘缘堂,想起了八年前仓皇出走的情景,想起了八年来生离死别的亲友,想起了一群汉奸的下场,想起了惨败的日本的命运,想起了奇迹地胜利了的中国的前途……无端的悲从中来。这大约就是古人所谓"欢乐极兮哀情多",或许就是心理学家所谓"胜利的悲哀"。不知不觉之间,东方已经泛白。我差不多没有睡觉,一早起来,欢迎千古未有的光明的白日。

"艺术的逃难"[1]

那年日本军在广西南宁登陆，向北攻陷宾阳。浙江大学正在宾阳附近的宜山，学生、教师扶老携幼，仓皇向贵州逃命。道路崎岖，交通阻塞，大家吃尽千辛万苦，才到得安全地带。我正是其中之一人，带了从一岁到七十二岁的眷属十人，和行李十余件，好容易来到遵义。看见比我早到的张其昀先生，他幽默地说："听说你这次逃难很是'艺术的'？"我不禁失笑，因为我这次逃难，的确是受艺术的帮忙。

其实与其称为"艺术的逃难"，不如称为"宗教的逃难"。因为如果没有"缘"，艺术是根本无用的。且让我告诉你这逃难的经过：那时我还在浙江大学任教。因为宜山每天两次警报，不胜奔命之苦，我把老弱者六人送到百余里外的思恩县的学生家里。自己和十六岁以上的儿女四人（三女一男）住在宜山；我是为了教课，儿女是为了读书。敌兵在南宁登陆之后，宜山的人，大家忧心悄悄，计划逃难。然因学校当局未有决议，大家无所适从。我每天逃两个警报，吃一顿酒，迁延度日。现在回想，真是糊里糊涂！

不久宾阳沦陷了！宜山空气极度紧张。汽车大敲竹杠。"大难临

---

[1] 1946年4月29日作于重庆。原载于《导报》1946年8月1日第1卷第1期。

头各自飞",不管学校如何,大家各自设法向贵州逃。我家分两处,呼应不灵,如之奈何!幸有一位朋友[1],代我及其他两家合雇一辆汽车,竹杠敲得不重,一千二百元(廿八年的)送到都匀。言定经过离此九十里的德胜站时,添载我在思恩的老弱六人。同时打长途电话到思恩,叫他们连夜收拾,明晨一早雇滑竿到四十里外的德胜站,等候我们的汽车来载。岂知到了开车的那一天,大家一早来到约定地点,而汽车杳无影踪。等到上午,车还是不来,却挂了一个预报球!行李尽在路旁,逃也不好,不逃也不好,大家捏两把汗。幸而警报不来;但汽车也不来!直到下午,始知被骗。丢了定洋一百块钱,站了一天公路。这一天真是狼狈之极!

找旅馆住了一夜。第二日我决定办法:叫儿女四人分别携带轻便行李,各自去找车子,以都匀为目的地。谁先到目的地,就在车站及邮局门口贴个字条,说明住处,以便相会。这样,化整为零,较为轻便了。我惦记着在德胜站路旁候我汽车的老弱六人,想找短路汽车先到德胜。找了一个朝晨,找不到。却来了一个警报,我便向德胜的公路上走。息下脚来,已经走了数里。我向来车招手,他们都不睬,管自开过。一看表还只八点钟,我想,求人不如求己,我决定徒步四十五里到怀远站,然后再找车子到德胜。拔脚迈进,果然走到了怀远。

怀远我曾到过,是很热闹的一个镇。但这一天很奇怪:我走上长街,店门都关,不见人影。正在纳罕,猛忆"岂非在警报中?"连忙逃出长街,一口气走了三四里路,看见公路旁村下有人卖团子,方才息足。一问,才知道是紧急警报!看表,是下午一点钟。问问吃团子的两个兵,知道此去德胜,还有四十里,他们是要步行赴德胜的。我

---

[1] 即浙江大学教育系心理学教授黄翼(黄羽仪)。

打听得汽车滑竿都无希望，便再下一个决心，继续步行。我吃了一碗团子，用毛巾填在一只鞋子底里，又脱下头上的毛线帽子来，填在另一只鞋子底里。一个兵送我一根绳，我用绳将鞋和脚扎住，使不脱落。然后跟了这两个兵，再上长途。我准拟在这一天走九十里路，打破我平生走路的纪录。

路上和两个兵闲谈，知道前面某处常有盗匪路劫。我身上有钞票八百余元，担起心来。我把八百元整数票子从袋里摸出，用破纸裹好，握在手里。倘遇盗匪，可把钞票抛在草里，过后再回来找。幸而不曾遇见盗匪，天黑，居然走到了德胜。到区公所一问，知道我家老弱六人昨天一早就到，住在某伙铺里。我找到伙铺，相见互相惊讶，谈话不尽。此时我两足酸痛，动弹不得。伙铺老板原是熟识的，为我沽酒煮菜。我坐在被窝里，一边饮酒，一边谈话，感到特殊的愉快。颠沛流离的生活，也有其温暖的一面。

次日得宜山友人电话，知道我的儿女四人中，三人已于当日找到车子出发。啊！原来在我步行九十里的途中，他们三人就在我身旁驶过的车子里，早已疾行先长者而去了！我这里有七十二岁的老岳母、我的老姐、老妻、十一岁的男孩、十岁的女孩，以及一岁多的婴孩，外加十余件行李。这些人物，如何运往贵州呢？到车站问问，失望而回。又次日，又到车站，见一车中有浙大学生。蒙他们帮忙，将我老姐及一男孩带走，但不能带行李。于是留在德胜的，还有老小五人，和行李十余件，这五人不能再行分班，找车愈加困难。而战事日益逼近，警报每天两次。我的头发便是在这种时光不知不觉地变白的！

在德胜空住了数天，决定坐滑竿，雇挑夫，到河池，再觅汽车。这早上来了十二名广西苦力，四乘滑竿，四个脚夫，把人连物，一齐扛走。迤逦而西，晓行夜宿，三天才到河池。这三天的生活竟是古风。旧小说中所写的关山行旅之状，如今更能理解了。

河池地方很繁盛，旅馆也很漂亮。我赁居某旅馆，楼上一室，镜台、痰盂、茶具、蚊帐，一切俱全，竟像杭州的二三等旅馆。老板是读书人，知道我的"大名"，招待得很客气；但问起向贵州的汽车，他只有摇头。我起个大早，破晓就到车站去找车子，但见仓皇、拥挤、混乱之状，不可向迩，废然而返。第二天又破晓到车站，我手里拿了一大束钞票而找司机。有的看看我手中的钞票，抱歉地说，人满了，搭不上了！有的问我有几个人，我说人三个，行李八件（其实是五个，十二件），他好像吓了一跳，掉头就走。如是者凡数次。我颓唐地回旅馆。站在窗前怅望，南国的冬日，骄阳艳艳，青天漫漫；而予怀渺渺，后事茫茫，这一群老幼，流落道旁，如何是好呢？传闻敌将先攻河池，包围宜山、柳州。又传闻河池日内将有大空袭。这晴明的日子，正是标准的空袭天气。一有警报，我们这位七十二岁的老太太怎样逃呢？万一突然打到河池来，那更不堪设想了！

这样提心吊胆地过了好几天，前途似乎已经绝望。旅馆老板安慰我说："先生还是暂时不走，在这里休息一下，等时局稍定再说。"我说："你真是一片好心！但是，万一打到这里来，我人地生疏，如之奈何？"他说："我有家在山中，可请先生同去避乱。"我说："你真是义士！我多蒙照拂了。但流亡之人，何以为报呢？"他说："若得先生到乡，趁避乱之暇，写些书画，给我子孙世代宝藏，我便受赐不浅了！"在这样交谈之下，我们便成了朋友。我心中已有七八分跟老板入山；二三分还想觅车向都匀走。

次日，老板拿出一副大红闪金纸对联来，要我写字。说："老父今年七十，蛰居山中。做儿子的糊口四方，不能奉觞上寿，欲乞名家写联一副，托人带去，聊表寸草之心，可使蓬荜生辉！"我满口答允。就到楼下客厅中写对。墨早磨好，浓淡恰到好处，我提笔就写。普通庆寿的八言联，文句也不值得记述了。那闪金纸是不吸水的，墨渖堆积,历久不干。门外马路边太阳光作金黄色。他的管账提议:抬出门外去晒,老板反对,说怕被人踏损了。管账说:"我坐着看管!"就由茶房帮同,把墨迹淋漓的一副大红对联抬了出去。我写字时,暂时忘怀了逃难。这时候又带了一颗沉重的心,上楼去休息,岂知一线生机,就在这里发现。

老板亲自上楼来,说有一位赵先生要见我。我想下楼,一位穿皮上衣的壮年男子已经走上楼来了。他握住我的手,连称"久仰","难得"。我听他的口音,是无锡、常州之类,乡音入耳,分外可亲。就请他在楼上客间里座谈。他是此地汽车加油站的站长,来得不久。适才路过旅馆,看见门口晒着红对子,是我写的,而墨迹未干,料想我一定在旅馆内,便来访问。我向他诉说了来由和苦衷,他慷慨地说:"我有办法。也是先生运道太好:明天正有一辆运汽油的车子开都匀。所有空位,原是运送我的家眷,如今我让先生先走。途中只说我的眷属是了。"我说:"那么你自己呢?"他说:"我另有办法。况且战事尚未十分逼近,我是要到最后才好走的。"讲定了,他起身就走,说晚上再同司机来看我。

我好比暗中忽见灯光,惊喜之下,几乎雀跃起来。但一刹那间,我又消沉、颓唐,以至于绝望。因为过去种种忧患伤害了我的神经,使它由过敏而变成衰弱。我对人事都怀疑。这江苏人与我萍水相逢,他的话岂可尽信?况在找车难于上青天的今日,我岂敢盼望这种侥幸!他的话多分是不负责的。我没有把这话告诉我的家人,免得她们空欢喜。

岂知这天晚上,赵君果然带了司机来了。问明人数,点明行李,叮嘱司机。之后,他拿出一卷纸来,要我作画。我就在灯光之下,替他画了一幅墨画。这件事我很乐愿,同时又很苦痛。赵君慷慨乐助,救我一家出险,我写一幅画送他留个永念,是很乐愿的。但在作画这件事说，我一向欢喜自动，兴到落笔，毫无外力强迫，为作画而作画，这才是艺术品，如果为了敷衍应酬，为了交换条件，为了某种目的或作用而作画，我的手就不自然，觉得画出来的笔笔没有意味，我这个人也毫无意味。故凡笔债——平时友好请求的，和开画展时重订的——我认为一件苦痛的事。为避免这苦痛，我把纸整理清楚，叠在手边。待兴到时，拉一张来就画。过后补题上款，送给请求者。总之，我欢喜画的时候不知道为谁而画，或为若干润笔而画，而只知道为画而画。这才有艺术的意味。这掩耳盗铃之计，在平日可行，在那时候却行不通。为了一个情不可却的请求，为了交换一辆汽车，我不得不在疲劳忧伤之余，在昏昏灯火之下，用恶劣的纸笔作画。这在艺术上是一件最苦痛，最不合理的事！但我当晚勉力执行了。

次日一早，赵君亲来送行，汽车顺利地开走。下午，我们老幼五人及行李十二件，安全地到达了目的地都匀。汽车站壁上贴着我的老姐及儿女们的住址，他们都已先到了。全家十一人，在离散了十六天之后，在安全地带重行团聚，老幼俱各无恙。我们找到了他们的时候，大家笑得合不拢嘴来。正是"人世难逢开口笑，茅台须饮两千杯！"这晚上十一人在中华饭店聚餐，我饮茅台酒大醉。

一个普通平民，要在战事紧张的区域内舒泰地运出老幼五人和十余件行李，确是难得的事。我全靠一副对联的因缘，居然得到了这权利。当时朋友们夸饰为美谈。这就是张其昀先生所谓"艺术的逃难"。但当时那副对联倘不拿出去晒，赵君无由和我相见，我就无法得到这权利，我这逃难就得另换一种情状。也许更好；但也许更坏：死在铁蹄下，转乎沟壑……都是可能的事。人真是可怜的动物！极微细的一个"缘"，例如晒对联，可以左右你的命运，操纵你的生死。而这些"缘"都是天造地设，全非人力所能把握的。寒山子诗云："碌碌群汉子，万事由天公。"人生的最高境界，只有宗教。所以我说，我的逃难，与其说是"艺术的"，不如说是"宗教的"。人的一切生活，都可说是"宗教的"。

赵君名正民，最近还和我通信。

沙坪的酒[1]

胜利快来到了。逃难的辛劳渐渐忘却了。我住在重庆郊外的沙坪坝庙湾特五号自造的抗建式小屋中的数年间,晚酌是每日的一件乐事,是白天笔耕的一种慰劳。

我不喜吃白酒,味近白酒的白兰地,我也不要吃。巴拿马赛会得奖的贵州茅台酒,我也不要吃。总之,凡白酒之类的,含有多量酒精的酒,我都不要吃。所以我逃难中住在广西、贵州的几年,差不多戒酒。因为广西的山花,贵州的茅台,均含有多量酒精,无论本地人说得怎样好,我都不要吃。

由贵州茅台酒的产地遵义迁居到重庆沙坪坝之后,我开始恢复晚酌,酌的是"渝酒",即重庆人仿造的黄酒。

我所以不喜白酒而喜黄酒,原因很简单:就为了白酒容易醉,而黄酒不易醉。"吃酒图醉,放债图利",这种功利的吃酒,实在不合于吃酒的本旨。吃饭,吃药,是功利的。吃饭求饱,吃药求愈,是对的。但吃酒这件事,性状就完全不同。吃酒是为兴味,为享乐,不是求其速醉。譬如二三人情投意合,促膝谈心,倘添上各人一杯黄酒在

---

[1] 原载《天津民国日报》1947 年 3 月 31 日。

手,话兴一定更浓。吃到三杯,心窗洞开,真情挚语,娓娓而来。古人所谓"酒三昧",即在于此。但决不可吃醉,醉了,胡言乱道,诽谤唾骂,甚至呕吐、打架。那真是不会吃酒,违背吃酒的本旨了。所以吃酒决不是图醉。所以容易醉人的酒决不是好酒。巴拿马赛会的评判员倘换了我,一定把一等奖给绍兴黄酒。

沙坪的酒,当然远不及杭州、上海的绍兴酒。然而"使人醺醺而不醉",这重要条件是具足了的。人家都讲究好酒,我却不大关心。有的朋友把从上海坐飞机来的真正"陈绍"送我。其酒固然比沙坪的酒气味清香些,上口舒适些;但其效果也不过是"醺醺而不醉"。在抗战期间,请绍酒坐飞机,与请洋狗坐飞机有相似的意义。这意义所给人的不快,早已抵消了其气味的清香与上口的舒适了。我与其吃这种绍酒,宁愿吃沙坪的渝酒。

"醉翁之意不在酒",这真是善于吃酒的人说的至理名言。我抗战期间在沙坪小屋中的晚酌,正是"意不在酒"。我借饮酒作为一天的慰劳,又作为家庭聚会的一种助兴品。在我看来,晚餐是一天的大团圆。我的工作完毕了;读书的、办公的孩子们都回来了;家离市远,访客不再光临了;下文是休息和睡眠,时间尽可从容了。若是这大团圆的晚餐只有饭菜而没有酒,则不能延长时间,匆匆地把肚皮吃饱就散场,未免太少兴趣。况且我的吃饭,从小养成一种快速习惯,要慢也慢不来。有的朋友吃一餐饭能消磨一两小时,我不相信他们如何吃法。在我,吃一餐饭至多只花十分钟。这是我小时从李叔同先生学钢琴时养成的习惯。那时我在师范学校读书,只有吃午饭(十二点)后到一点钟上课的时间,和吃夜饭(六点)后到七点钟上自修的时间,是教弹琴的时间。我十二点吃午饭,十二点一刻须得到弹琴室;六点钟吃夜饭,六点一刻须得到弹琴室。吃饭,洗碗,洗面,都要在十五分钟内了结。这样的数年,使我养成了快吃的习惯。后来虽无快吃的必要，但我仍是非快不可。这就好比反刍类的牛，野生时代因为怕狮虎侵害而匆匆吞入胃内，急忙回到洞内，再吐出来细细地咀嚼，养成了反刍的习惯；做了家畜以后，虽无快吃的必要，但它仍是要反刍。如果有人劝我慢慢吃，在我是一件苦事。因为慢吃违背了惯性，很不自然，很不舒服。一天的大团圆的晚餐，倘使我以十分钟了事，岂不太草草了？所以我的晚酌，意不在酒，是要借饮酒来延长晚餐的时间，增加晚餐的兴味。

沙坪的晚酌，回想起来颇有兴味。那时我的儿女五人，正在大学或专科或高中求学，晚上回家，报告学校的事情，讨论学业的问题。他们的身体在我的晚酌中渐渐高大起来。我在晚酌中看他们升级，看他们毕业，看他们任职。就差一个没有看他们结婚。在晚酌中看成群的儿女长大成人，照一般的人生观说来是"福气"，照我的人生观说来只是"兴味"。这好比饮酒赏春，眼看花草树木，欣欣向荣；自然的美，造物的用意，神的恩宠，我在晚酌中历历地感到了。陶渊明诗云："试酌百情远，重觞忽忘天。"我在晚酌三杯以后，便能体会这两句诗的真味。我曾改古人诗云："满眼儿孙身外事，闲将美酒对银灯。"因为沙坪小屋的电灯特别明亮。

还有一种兴味，却是千载一遇的：我在沙坪小屋的晚酌中，眼看抗战局势的好转。我们白天各自看报，晚餐桌上大家报告讨论。我在晚酌中眼看东京的大轰炸，莫索里尼的被杀，德国的败亡，独山的收复，直到波士坦[1]宣言的发出，八月十日夜日本的无条件投降。我的酒味越吃越美。我的酒量越吃越大，从每晚八两增加到一斤。大家说我们的胜利是有史以来的一大奇迹。我的胜利的欢喜，是在沙坪小屋

---

[1] 即波茨坦。

晚上吃酒吃出来的！所以我确认，世间的美酒，无过于沙坪坝的四川人仿造的渝酒。我有生以来，从未吃过那样的美酒。即如现在，我已"胜利复员，荣归故乡"；故乡的真正陈绍，比沙坪坝的渝酒好到不可比拟，我也照旧每天晚酌；然而味道远不及沙坪的渝酒。因为晚酌的下酒物，不是物价狂涨，便是盗贼蜂起；不是贪污舞弊，便是横暴压迫。沙坪小屋中的晚酌的那种兴味，现在已经不可复得了！唉，我很想回重庆去，再到沙坪小屋里去吃那种美酒。

谢谢重庆

胜利前一年,民国三十三年的中秋,我住在重庆沙坪坝的"抗建式"小屋内。当夜月明如昼,我家十人团聚。我庆喜之余,饮酒大醉,没有赏月就酣睡了。次晨醒来,在枕上填一曲打油词。其词曰:

七载飘零久。喜中秋巴山客里,全家聚首。去日孩童皆长大,添得娇儿一口。都会得奉觞进酒。今夜月明人尽望,但团圞骨肉几家有?天于我,相当厚。故园焦土蹂躏后。幸联军痛饮黄龙,快到时候。来日盟机千万架,扫荡中原暴寇。便还我河山依旧。漫卷诗书归去也,问群儿恋此山城否?言未毕,齐摇手。(贺新凉)

我向不填词,这首打油词,全是偶然游戏;况且后半夸口狂言,火气十足,也不过是"抗战八股"之一种而已,本来不值得提及。岂知第二年的中秋,我国果然胜利。我这夸口狂言竟成了预言。我高兴得很,三十四年八月十日后数天内,用宣纸写这首词,写了不少张,分送亲友,为胜利助喜。自己留下一张,贴在室内壁上,天天观赏。

---

1 原载《新重庆》1947年1月第1卷第1期。

起初看看壁上的词，读读后面一段，觉得心情痛快。后来越读越不快了。过了几个月，我把这张字条撕去，不要再看了！为什么缘故呢？因为最后几句，与事实渐渐发生冲突，使我读了觉得难以为情。

最后几句是"漫卷诗书归去也，问群儿恋此山城否？言未毕，齐摇手。"岂知胜利后数月内，那些"劫收"的丑恶，物价的飞涨，交通的困难，以及内战的消息，把胜利的欢喜消除殆尽。我不卷诗书，无法归去；而群儿都说："还是重庆好。"在这情况之下，我重读那几句词句，觉得无以为颜。我只得苦笑着说，我填错了词，应该说："言未毕，齐点首。"

做人倘全为实利打算，我是最应该不复员而长作重庆人的。因为一者，我的故乡石门湾，二十六年冬天就被敌人的炮火改成一片焦土。我的缘缘堂以及其他几间老屋和市房，全部不存，我已无家可归。而在重庆的沙坪坝，倒有自建的几间"抗建式"小屋，可蔽风雨。二者，我因为身体不好，没有担任公教职员，多年来闲居在重庆沙坪坝的小屋里卖画为生，没有职业的牵累，全无急急复员的必要。我在重庆，在上海，一样地是一个闲人。何必钻进忙人里去赶热闹呢？三者，我的子女当时已有三个人成长，都在重庆当公教人员。他们没有家室，又不要担负父母的生活，所得报酬，尽可买书买物，从容自给。况且四川当局曾有布告，欢迎下江教师留渝，报酬特别优厚。为他们计，也何必辛苦地回到"人浮于事"的下江去另找饭碗呢？——从上述这三点打算，我家是最不应该复员而最应该长作重庆人的。

不知道一种什么力，终于使我厌弃重庆，而心向杭州。不知道一种什么心理，使我决然地舍弃了沙坪坝的衽席之安，而走上东归的崎岖之路。明知道今后衣食住行，要受一切的困苦；明知道此次复员，等于再逃一次难；然而大家情愿受苦，情愿逃难，拼命要回杭州。这是什么缘故？自己也不知道。想来想去，大约是"做人不能全为实利打算"的缘故吧。全为实利打算，换言之，就是只要便宜。充其极端，做人全无感情，全无意气，全无趣味，而人就变成枯燥、死板、冷酷、无情的一种动物。这就不是"生活"，而仅是一种"生存"了。古人有警句云："不为无益之事，何以遣有涯之生？"（清项忆云语）这句话看似翻案好奇，却含有人生的至理。无益之事，就是不为利害打算的事，就是由感情、意气、趣味的要求而做的事。我的去重庆而返杭州，正是感情、意气、趣味的要求，正是所谓"无益之事"。我幸有这一类的事，才能排遣我这"有涯之生"。

"漫卷诗书归去也，问群儿恋此山城否？言未毕，齐摇手。"其实并非厌恶这山城，只是感情、意气、趣味所发生的豪语而已。凡人都爱故乡。外国语有nostalgia一语，译曰"怀乡病"。中国古代诗文中，此病尤为流行。"去国怀乡"，自古叹为不幸。今后世界交通便捷，人的生活流动，"乡"的一个观念势必逐渐淡薄，而终至于消灭；到处为家，根本无所谓"故乡"。然而我们的血管里，还保留着不少"怀乡病"的细菌。故客居他乡，往往要发牢骚，无病呻吟。尤其是像我这样，被敌人的炮火所逼，放逐到重庆来的人，发点牢骚，正是有病呻吟。岂料呻吟之后，病居然好了，十年不得归去的故乡，居然有一天可以让我归去了！因此上，不管故园已成焦土，不管交通如何困难，不管下江生活如何昂贵，我一定要辞别重庆，遄返江南。

重庆的临去秋波，非常可爱！那正是清和的四月，我卖脱了沙坪坝的小屋，迁居到城里凯旋路来等候归舟。凯旋路这名词已够好了，何况这房子站在山坡上，开窗俯瞰嘉陵江，对岸遥望海棠溪。水光山色，悦目赏心。晴朗的重庆，不复有警报的哭声，但闻"炒米糖开水"、"盐茶鸡蛋"的节奏的叫唱。这真是一个可留恋的地方。可惜如马一浮先生赠诗所说:"清和四月巴山路,定有行人忆六桥。"我苦忆六桥,不得不离开这清和四月的巴山而回到杭州去。临别满怀感谢之情!数年来全靠这山城的庇护,使我免于披发左衽。谢谢重庆!

胜利还乡记[1]

避寇西窜，流亡十年，终于有一天，我的脚重新踏到了上海的土地。我从京沪火车上跨到月台上的时候，第一脚特别踏得重些，好比同它握手。北站除了电车轨道照旧之外，其余的都已不可复识了。

我率眷投奔朋友家。预先函洽的一个楼面，空着等我们去息足。息了几天，我们就搭沪杭火车，在长安站下车，坐小舟到石门湾去探望故里。

我的故乡石门湾，位在运河旁边。运河北通嘉兴，南达杭州，在这里打一个弯，因此地名石门湾。石门湾属于石门县[2]，其繁盛却在县城之上。抗战前，这地方船舶麇集，商贾辐辏。每日上午，你如果想通过最热闹的寺弄，必须与人摩肩接踵，又难免被人踏脱鞋子。因此石门湾有一句专用的俗语，形容拥挤，叫作"同寺弄里一样"。

当我的小舟停泊到石门湾南皋桥堍的埠头上的时候，我举头一望，疑心是弄错了地方。因为这全非石门湾，竟是另一地方。只除运河的湾没有变直，其他一切都改样了。这是我呱呱坠地的地方。但我十年

---

1 原载《天津民国日报》1947年6月24日，原名《还乡记》。
2 即崇德县。

归来，第一脚踏上故乡的土地的时候，感觉并不比上海亲切。因为十年以来，它不断地装着旧时的姿态而入我的客梦；而如今我所踏到的，并不是客梦中所惯见的故乡！

我沿着运河走向寺弄。沿路都是草棚、废墟，以及许多不相识的人。他们都用惊奇的眼光对我看，我觉得自己好像伊尔文Sketch Book中的Rip Van Winkle，我感情兴奋，旁若无人地与家人谈话："这里就是杨家米店！""这里大约是殷家弄了！""喏喏喏，那石埠头还存在！"旁边不相识的人，看见我们这一群陌生客操着道地的石门湾土白谈话，更显得惊奇起来。其中有几位父老，向我们注视了一会，和旁人窃窃私语，于是注目我们的更多，我从耳朵背后隐约听见低低的话声："丰子恺。""丰子恺回来了。"但我走到了寺弄口，竟无一个认识的人。因为这些人在十年前大都是孩子，或少年，现在都已变成成人，代替了他们的父亲。我若要认识他们，只有问他的父亲叫什么了。"儿童相见不相识，笑问客从何处来"，这两句诗从前是读读而已，想不到自己会作诗中的主角！

"石门湾的南京路"的寺弄，也尽是草棚。"石门湾的市中心"的接待寺，已经全部不见。只凭寺前的几块石板，可以追忆昔日的繁荣。在寺前，忽然有人招呼我。一看，一位白须老翁，我认识是张兰墀。他是当地一大米店的老主人，在我的缘缘堂建筑之先，他也造一所房子。如今米店早已化为乌有，房子侥幸没有被烧掉。他老人家抗战至今，十年来并未离开故乡，只是在附近东躲西避，苟全性命。石门湾是游击区，房屋十分之八九变成焦土，住民大半流离死亡。像这老人，能保留一所劫余的房屋和一掬健康的白胡须，而与我重相见面，实在难得之至，这可说是战后的石门湾的骄子了。这石门湾的骄子定要拉我去吃夜饭。我尚未凭吊缘缘堂废墟，约他次日再见。

从寺弄转进下西弄，也尽是茅屋或废墟，但凭方向与距离，走到了我家染坊店旁的木场桥。这原来是石桥。我生长在桥边，每块石板的形状和色彩我都熟悉。但如今已变成平平的木桥，上有木栏，好像公路上的小桥。桥堍一片荒草地，染坊店与缘缘堂不知去向了。根据河边石岸上一块突出的石头，我确定了染坊店墙界。这石岸上原来筑着晒布用的很高的木架子。染坊司务站在这块突出的石头上，用长竹竿把蓝布挑到架上去晒的。我做儿童时，这块石头被我们儿童视为危险地带。只有隔壁豆腐店里的王囡囡，身体好，胆量大，敢站到这石头上，而且做个"金鸡独立"。我是不敢站上去的。有一次我央另一个人拉住了手，上去站了一回，下临河水，胆战心惊。终被店里的人看见，叫我回来，并且告诉母亲，母亲警戒我以后不准再站。如今百事皆非，而这块石头依然如故。这一带地方的盛衰沧桑，染坊店、缘缘堂的兴废，以及我童年时的事，这块石头一一亲眼看到，详细知道。我很想请它讲一点给我听。但它默默不语，管自突出在石岸上。只有一排墙脚石，肯指示我缘缘堂所在之处。我由墙脚石按距离推测，在荒草地上约略认定了我的书斋的地址。一株野生树木，立在我的书桌的地方，比我的身体高到一倍。许多荆棘，生在书斋的窗的地方。这里曾有十扇长窗，四十块玻璃。石门湾沦陷前几日，日本兵在金山卫登陆，用两架飞机来炸十八里外的石门县，这十扇玻璃窗都震怒，发出愤怒的叫声。接着就来炸石门湾，一个炸弹落在书斋窗外五丈的地方，这些窗曾大声咆哮。我躲在窗内，幸免于难。这些回忆，在这时候一一浮出脑际。我再请墙脚石引导，探寻我们的灶间的地址。约略找到了，但见一片荒地，草长过膝。抗战后一年，民国二十七年，我在桂林得到我的老姑母的信，说缘缘堂虽毁，烟囱还是屹立。这是"烟火不断"之象。老人对后辈的慰藉与祝福，使我诚心感动。如今烟囱已不知去向。而我家的烟火的确不断。我带了六个孩子（二男四女）逃出去，带回来时变了六个成人，又添了一个八岁的抗战儿子。倘使缘缘堂存在，它当日放出六个小的，今朝收进六个大的，又加一个小的作利息，这笔生意着实不错！它应该大开正门，欢迎我们这一群人的归来。可惜它和老姑母一样作古，如今只剩一片蔓草荒烟，只能招待我们站立片时而已！大儿华瞻，想找一点缘缘堂的遗物，带到北平去作纪念。寻来寻去，只有蔓草荒烟，遗物了不可得。后来用器物发掘草地，在尺来深的地方，掘得了一块焦木头。依地点推测大约是门槛或堂窗的遗骸。他髫龄的时候，曾同它们共数晨夕。如今他收拾它们的残骸，藏在火柴匣里，带它们到北平去，也算是不忘旧交，对得起故人了。这一晚我们到一个同族人家去投宿。他们买了无量的酒来慰劳我，我痛饮数十钟，酣然入睡，梦也不做一个。次日就离开这销魂的地方，到杭州去觅我的新巢了。

湖畔夜饮[1]

前天晚上，四位来西湖游春的朋友，在我的湖畔小屋里饮酒。酒阑人散，皓月当空，湖水如镜，花影满堤。我送客出门，舍不得这湖上的春月，也向湖畔散步去了。柳荫下一条石凳，空着等我去坐。我就坐了，想起小时在学校里唱的春月歌："春夜有明月，都作欢喜相。每当灯火中，团团青辉上。人月交相庆，花月并生光。有酒不得饮，举杯献高堂。"觉得这歌词，温柔敦厚，可爱得很！又念现在的小学生，唱的歌粗浅俚鄙，没有福分唱这样的好歌，可惜得很！回味那歌的最后两句，觉得我高堂俱亡，虽有美酒，无处可献，又感伤得很！三个"得很"，逼得我立起身来，缓步回家。不然，恐怕把老泪掉在湖堤上，要被月魄花灵所笑了。

回进家门，家中人说，我送客出门之后，有一上海客人来访，其人名叫CT[2]，住在葛岭饭店。家中人告诉他，我在湖畔看月，他就向湖畔去拜我了。这是半小时以前的事，此刻时钟已指十时半。我想，CT找我不到，一定已经回旅馆去歇息了。当夜我就不去找他，管自

---

1 1948年3月28日夜作于湖畔小屋。原载《论语》1948年4月16日第151期。
2 即郑振铎。

睡觉了。第二天早晨，我到葛岭饭店去找他，他已经出门，茶役正在打扫他的房间。我留了一张名片，请他正午或晚上来我家共饮。正午，他没有来。晚上，他又没有来。料想他这上海人难得到杭州来，一见西湖，就整日寻花问柳，不回旅馆，没有看见我留在旅馆里的名片，我就独酌，照例饮尽一斤。

　　黄昏八点钟，我正在酪酊之余，CT 来了。阔别十年，多经浩劫，他反而胖了，反而年轻了。他说我也还是老样子，不过头发白些。"十年离乱后，长大一相逢。问姓惊初见，称名忆旧容。"这诗句虽好，我们可以不唱，略略几句寒暄之后，我问他吃夜饭没有。他说，他是在湖滨吃了夜饭——也饮一斤酒——不回旅馆，一直来看我的。我留在他旅馆里的名片，他根本没有看到。我肚里的一斤酒，在这位青年时代共我在上海豪饮的老朋友面前，立刻消解得干干净净，清清醒醒，我说："我们再喝酒！"他说："好，不要什么菜蔬。"窗外有些微雨，月色朦胧，西湖不像昨夜的开颜发艳，却另有一种轻颦浅笑，温润静穆的姿态。昨夜宜于到湖边步月，今夜宜于在灯前和老友共饮。"夜雨剪春韭"，多么动人的诗句！可惜我没有家园，不曾种韭。即使我有园种韭，这晚上我也不想去剪来和 CT 下酒。因为实际的韭菜，远不及诗中的韭菜的好吃。照诗句实行，是多么愚笨的事啊！

　　女仆端了一壶酒和四只盆子出来，酱鸡、酱肉、皮蛋和花生米，放在收音机旁的方桌上。我和 CT 就对坐饮酒。收音机上面的墙上，正好贴着一首我手写的数学家苏步青的诗："草草杯盘共一欢，莫因柴米话辛酸。春风已绿门前草，且耐余寒放眼看。"有了这诗，酒味特别的好。我觉得世间最好的酒肴，莫如诗句。而数学家的诗句，滋味尤为纯正。因为我又觉得，别的事都可有专家，而诗不可有专家。因为作诗就是做人。人做得好的，诗也作得好。倘说作诗有专家，非专家不能做诗，就好比说做人有专家，非专家不能做人，岂不可笑？

因此，"专家"的诗，我不爱读。因为他们往往爱用古典，蹈袭传统，咬文嚼字，卖弄玄虚；扭扭捏捏，装腔作势；甚至神经过敏，出神见鬼。而非专家的诗，倒是直直落落，明明白白，天真自然，纯正朴茂，可爱得很。樽前有了苏步青的诗，桌上的酱鸡、酱肉、皮蛋和花生米，味同嚼蜡，唾弃不足惜了！

我和CT共饮，另外还有一种美味的酒肴，就是话旧。阔别十年，身经浩劫。他沦陷在孤岛上，我奔走于万山中。可惊可喜、可歌可泣的话，越谈越多。谈到酒酣耳热的时候，话声都变了呼号叫啸，把睡在隔壁房间里的人都惊醒。谈到二十余年前他在宝山路商务印书馆当编辑，我在江湾立达学园教课时的事，他要看看我的子女阿宝、软软和瞻瞻——《子恺漫画》里的三个主角，幼时他都见过的。瞻瞻现在叫作丰华瞻，正在北平北大研究院，我叫不到；阿宝和软软现在叫作丰陈宝和丰宁馨，已经大学毕业而在中学教课了，此刻正在厢房里和她们的弟妹们练习平剧，我就喊她们来"参见"。CT用手在桌子旁边的地上比比，说："我在江湾看见你们时，只有这么高。"她们笑了，我们也笑了。这种笑的滋味，半甜半苦，半喜半悲。所谓"人生的滋味"，在这里可以尝到。CT叫阿宝"大小姐"，叫软软"三小姐"。我说："《花生米不满足》、《瞻瞻新官人，软软新娘子，宝姊姊做媒人》、《阿宝两只脚，凳子四只脚》等画，都是你从我的墙壁揭去，铸了锌版在《文学周报》上发表的。你这个老前辈对她们小孩子又有什么客气？依旧叫'阿宝''软软'好了。"大家都笑。人生的滋味，在这里又浓烈地尝到了。但无话可说，我们默默地干了两杯。我见CT的豪饮，不减二十余年前。我回忆起了二十余年前的一件旧事。有一天，我在日升楼走，遇见CT。他拉住我的手说："子恺，我们吃西菜去。"我说："好的。"他就同我向西走，走到新世界对面的晋隆西菜馆的楼上，点了两客公司菜，外加一瓶白兰地。吃完之后，仆欧送账单来。

CT 对我说："你身上有钱么？"我说"有！"摸出一张五元钞票来，把账付了。于是一同下楼，各自回家——他回到闸北，我回到江湾。过了一天，CT 到江湾来看我，摸出一张拾元钞票来，说："前天要你付账，今天我还你。"我惊奇而又发笑，说："账回过算了，何必还我？更何必加倍还我呢？"我定要把拾元钞票塞进他的西装袋里去，他定要拒绝。坐在旁边的立达同事刘薰宇，就过来抢了这张钞票去，说："不要客气，拿到新江湾小店去吃酒吧！"大家赞成。于是号召了七八个人，夏丏尊先生、匡互生、方光焘都在内，到新江湾的小酒店里去吃酒去。吃完这张拾元钞票时，大家都已烂醉了，此情此景，憬然在目。如今夏先生和匡互生均已经作古，刘薰宇远在贵阳，方光焘不知又在何处。只有 CT 仍旧在这里和我共饮。这岂非人世难得之事！我们又浮两大白。

夜阑饮散，春雨绵绵，我留 CT 宿在我家，他一定要回旅馆。我给他一把雨伞，看他的高大身子在湖畔柳荫下的细雨中渐渐地消失了。我想："他明天不要拿两把伞来还我！"

再访梅兰芳[1]

　　去年梅花时节，我从重庆回上海不久，就去访梅博士，曾有照片及文章刊登《申报》。今年清明过后，我同长女陈宝、四女一吟，两个爱平剧的女儿，到上海看梅博士演剧，深恐在演出期内添他应酬之劳，原想不去访他。但看了一本《洛神》之后，次日到底又去访了。因为陈宝和一吟渴望瞻仰伶王的真面目。预备看过真面目后，再看这天晚上的《贩马记》。

　　这回不告诉外人，不邀摄影记者同去，但托他的二胡师倪秋平君先去通知，然后于下午四时，同了两女儿悄悄地去访。刚要上车，偏偏会在四马路上遇见我的次女的夫婿宋慕法。他正坐在路旁的藤椅里叫人擦皮鞋，久寇侵石门湾，用迂回战，从后面突至。我不及携带书物，率家人及亲戚老幼十余人仓皇逃出，只携铺盖两担，其余书物，尽被焚毁。我迤逦西行，由长沙而桂林，任桂林师范国文教师。次年郑晓沧兄邀我入浙大任课。廿九年南宁失守，随浙大迁贵州遵义。住三年，迁居重庆。辞浙大课，恢复闲居生活。时陈宝，宁馨，华瞻已入大学，元草入高中，一吟入艺专，林先已与宋慕法结婚。而在桂林

---

[1] 1948年5月22日，梅兰芳停演之日，作于杭州。原载《申报·文学自由谈》1948年5月26日。

所生之幼子新枚，已五岁，依之膝下，慰我闲居之寂寥。回思杭州时代，宛如隔世。卅四年夏陈宝，宁馨，华瞻同时毕业于大学，开始当公教人员。不久胜利忽至。后一年，全家东归。除"去日儿童皆长大"外，又添得幼儿新枚一人。我家的复员，良可庆幸。惟见"昔年亲友半凋零"，感慨无量！我离浙大已四年，到上海后，竺可桢、张其昀二先生来函邀我返校。我爱杭州，遂应其聘。此后又须暂作教师生活了。刘狮先生，嘱写自传。草草书平生事实，以告知我者而已，不足称为自传也。卅五年十月十七日于上海鲍寓。听见我们要去访梅先生，擦了半双就钻进我们的车子里，一同前去了。陈宝和一吟说他，"天外飞来的好运气！"因为他也爱好平剧，不过不及陈宝、一吟之迷。在戏迷者看来，得识伶王的真面目，比"瞻仰天颜"更为光荣，比"面见如来"更多法悦。所以我们在梅家门前下车，叩门，门内跑出两只小洋狗来的时候，慕法就取笑她们，说："你们但愿一人做一只吧？"

　　坐在去春曾经来坐过的客室里，我看看室中的陈设，与去春无甚差异。回味我自己的心情，也与去春无甚差异。"青春永驻"，正好拿这四字来祝福我们所访问的主人。主人尚未下楼，琴师倪秋平先来相陪。这位琴师也颇不寻常：他在台上用二胡拉皮黄，在台下却非常爱好西洋音乐，对朔拿大[1]，交响乐的蓄音片[2]，爱逾拱璧。他的女儿因有此家学，在国立音乐院为高才生。他的爱好西洋音乐，据他自己说是由于读了我的旧著《音乐的常识》（亚东图书馆版）。因此他常和我通信，这回方始见面。我住在天蟾舞台斜对面的振华旅馆里。他每夜拉完二胡，就抱了琴囊到旅馆来和我谈天，谈到后半夜。谈的半

---

1 即奏鸣曲。

2 即唱片。

是平剧,半是西乐。我学西乐而爱好皮黄,他拉皮黄而爱好西乐,形相反而实相成,所以话谈不完。这下午他先到梅家来等我们。我白天看见倪秋平,这还是第一次。我和他闲谈了几句,主人就下来了。

握手寒暄之间,我看见梅博士比去春更加年轻了。脸面更加丰满,头发更加青黑,态度更加和悦了。又瞥见陈宝、一吟和慕法,目不转睛地注视他,一句话也不说,一动也不动,好像城隍庙里的三个菩萨,我觉得好笑。不料他们的视线忽从主人身上转到我身上,都笑起来。我明白这笑的意思了:我年龄比这位主人小四岁,而苍颜白发,老相十足;比我大四岁的这位老兄,却青发常青,做我的弟弟还不够。何况晚上又能在舞台表演美妙的姿态!上帝如此造人,真是欠通欠通!怎不令人发笑呢?

我提出关于《洛神》的舞台面的话,希望能摄制有声有色的电影,使它永远地普遍地流传。梅先生说有种种困难,一时未能实现。关于制电影,去春我也向他劝请过。我觉得这事在他是最重要的急务。我们弄书画的人,把原稿制版精印,便可永远地普遍地流传;唱戏的人虽有蓄音片,但只能保留唱功;要保留做工,非制电影不可。科学发达到这原子时代,能用萝卜大小的一颗东西来在顷刻之间杀死千万生灵,却不肯替我们的"旷世天才"制几个影片。这又是欠通欠通,怎不令人长叹呢!

话头转入了象征表现的方面。梅先生说起他在莫斯科所见投水的表演:一大块白布,四角叫人扯住,动荡起来,赛是水波;布上开洞,人跳入洞中,又钻出来,赛是投水。他说,我们的《打渔杀家》则不然,不需要布,就用身子的上下表示波浪的起伏。说这话时,他就坐在沙发里穿着西装而略作桂英儿的身段,大家发出特殊的笑声。这使我回想起以前我在某处讲演时,无意中在黑板上画了一个人头而在听众中所引起的笑声。对于平剧的象征的表现,我很赞善,为的是与我的漫画的省略的笔法相似之故。我画人像，脸孔上大都只画一只嘴巴，而不画眉目。或竟连嘴巴都不画，相貌全让看者自己想象出来。（因此去年有某小报拿我取笑，大字标题曰"丰子恺不要脸"，文章内容，先把我恭维一顿，末了说，他的画独创一格，寥寥数笔，神气活现，画人头不画脸孔云云。只看标题而没有工夫看文章的人，一定以为我做了不要脸的事。这小报真是虐谑！）这正与平剧的表现相似：开门，骑马，摇船，都没有真的门，马，与船，全让观者自己想象出来。想象出来的门，马，与船，比实际的美丽得多。倘有实际的背景，反而不讨好了。好比我有时偶把眉目口鼻一一画出；相貌确定了，往往觉得不过如此，一览无余，反比不画而任人自由想象的笨拙得多。

想起他晚上的《贩马记》，我觉得要让他休息，不该多烦扰他了，就起身告辞。但照一个相是少不得的。我就请他依旧到外面的空地上去。这空地也与去年一样，不过多了一只小山羊。这小山羊向人依依，怪可爱的。因为不邀摄影记者，由陈宝，一吟自己来拍。因为不带三脚架，不能用自动开关，只得由二人轮流司机，各人分别与伶王合摄一影。这两个戏迷的女孩子，不能同时与伶王合摄一影，过后她们引为憾事。在辞别出门的路上，她们絮絮叨叨地说了许多"悔不该"。

我却耽入沉思。我这样想：

我去春带了宗教的心情而去访梅兰芳，觉得在无常的人生中，他的事业是戏里戏，梦中梦；昙花一现，可惜得很！今春我带了艺术的心情而去访梅兰芳，又觉得他的艺术具有最高的社会的价值，是最应该提倡的。艺术种类繁多，不下一打：绘画，书法，金石，雕塑，建筑，工艺，音乐，舞蹈，文学，戏剧，电影，照相。这一打艺术之中，最深入民心的，莫如戏剧中的平剧！山农野老，竖子村童，字都不识，画都不懂，电影都没有看见过的，却都会哼几声皮黄，都懂得曹操的奸，关公的忠，三娘的贞，窦娥的冤……而出神地欣赏，热诚地评论。足证平剧（或类似平剧的地方剧）在我国历史悠久，根深柢固，无孔不入，故其社会的效果最高。书画也是具有数千年历史的古艺术，何以远不及平剧的普遍呢？这又足证平剧不但历史悠久，而且在其本质上具有一种吸引人情，深入人心的魔力，故能如此普遍，如此大众化的。只可惜过去流传的平剧，有几出在内容意义上不无含有毒素，例如封建思想，重男轻女，迷信鬼神等。诚能取去这种毒素，而易以增进人心健康的维他命，则平剧的社会的效能，不可限量，拿它来治国平天下，也是容易的事。那时我们的伶王，就成为王天下的明王了！

前面忘记讲了：我去访梅先生的时候，还送他一把亲自书画的扇子。画的是曼殊上人的诗句"满山红叶女郎樵"。写的是弘一上人在俗时赠歌郎金娃娃的《金缕曲》。其词曰：

"秋老江南矣。忒匆匆，春余梦影，樽前眉底。陶写中年丝竹耳，走马胭脂队里。怎到眼都成余子？片玉昆山神朗朗，紫樱桃漫把红情系。愁万斛，来收起。

泥他粉墨登场地。领略那英雄气宇，秋娘情味。雏凤声清清几许，销尽填胸荡气。笑我亦布衣而已。奔走天涯无一事，问何如声色将情寄？休怒骂，且游戏。"

书画都是在一个精神很饱满的清晨用心写成的。因为这个人对于这样广大普遍的艺术负有这样丰富的天才，又在抗战时代表示这样高尚的人格，——我对他真心的敬爱，不得不"拜倒石榴裙下"。（别人讥笑我的话。）我其实应该拜倒。"名满天下"，"妇孺皆知"（别人夸奖我的话）的丰子恺，振华旅馆的茶房和账房就不认识。直到第二天梅先生到旅馆来还访了我，茶房和账房们吃惊之下，方始纷纷去买纪念册来求我题字。

日月楼中

检查我的思想[1]

上海文艺整风时，我担任了美术界的主任委员。我虽不胜任，却很愿意担任，因为我是最需要思想改造，最应该自我检讨的一个文艺工作者。现在把我的思想作初步的自我检讨如下：过去三十多年间，尤其是在这期间的上半，即抗战之前，我写了许多艺术理论，画了许多画，由开明等书店出版，流通于中国。我写这些艺术论和绘画，完全不是出于马列主义和毛泽东文艺思想的，而是出于资本主义艺术思想的；我的立场，完全不是无产阶级的，而是小资产阶级的。因此我过去的文艺工作，错误甚多，流毒甚广。现在检查我过去思想错误的根源，发现下列四点：

（一）趣味观点：我过去写作，一向很看重自己的趣味，兴之所至，任情而动，不问为何人服务。当时自以为是天才流露、性灵表现；今日回顾，完全是个人主义的思想！拿事实来讲：我十七岁入浙江第一师范，最初三年为好高的自尊心所驱使，勤于一切课业，每年考第一名；但到了最后两年，李叔同先生教我们艺术课，我的趣味忽然集中于绘画和音乐，把其他一切师范功课都抛弃，因此后

---

[1] 原载《大公报》1952 年 7 月 16 日。

两年我都考在第二十名以下。我在这两年中,常常背了画箱在西湖上写生,或者躲在音乐室里弹琴,后来勉强地师范毕业。现在回想,前三年的普遍用功,是出于个人英雄主义的好高心的;后两年的不顾一切而热衷于艺术,是出于趣味观点的。我家家境不好:父亲中了举人,科举即废,闲居在家,肺病而死,其时我只九岁。母亲靠一爿祖遗的小染坊店的收入,来抚养我们姊弟五人,家庭经济很困难。照理我师范毕业后,应该当教师,帮母亲赡家。但我不顾这一切,我又为趣味所驱使,一定要专修艺术。我向富有的亲戚借了一千多块钱,东游日本。我在日本,入洋画研究会、音乐研究会,晚上又读外国语学校。因为我的趣味普及于绘画、音乐和文学,就不自量力,三者兼修。结果一年之后,金尽归国,落得个一事无成。归国之后,不得不当教师,拿薪水来维持生活又还债(那时我已娶妻,生二女)。生活负担压迫了我的趣味观点。然而在生活压迫略略放松的时候,我的趣味观点又抬头。直到现在,这种小资产阶级的自由主义思想在我心中还没有出清,我正在用马列主义思想来根除它。

(二)利名观点:不说名利观点而说利名观点,因为我回国后生活担负很重(我共有子女九人,死了二人,现存七人),我译著的动机主要是为利的。我最初在上海专科师范等学校任课。后来到浙江上虞白马湖春晖中学当图画音乐教师,与夏丏尊先生等共事。那时我年二十五岁,开始翻译屠格涅夫的《初恋》,接着又译日本厨川白村的《苦闷的象征》。翻译的动机,小半是趣味所在,大半是为稿费和版税。因为那时我月薪只七十元,还债和家用是不够的。然而前者《初恋》因为当时认为诲淫,没有人肯出版,一直搁了十年才由开明书店出版。所以我第一次译稿问世,还是《苦闷的象征》。那时我有许多朋友在书局任编辑,我译的《苦闷的象征》,由朋友介绍,居然由商务印书馆出版。以后我便继续译述欧美、日本的各种艺术论,向杂志投稿,或者出单行本。胡愈之编的《东方杂志》,沈雁冰、叶圣陶编的《小说月报》,周予同编的《教育杂志》,杨贤江编的《学生杂志》等,都是我当时的稿费的来源。凡我所理解而略有趣味的欧美、日本的书,我都翻译或节译。绘画、音乐、雕刻、建筑、文学,甚至教育、儿童,我都染指,我的译著形似一爿杂货店。所以变成杂货店的原因,就是为了我作这些工作的动机完全是为利。凡是有销场而我的能力所及的,我无所不为。我的画,即所谓《子恺漫画》(郑振铎先生给我取的名词),起初是由于趣味观点而作的(因为回国后生活困难,无力作油画,偶用毛笔作简笔画,聊以满足趣味),后来发现有稿费可得,就为利而作。尤其是逃难到四川以后,卖画为生,迁就买主的趣味,在人物画中加些我所不擅长的山水为背景,以册页、立轴的姿态卖给老板们及富裕的知识分子作为房间装饰。这时候,我的利名观点已经完全制胜了趣味观点,我已经变成一个商人,跟在资产阶级的后面,想分他们剥削来的肥利的一瓢羹,而结果所得又极微细。因为我不会交际,开画展都是硬碰硬的,成功时少,失败时多。当时我也发觉这工作的无聊,几次想投笔。但是流亡中的家庭担负(其时子女七人均未成长,从浙江流亡到四川,连亲戚共十二三人,全靠我一人担负),不许我如此,我就以此为理由,一直卖画。现在回想,这全是小资产阶级个人主义的、家庭本位的和利名观点的思想所使然。

(三)纯艺术观点:我过去的艺术观,完全是从资产阶级的为艺术而艺术的思想出发的。我探究这思想的来源,发见有两个:第一,是李叔同先生的影响。李先生是写实派而略带印象派的油画家,而我独崇拜印象派画风。所谓印象派,是不讲画的内容意义,而专重光线和色彩的画派。稻草堆、水面、朝阳、落日、器什、花果……只要光线好、色彩好,都是杰作的题材。我当时曾经醉心于这种纯技术。其实李先生并不注重这画风,我这学生却"青出于蓝",变本加厉地爱好它。我少有作油画的机会,但在我的艺术译著中,除了普遍地、不加批评地介绍欧美各种画派之外,特别强调地介绍印象派画风。我眼中完全看不见世界、社会、国家和人民大众,而只看见光线、色彩和形状,这是养成我的纯艺术观点的最初的原因。第二,是厨川白村的《苦闷的象征》的影响。前面说过,这是我平生第一册译作,我从它受得的影响更大。《苦闷的象征》中有这样的话:艺术是脱离实际、脱离实用的;文艺创作是无条件的创造生活;人只有在游戏(无条件的活动)时是完全的人;为艺术的艺术,即个人自由创造,才是真正的为人生的艺术。我对这话发生共鸣,更巩固了我的纯艺术的立场。其实,现在我才知道:我全是断章取义,全是对于厨川白村的误解。厨川白村所以作这种论调,因为处在日本反动统治之下的缘故。倘若那时日本解放了,他一定不把艺术称为苦闷的象征,也许要称为团结、斗争、和平、幸福的象征,而决不作这种论调。不然,鲁迅先生为什么也翻译这册书,而至今还载在《鲁迅全集》中呢(我与鲁迅先生不约而同地同时翻译此书,同时出版。后来我由陶元庆介绍去访鲁迅先生,说明我的无心的冲突。这是我与鲁迅先生的初面)?可见我心灵的深处原有资产阶级的纯艺术思想,里应外合地结合了《苦闷的象征》中的断片句语,造成我过去的思想错误。

(四)旧人道主义观点:这种思想的来源,也有两个:第一是家传的旧道德思想。我父亲是举人,我祖母是女知识分子,我幼时读过四书五经。"温柔敦厚"是我的家教。我小时曾以"忠恕"、"温良恭俭让"为座右铭。因此一向缺乏斗争心,而确信感化主义。我的参加创办立达学园,就是这思想的事实表现。立达的创办人以匡互生先生为首,有夏丏尊、刘薰宇、陶载良先生等许多人,我也参加在内,而且以七百元卖脱了一间房子来作为创办费。我所以如此热心,是为了立达的感化主义的教育:不记过,不开除,教师与学生同兄弟姊妹一样共同生活；每个教师都担任导师，教课而外又指导学生的生活；学生犯了过失，教师苦口地说服他，匡先生甚至对他们流涕；校中捉牢了偷儿不送公安局，也用劝导和说服来帮助他改过自新。凡此等等，我都衷心地同意，因此热心地参加。我读夏丏尊先生译的《爱的教育》，常常流泪。现在回想，立达的精神，有几点是有意义的（例如导师制、说服主义），然而我的参加，完全为了我个人缺乏斗争性，有着温情的旧道德观念的缘故，也不外乎对于匡先生、夏先生的教育精神的片面的强调。第二，是佛教的影响。我生来不吃肉，是生理的素食者；后来李叔同先生出家为僧，我从他学习大乘，皈依了他，做了佛教徒，虽然我这佛教徒是不念佛、不念经，又不戒酒的。佛教本身怎样，现在不谈；现在要谈的，是我局部强调了佛教中的"护生戒杀"与"人世无常"的意义，造成了慈悲与悲观的错误思想。我的《护生画集》（此书三册，由佛教书局出版，大半非卖品，卖品亦只收印本，欢迎翻印，是一种善书），便是前者的表现，我的随笔中时时透露人世无常的悲观色彩，便是后者的表现。在封建资本主义恶势力统治的时代，我不关心被压迫人民的苦痛，而斤斤于动物生命的保护，真是"明足以察秋毫之末而不见舆薪"！对于扩展于全世界的反帝国主义火热的斗争，我视若无睹，而独自感伤于人世的无常，正是个人主义的典型表现。这种思想使我远离了集体主义生活，而变成孤独。我的画中，描写儿童生活的甚多，便是生活局限于家庭的小圈子而从来不知道集体生活的缘故。我的画集《人间相》等，也描写穷人的苦痛，对社会的不平等表示讽刺，又多写劳动者的姿态。表面看来好像是前进的，其实，正如毛主席所说，我是屁股坐在小资产阶级而描写这些工农生活的。我有一幅画，描绘女人为一军阀拔去头上的白发，题曰"公道世间惟白发，贵人头上不曾饶"。表面看来是讽刺贵人的，其实正是人世无常的思想的表现。可知我过去旧人道主义思想很浓重。这旧人道主义有时表面上会用进步的形式出现,而根本上全然是不健康的、病的表现。

上述四点,合力造成了我的思想的混乱与错误。此外,我的二十六年来的(我三十岁起不任职务,闲居家中,直至现在。惟其中逃难到大后方时因生计关系,在浙江大学等任课三年)离群索居,助成了我的脱离群众的习惯;解放[1]以来虽然常常出席各种会议,然而旧习的影响还是存在。总之,我的思想错误,由于过去脱离群众,不问政治,不能认清阶级立场,对于阶级斗争袖手旁观,因而长年地从事于为资产阶级服务的纯艺术工作,而使我的错误思想广泛地流毒在人间。今天,我要向广大群众表示由衷地忏悔。

我的思想改造的动机,发生于一九四九年冬。在先我读了毛主席《延安文艺座谈会讲话》,不能全般接受;续读马克思《资本论》,再读《延安文艺座谈会讲话》,方才信服了。我要求再多学习,但旧日的好高心使我不满于阅读国内的译作,想向社会主义的先进国家苏联求深造。一九五一年元旦开始,我摒除一切,从事俄文学习。埋头两年,总算能够看俄文的文艺书了。然而苏联革命已有三十多年,比我国先进得多;我在俄文的书籍中所看到的,大都是民主文化前途的光明灿烂,而其中可以帮助我的思想改造的,并不很多。

因此我确定了,我的思想改造,主要的还靠学习本国的政治,即马列主义结合中国革命实际的毛泽东思想。因此我定下三条具体计划:一、加强政治学习,普遍地阅读各种文件和书籍;二、加强业务学习,多多地把今日中国人民所需要的苏联文艺介绍过来;三、加强集体生活思想,参加各种应该参加的集会。

---

[1] 即新中国成立。为尊重原作起见,书中类似情况均未改动。

我过去好比患了肺病，整风的 X 光检查出了我的病状。今后只要好好地疗养，定能恢复健康。马列主义结合中国革命实际的毛泽东思想，好比是空气和日光，是我的最良好的营养品。我确信，在党的领导之下，在群众的督促之下，我认真学习，必能改正过去一切错误思想，而成为一个能为人民服务的文艺工作者。

　　以上是我的初步的自我检讨。我在美术界同志的小组中最初发表这篇检讨的时候，同志们给我的帮助极少。除了某同志劝我把《护生画集》加以批判，劝我举旧日的画作为实例之外，并没有给我别的具体的批评。所以这差不多全是我的自我批评。昔子路"人告之以有过则喜"。我虽不才，心窃慕之。此文公布后，倘蒙读者惠赐批评，则幸甚矣。

我的心愿[1]

读了周总理的关于知识分子问题的报告，我表示衷心的拥护。我确信这个报告一定会使我国所有知识分子毫无例外地发挥每个人的力量，一定会使我国的文化科学也来一个飞跃突进，赶上世界水平。我们一定可以在不很长的时间内实现毛主席的伟大号召——"我们将以一个高度文化的民族出现于世界。"

我想我们每一个知识分子读了这个报告之后，大家一定奋发自励。我也不例外。

我因为患肺病，近年来一直在家休养，又患了风湿，不能用毛笔作画。到现在只能半天工作半天休息，来从事译述。解放六年来，我用了约两年时间来学习俄文，用了约三年时间来译述苏联美术音乐教育书籍，其中一年多是在生病，不能工作。六年中，我译述的书，关于美术教育的有三册，关于音乐教育的有六册（其中几册是和丰一吟、杨民望合译的），关于文学的有屠格涅夫的《猎人笔记》。在数量上看来似乎不算少，倘若仔细检查起来，在质量上一定有很多缺陷。我读了周总理的报告，深深地觉得自己的译述工作做得还不够多不够好。

---

[1] 原载《文汇报》1956年2月8日。

今后除了积极参加我们知识分子必不可缺的政治学习之外，更要努力从事业务学习，并在我的健康所许可的最大限度内，尽量增加我的工作量。

我现在正和丰一吟合译柯罗连科的《我的同时代人的故事》，全书共有一百二十多万字，要在两三年内才能译完，我要尽快完成它。我要求自己尽最大的能力，把它译好。再来译其他的书。

我们不久将以一个有高度文化的民族出现于世界上。我们每一个知识分子都要对此献出自己最大的力量，我自己也不例外。

敬礼[1]

像吃药一般喝了一大碗早已吃厌的牛奶,又吞了一把围棋子似的、洋纽扣似的肺病特效药。早上的麻烦已经对付过去。儿女们都出门去办公或上课了,太太上街去了,劳动大姐在不知什么地方,屋子里很静。我独自关进书房里,坐在书桌前面。这是一天精神最好的时光。这是正好潜心工作的时光。

今天要译的一段原文,文章极好,译法甚难。但是昨天晚上预先看过,躺在床里预先计划过句子的构造,所以今天的工作并不很难,只要推敲各句里面的字眼,就可以使它变为中文。右手握着自来水笔,左手拿着香烟,书桌左角上并列着一杯茶和一只烟灰缸。眼睛看着笔端,热衷于工作,左手常常误把香烟灰落在茶杯里,幸而没有把烟灰缸当作茶杯拿起来喝。茶里加了香烟灰,味道有些特别,然而并不讨厌。

译文告一段落,我放下自来水笔,坐在椅子里伸一伸腰。眼梢头觉得桌子上右手所靠的地方有一件小东西在那里蠢动。仔细一看,原来是一个受了伤的蚂蚁:它的脚已经不会走路,然而躯干无伤,有时翘起头来,有时翻转肚子来,有时鼓动着受伤的脚,企图爬走,然而

---

[1] 1956年12月13日作于上海。原载《文汇报》1956年12月26日。

一步一蹶,终于倒下来,全身乱抖,仿佛在绝望中挣扎。啊,这一定是我闯的祸!我热衷于工作的时候,没有顾到右臂底下的蚂蚁。我写完了一行字迅速把笔移向第二行上端的时候,手臂像汽车一样突进,然而桌子上没有红绿灯和横道线,因此就把这蚂蚁碾伤了。它没有拉我去吃警察官司,然而我很对不起它,又没有办法送它进医院去救治,奈何,奈何!

然而反复一想,这不能完全怪我。谁教它走到我的工场里来,被机器碾伤呢?它应该怪它自己,我恕不负责。不过,一个不死不活的生物躺在我眼睛前面,心情实在非常不快。我想起了昨天所译的一段文章:"假定有百苦交加而不得其死的人;在没有生的价值的本人自不必说,在旁边看护他的亲人恐怕也会觉得杀了他反而慈悲吧。"我想:我伸出一根手指去,把这百苦交加而不得其死的蚂蚁一下子捻死,让它脱了苦,不是慈悲吗?然而我又想起了某医生的话:"延长寿命,是医生的天职。"又想起故乡的一句俗语:"好死勿如恶活。"我就不肯行此慈悲。况且,这蚂蚁虽然受伤,还在顽强地挣扎,足见它只是局部残废,全体的生活力还很旺盛,用指头去捻死它,怎么使得下手呢?犹豫不决,耽搁了我的工作。最后决定:我只当不见,只当没有这回事。我把稿纸移向左些,管自继续做我的翻译工作。让这个自作孽的蚂蚁在我的桌子上挣扎,不关我事。

翻译工作到底重大,一个蚂蚁的性命到底藐小;我重新热衷于工作之后,竟把这事件完全忘记了。我用心推敲,频频涂改,仔细地查字典,又不断地抽香烟。忙了一大阵之后,工作又告一段落,又是放下自来水笔,坐在椅子里伸一伸腰。眼梢头又觉得桌子右角上离开我两尺光景的地方有一件小东西在那里蠢动。望去似乎比蚂蚁大些,并且正在慢慢地不断地移动,移向桌子所靠着的窗下的墙壁方面去。我凑近去仔细察看。啊哟，不看则已，看了大吃一惊！原来是两个蚂蚁，一个就是那受伤者，另一个是救伤者，救伤者正在衔住了受伤者的身体而用力把他（自此不用它）拖向墙壁方面去。然而这救伤者的身体不比受伤者大，他衔着和自己同样大小的一个受伤者而跑路，显然很吃力，所以常常停下来休息。有时衔住了他的肩部而走路，走了几步停下来，回过身来衔住了他的一只脚而走路；走了几步又停下来，衔住了另一只脚而继续前进。停下来的时候，两人碰一碰头，仿佛谈几句话。也许是受伤者告诉他这只脚痛，要他衔另一只脚；也许是救伤者问他伤势如何，拖得动否。受伤者有一两只脚伤势不重，还能在桌上支撑着前进，显然是体谅救伤者太吃力，所以勉力自动，以求减轻他的负担。因为这样艰难，所以他们进行的速度很缓，直到现在还离开墙壁半尺之远。这个救伤者以前我并没有看到。想来是我埋头于翻译的期间，他跑出来找寻同伴，发见这个同伴受了伤躺在桌子上，就不惜劳力，不辞艰苦，不顾冒险，拼命地扶他回家去疗养。这样藐小的动物，而有这样深挚的友爱之情、这样慷慨的牺牲精神、这样伟大的互助精神，真使我大吃一惊！同时想起了我刚才看不起他，想捻死他，不理睬他，又觉得非常抱歉，非常惭愧！

鲁迅先生曾经看见一个黄包车夫的身体大起来。我现在也是如此：忽然看见桌子角上这两个蚂蚁大起来，大起来，大得同山一样，终于充塞于天地之间，高不可仰了。同时又觉得我自己的身体小起来，小起来，终于小得同蚂蚁一样了。我站起身来，向这两个蚂蚁立正，举起右手，行一个敬礼。

小感

前天晚上，女儿一吟因久咳忽然吐血，吐了半痰盂。邻居的贾医生给她打止血针并服药，吐血停止了。然而第二天下午又吐起来，又是半痰盂。贾医生不在家。连忙叫救护车送广慈医院急诊室。把病人交给了医生，我透一口大气。开救护车的同志来向我收车费，票子上写着一元二角。我惊诧地叫出："这样便宜？！"他随口回答道："急诊应该便宜。"

这寥寥六个字的答语，引起了我无限的感动、兴奋和庆喜。我想：在解放前黑暗时代上海这万恶社会里，急诊正是趁火打劫的好机会，"急诊应该敲竹杠！"在八年前，我做梦也想不到会从开汽车的人口中听到随便说出的"急诊应该便宜"这六个字！短短八年间的教养，已经使得这位开车子的同志体会了新社会的道德，所以他能够随便地、不做作地说出这六个字来。在医生替一吟治疗的期间，我心中的兴奋和庆喜驱散了我两天来的操心和忧虑。我确信她的病就会痊愈。

止血后，我走到病床旁边，把这感想告诉病人，她的苍白的脸上现出微笑。我相信这精神的安慰可以帮助治病，她一定可以起床来参加国庆。

胜读十年书[1]

我怀着最热诚、最虔敬的心,到火车站去欢迎四川省革命残废军人演出队。在路上我想:这是世界上最可感谢的人,因为他们为了保护我们的安全和幸福,不惜牺牲了自己的肢体;这是世界上最可钦佩的人,因为他们受了敌人的伤害,还用残废的身体来为社会主义建设服务。他们都具有最高尚的共产主义道德和最可贵的革命乐观主义精神。他们是我们的恩人兼导师。他们今天到上海来,是上海的光荣;我能够到站参加欢迎,是我的骄傲!

我到车站时,月台上已经挤满了许多欢迎者:有的拿着乐器,有的捧着鲜花,有的带着爆竹,有的背着照相机。大家不时伸长了脖子向轨道的西端探望。不久,火车居然开到了。从最后的一节车厢里,我们所热望的英雄们慢慢地陆续下车。这时候月台上充满了欢呼声、鼓掌声和爆竹声,几乎连说话都听不清楚。月台上所有的人的目光都集注在这车厢上。这车厢显得特别注目,好像比别的车厢特别高大,特别美丽,似乎发散着光彩。我一面拍手,一面在想:这车厢真有功,会载着这许多可爱的人来给我们。这队英雄下车后,

---

[1] 1958年11月20日作于上海,为欢迎四川省革命残废军人演出队志感。原载《文汇报》1958年11月21日。

——和我们握手。欢呼声、鼓掌声和爆竹声妨碍了我们的说话，难得听清楚。但见欢迎者和被欢迎者大家脸上堆着无限的笑容，表示真心的欢喜。英雄们有的走路跷拐，有的由人扶着，有的由人背着，有的脸上带着伤疤。然而个个精神勃勃，喜气洋洋。我和一位英雄握手的时候，我的手感觉得特别贴切而温暖。原来我所握的不是他的手，而是他的腕。他是没有手而只有腕的。他的腕特别温暖，足证他的身体非常健康，精神非常旺盛；足证敌人只能摧残他的手，万万不能摧残他的心！我紧紧地握住他的腕，一时不肯放手。我心中想：他这手是为了我们而牺牲的；但他不但绝不怨恨我们，却还要用无手的腕来给我们表演艺术！这使我多么惭愧，多么感谢！我恨不得立刻把自己的手扯下来装在他的腕上。这时候我禁不住两行热泪夺眶而出。这不是寻常的眼泪，这是惭愧、感激、钦佩、崇仰的结晶，我平生没有淌过这样高贵的眼泪。所以我不肯揩拭，挂着两行老泪和其次的一位英雄握手。她伏在另一人的背上，满面笑容，紧握着我的手，剧烈地摇动，一面对我说话。我从鼓掌声和爆竹声的间隙中听出了她的话中的三个字："老人家……"我猜想是"老人家也来迎接我们……"是表示谦虚的意思。我想回答她说："倘使没有你捍卫祖国，我这副老骨恐怕早已委诸沟壑，今天轮不到来欢迎了。"又是两行热泪夺眶而出。

不久英雄们全部下车，通过月台上的长长的音乐队和献花队徐徐出站。五彩的纸片和纸条天花乱坠，撒在英雄们的头上和身上。我和周信芳同志紧跟在被背着的女英雄后面，两人头上和身上也积了许多五彩的天花。走出站的时候，我看见不戴帽子的徐平羽部长的头发已经变成五彩，周信芳同志的肩上挂着长长的红条子，回看我自己身上也绕着一条鲜艳的绿带子。大家相视而笑。这真是"人世难逢开口笑"！

送一队英雄上汽车赴寓所休息之后,我们各自回家。我在归途上想:我今天不是来欢迎,是来上课。我上了一堂最充实的社会主义教育大课。上这一堂课,胜读十年书!

古稀之贺[1]

翻译《源氏物语》时偶然放笔,抬起头来,看见座右挂着一个条幅,上面写着一首俳句:

古稀の賀の近ずき鶴の空晴る。(中译为:吉稀之贺行看近,万里晴空任鹤飞。)

这是长于俳句的老朋友葛祖兰先生送我,预祝我七十之寿的。

我吟唱了一遍,想起自己已经年近古稀,觉得又惊又喜。惊的是流光如水,年华迅速;喜的是生逢盛世,老而益壮,年近古稀,还能抖擞精神地担任世界古典巨著《源氏物语》的翻译工作。我自己也觉得可贵。

我从三十岁起就辞去教师职务,从事绘画和译著,至今已历三十多年。这三十多年的长时期中,我究竟写了些什么呢?今天回想:前面二十多年中所写的只是些零星琐屑的小文和漫画;后面十几年中却

---

[1] 1961年岁暮作于上海。本篇日语译文曾载1962年《人民中国》(日文版)第2号。中文原文曾载1962年9月26日香港《大公报》。

作了四种巨大的译著,即《猎人笔记》、《西洋美术辞典》[1]、《我的同时代人的一生》[2],以及正在工作中的《源氏物语》。又画了许多大幅的绘画。

屠格涅夫著《猎人笔记》,我是在初解放的时候译的。所根据的原本是俄文本。中译本三十多万字,记得是在一年内译成的。

《西洋美术辞典》是我和女儿丰一吟合编的,字数共约百余万。所根据的书籍是日本版的西洋美术辞典、苏联的百科全书,以及其他美术参考书。

柯罗连科著《我的同时代人的一生》,也是和女儿丰一吟合译的,全四卷,字数共约百余万。这部苏联古典巨著,不听见有英译本及日译本,中国过去也不曾译过。我们这回是最初的中译。

《源氏物语》这部世界最早(一〇〇六年完成)的长篇小说,英国和德国都有译本,中国却没有,我这回是初译。估计字数约有一百多万,预计约三年完成。

我自己觉得奇怪:二十多年的壮年期中写不出什么东西,十几年的老年期中反而写出了四部巨大的译著,这是什么缘故呢?仔细回想,原来这是生活安定与不安定的关系。首先:在解放前,出版事业大都是私营的。书店老板剥削作者的劳动力,克扣稿费;他们大都不顾文化,惟利是图。译著者虽然有心从事富有文化价值的巨著的译作,却不容易获得出版的机会。因此我壮年期的工作,只是些零星的短文和漫画,谈不上什么成果。其次:更重要的原因是解放前作家生活没有保障,全靠稿费糊口,因此不得不迁就书店老板的需要,不能如意称

---

[1] 《西洋美术辞典》迄今未出版。

[2] 即《我的同时代人的故事》([俄]柯罗连科著),译者一度拟改为此名。

心地从事富有文化价值的工作。我回想解放前,对每种译著工作,都不得不先计算一下稿费收入;有时还不得不和书店老板讨价还价,以防遭受剥削。但在解放后的今日,"稿费"两字我几乎已经忘记;我对每种译著工作,只是考虑它的文化价值,全不想起它的物质报酬。因为我的生活早有终身的保障(我是受国家月俸的),绝不贪图稿费;即使没有稿费也不妨,何况付稿费的不是剥削图利的书店老板,而是公正贤明的国营出版社呢!因此最近十几年来,我能够专心一志地从事译著和绘画,能够随心所欲地表现我的思想感情。因此在短短的十几年的老年期中,我的工作反而获得了成果。

还有一个附带的原因:我的女儿一吟能够经常替我当助手,也是促成这成果的一股力量。我在译著工作中,有时要查考书籍,有时要校勘原稿和校样,或者编制索引,抄写文稿,我不耐烦这些细致工作,这都是由她代劳的。倘在旧时代,她为了自己的生活问题,不得不进书店当编辑或者当教师,没有时间来替我当助手,我也没有力量另雇助手。但是现在她是上海编译所的所员,这编译所的制度是各人自由在家工作的,不必每天上办公室。她既有按月的生活津贴,又有稿费,生活不成问题;在她个人的工作之外,尚有时间可以帮助我的工作;而且天天在我身边,接洽十分便利。我最近十几年来的工作比过去廿几年的工作成果较大,这不可不说是一个附带的原因。

关于绘画,前后两时期的对比更是显著:在旧时代,我画小幅的漫画。这些漫画的题材,大都是人生社会的黑暗相和悲惨相。我曾在一九三六年出版的画集《人间相》的序文中说:"吾画既非装饰,又非赞美,更不可为娱乐;而皆人间之不调和相、不欢喜相与不可爱相,独何欤?东坡云:'恶岁诗人无好语。'若诗画通似,则窃比吾画于诗可也。"我当时有一个图章,上面刻的是"速朽之作"四个字。因为我希望这种黑暗相和悲惨相早日消灭,让我另画一种欢喜相和可爱相。我这希望,果然在解放之后实现了!我早已把这颗图章毁弃。

解放之后,我眼前的黑暗都变成了光明,因此我的画笔活跃了,我的画面扩大了,我的画材丰富多彩了。我每次旅行,画材满载而归。全国许多报纸上都登载我的画,许多地方挂着我的画。我已刊行了一册儿童画集,不久又将刊一册更大的画集。十几年来,我在绘画方面的成果并不亚于译著方面呢!

"古稀の賀の近ずき鶴の空晴る。"我的老朋友送我这首贺诗,足证他是深知我近来的生活情况的,我自己也要对自己作"古稀之贺"。

新年随笔[1]

一九六一年的新年即将来到了。上海解放已经十一年半了。在十一年半以前,上海一向戴着"万恶社会"的帽子。我是浙江乡下人,乡下有一句描写上海社会的话,叫作"打呵欠割舌头"。这是极言上海社会之混乱,人心之险恶,恶霸流氓扒手之多,出门行路之难:在路上开口打个呵欠,舌头会被割掉的。然而十一年来,由于政治教育的移风易俗,"万恶社会"这顶帽子已经摘掉,上海早已变成一个光明幸福的亚东大都市了。从下面这段记事里便可窥见一斑。

前天我出门访友。走到弄口,看见一辆三轮车停在路旁,驾车员正坐在车上看报。他看见我来雇车,就跳下车来,把报纸折好,藏进坐垫底下,然后扶我上车。(雇车早已不须问价,按照路程远近,划一规定。从前那种讨价还价和敲竹杠,早已没有了。)开进一条横路,地方僻静,行人稀少,驾车员就和我谈话:"老先生今年高寿?贵姓?"我回答了,接着同样地问他。他说姓邱,今年三十岁。又说:"丰这个姓很少。我只知道一个老画家丰子恺,是不是您本家?"我问:"你怎么知道他?"他说:"我在报上常常看到他的画。"我向他表明就

---

[1] 1960年11月29日为中国新闻社作。

是我。他停了车，回过头来，看着我说："啊，我真荣幸……"我们就攀谈起来。他说出我所作的几张画来，评论画中的意义，表示他的看法，都很有见解。接着谈到他的身世。原来他只读过几年小学，解放后学习文化，现在已经能够读书看报。我推想这个人一定很聪明，很用功，并且爱好文艺。我望着他的背影出神，回想十一年半以前上海的"黄包车夫"，和这个人比较一下，心中发生剧烈的感动。十一年半以前，上海的"黄包车夫"在重重的压迫和剥削之下喘不过气来，口食难度，衣衫褴褛，哪里谈得到学习文化、读书看报，乃至欣赏图画？我在黑暗社会里度过了几十年，在垂老的时候能够看到这光明幸福的世界，心中感到说不出的欢欣。

车子经过热闹的马路，又转入一条横路。忽然他放缓了速度，回转头来，不好意思似地笑着说："丰老先生！我想请您签个名，最好画几笔画，好吗？机会难得啊……"我说："我很愿意。这里清静，你停一停车，我就在这里替你画吧。"他说："不，我要买本手册来。四马路有文具店，待我买了再请您画。"车子开到四马路，在一家大文具店门口停下了。他连忙进去，一会儿带了一本很漂亮的手册回来。我接了手册，问他花多少钱。他说八角。我说："这里太热闹，到了那边再画。"车子继续前进。我又望着他的背影出神地想：一本手册八角钱，足见他的生活很充裕。要是从前的"黄包车夫"，血汗换来的钱买米还不够，哪里会拿出八角钱来买手册？

不久车子在目的地停下了。地方很清静，我就坐在车子上展开手册来，用钢笔作画。我画一个儿童，手掌上停着一只和平鸽，题上"和平幸福"四个字，又加上他的上款，签了我的姓名。我又和他交换了一个地址，希望以后再见，然后下车。我问他车资多少，他摇摇手说："哪里哪里……谢谢您……"就想跨上驾车台去了。我拉住了他，说："很远的路，怎么可以叫你白费劳力？"就拿出一张五角钞票来，定要塞进他手里。他一定不受，用力推我的手。我也用力推他的手，然而要他不过。我就左手抓住了他的一只臂膀，右手把钞票塞进他的衣袋里去。岂知他气力很大，一下子摆脱了我抓住他臂膀的手，双手阻挡我的钞票。正在不得开交的时候，一个人民警察走来了。我就喊警察。警察走过来，惊惶地问："什么事？"我说："他从沪西踏我到这里，这么多的路，不肯受我车钱，请您……"他不等我说完，抢着对警察说："我，我应该……"警察脸上的惊惶之色变成了笑容。我乘他们对话的时候突然把钞票丢在车子里，快步走进门去了。但听见背后警察在阻止他追赶："老先生客气，你莫推却了吧！"接着是他的咕哝声和警察的笑声。

我通过朋友家的长长的走廊时心中想：刚才这一幕很像"君子国"里的情景。"万恶社会"已经变成"君子国"了。地狱已经变成天堂了。我就用这句话来庆祝一九六一年的新年。

这三轮车驾车员姓邱，名以广，家住闸北共和路二百六十弄三十五号。

我译《源氏物语》[1]

　　我是四十年前的东京旅客，我非常喜爱日本的风景和人民生活。说起日本，富士山、信浓川、樱花、红叶、神社、鸟居等都浮现到我眼前来。中日两国本来是同种、同文的国家。远在一千九百年前，两国文化早已交流。我们都是席地而坐的人民，都是用筷子吃饭的人民。所以我觉得日本人民比欧美人民更加可亲。过去我有许多日本人的先生和朋友。名画家藤岛武二、三宅克己、大野隆德、已故的日中友好协会副会长内山完造等，我都熟悉。我曾经翻译过日本的文学家夏目漱石、石川啄木的小说，以及德富芦花的名作《不如归》。这些译本现今在我国刊印流传，为广大人民所爱读。而在另一方面，我所著的《缘缘堂随笔》，也曾经由日本的文学家吉川幸次郎翻译为日本文。谷崎润一郎曾经在他的随笔《昨今》里评论我的随笔，并向日本读者推荐。原来我们两国人民，风俗习惯互相近似，所以我们互读译文，觉得比读欧美文学的译文更加亲切。

　　日本在世界上是文化发达最早的国家之一。日本的《古事记》和《日本书纪》，都是一千几百年前的作品，即我国唐朝时代的作品，

---

[1] 原载《文汇报》1962 年 10 月 10 日。

文章都很富丽典雅，不亚于我们汉唐的古典文学。那时候，欧洲文化还非常幼稚，美洲更谈不到。只有中日两国的文学，早就在世界上大放光辉，一直照耀到几千年后的今日。而日本文学更有一个独得的特色，便是长篇小说的最早出世。日本的《源氏物语》，是公历一〇〇六年左右完成的，是几近一千年前的作品。这是世界上最早的长篇小说。我国的长篇小说《三国演义》和《水浒》、意大利但丁的《神曲》，都比《源氏物语》迟三四百年出世呢。这《源氏物语》是世界文学的珍宝，是日本人民的骄傲！在英国、德国、法国，早已有了译本，早已脍炙人口。而在相亲相近的中国，一向没有译本。直到解放后的今日，方才从事翻译，而这翻译工作正好落在我肩膀上。这在我是一种莫大的光荣！

记得我青年时代，在东京的图书馆里看到古本《源氏物语》。展开来一看，全是古文，不易理解。后来我买了一部与谢野晶子的现代语译本，读了一遍，觉得很像中国的《红楼梦》，人物众多，情节离奇，描写细致，含义丰富，令人不忍释手。读后我便发心学习日本古文。记得我曾经把第一回《桐壶》读得烂熟。起初觉得这古文往往没有主语，字句太简单，难于理会。后来渐渐体会到古文的好处，所谓"言简意繁"，有似中国的《论语》、《左传》或《檀弓》。当时我曾经希望把它译成中国文。然而那时候我正热衷于美术，音乐，不能下此决心，况且这部巨著长达百余万字，奔走于衣食的我，哪里有条件从事这庞大的工作呢？结果这希望只有梦想而已。岂知过了四十年，这梦想竟变成了事实。这是多么可喜可庆的事！

我国人民政府一向维护中日友好，重视日本古典文学。解放后十余年，民生安定、国本巩固之后，便大力从事文艺建设，借以弥补旧时代的缺陷。关于日本古典文学介绍方面，首先提出的是《源氏物语》。经过出版当局的研究考虑，结果把这任务交给了我。我因有上述的前缘，欣然受任，已于去年秋天开始翻译，到现在已经完成了六回。全书五十四回，预计三年左右可以译毕，一九六五年左右可以出书。我预料这计划一定会实现。

关于《源氏物语》的参考书，在日本不下数十种之多，大部分我已经办到，并且读过。在译本中，我认为谷崎润一郎最为精当：既易于理解，又忠于古文，不失作者紫式部原有的风格。然其他各本，亦各有其长处，都可供我参考。我执笔时，常常发生亲切之感。因为这书中常常引用我们唐朝诗人白居易等的诗句，又看到日本古代女子能读我国的古文《史记》、《汉书》和"五经"，而在插图中，又看见日本平安时代的人物衣冠和我国唐朝非常相似。所以我译述时的心情，和往年译述俄罗斯古典文学时不同，仿佛是在译述我国自己的古书。我相信这译文会比西洋文的译文自然些，流畅些。但也难免有困难之处，举一个例：日本文中，樱花的"花"和口鼻的"鼻"都称为"hana"。《源氏物语》中有一个女子，鼻尖上有一点红色，源氏公子便称这女子为"末摘花"，而用咏花的诗句来暗中讥笑这女子的鼻子，非常富有风趣。但在中国文中，不可能表达这种风趣。我只能用注解来说明。然而一用注解便煞风景了。在短歌中，此种例子不胜枚举，我都无法对付，真是一种遗憾。为了避免注解的煞风景，我有时不拘泥短歌中的字义，而另用一种适当的中国文来表达原诗的神趣，这尝试是否成功，在我心中还是一个问题。

现在我已译完第六回"末摘花"，今后即将开始翻译第七回"红叶贺"。说起红叶，我又惦念起日本来。樱花和红叶，是日本有名的"春红秋艳"。我在日本滞留的那一年，曾到各处欣赏红叶。记得有一次在江之岛，坐在红叶底下眺望大海，饮正宗酒。其时天风振袖，水光接天。十里红树，如锦如绣。三杯之后，我浑忘尘劳，几疑身在神仙世界了。四十年来，这甘美的回忆时时闪现在我心头。今后我在翻译《源氏物语》的三年之间，一定会不断地回想日本的风景和日本人民的风韵闲雅的生活。我希望这东方特有的优良传统永远保留在日本人民的生活中。

新春试笔[1]

岁历更新，喜气充塞人间，我提起笔来，想写些感想，又觉得无从说起。忽见儿童穿着新衣吃甘蔗，便想起了顾恺之的一句话。晋朝有一位画家顾恺之，吃甘蔗时，总喜欢从梢上吃起，渐渐吃到根上。别人怪问他："梢上不甜，你为什么从梢上吃起？"他回答说："渐入佳境。"

我今已年近古稀，回想过去六十多年的生活，正像顾恺之吃甘蔗一样，渐入佳境。怎样"佳"法呢？且不说别的，单讲身体的健康情况吧。我从小多病，中年曾患眼疾，严重的角膜破裂，几乎失明；又患伤寒，几乎丧命；抗日战争时曾在贵州患痢疾，濒于危境；抗战胜利复员时又在陇海路上洛阳旅舍中患时疫，几乎不能返乡。身体经过几次斲丧，弄得十分虚弱，真成了个所谓"东亚病夫"。同时精神也弄得萎靡不振，曾长期闭门谢客，日与茶灶药炉为伴，自叹不能永年了。岂知近十四年来，知命之后，反而日趋健康；到了如今耳顺之后，身体竟越来越好了：一年四季，茶甘饭软，酒美烟香；工作之余，还有充分余力应酬宾客，逗玩儿童，真所谓"不知老之将至"。古语云：

---

[1] 写于1963年。

"老当益壮。"吾乡俗语云:"甘蔗老头甜,越老越清健。"在从前,这些话原不过是勉励或安慰人心而已,但如今我却实际地做到了。

这是什么缘故呢?原因很简明:从前生活困难,忧患多端;而现在生活安定,精神舒畅故也。古语云:"忧能伤人。"又云:"心广体胖。"确是至理名言。在从前,社会黑暗,弱肉强食,不论是非,欺诈剥削,不讲公道,贪官肆虐,恶霸横行。因此为人在世,提心吊胆,战战兢兢,苟全性命。像我这么一个文人,既无产业,又无权势,全靠教书与写作度日,维持八口之家的生活,天天要担心衣食,提防失业,心中常常忧患恐惧,身体怎么会健康呢?我的眼疾,全是由于经常为衣食而写作到深夜所致。我的精神萎靡不振,长年闭居,实是由于恐怕这恶劣环境,深恐失足遭殃之故。过去我有许多消极的文和画,正是"愤世嫉俗"的表现。

解放以后,这黑暗社会变成了光明世界。我心中的忧患恐惧也忽然消散,变成了欢欣鼓舞。我在上海生活数十年,亲眼看见它由黑暗变成白昼,感动特别深刻,曾在上海解放十周年时吟一首长诗,其中有句云:"盼到英勇解放军,虎口余生得保全。"又云:"巩固主权明法令,肃清败类任贤能。十年生聚兼教训,都城面目焕然新。今朝庆祝乐无疆,饮水思源莫忘恩。"这和我过去愤世嫉俗的消极诗文恰恰相反,也由黑暗变成了光明。同时我的身体也就由虚弱变成了壮健。新中国的建设事业一年胜似一年,人民生活一年好似一年,我的身体也一年强似一年,真正是"返老还童",前途光明。这情况不是我个人所特有的,画家齐白石、黄宾虹、姚虞琴、商笙伯等,都活到九十以上。上海文史馆中,今年有四位九十岁以上的老馆员。其中有一位还健步如飞。我比较起他们来,还只是个小弟弟呢!我的祖父只活三十三岁,我的父亲只活四十三岁,我年近古稀还在做小弟弟,可见我真是"强爷胜祖"的了。

身体好，工作成绩也好了。我现在担任上海中国画院院长，又兼任上海美术家协会主席。公余还有时间和精神来从事作画与作文。我的新作画集正在印刷中，不久可以出版，我又在翻译日本古典文学《源氏物语》。这是一千年前出世的一册一百多万字的古文长篇小说，分四册刊行，一年来我已译完一册，一九六三年夏季可以出版，预计一九六五年可以全部完成。完成之后，我一定还可做更多更好的工作。

身体好，游兴也好了。每年春秋佳日，我必偕老妻小女等同作游玩。大前年曾游黄山，黄山管理处的处长见我年老，定要我坐轿，我坚决拒绝，徒步登山，爬上海拔一千九百米的天都峰。前年我遍游江西各大城市，又上井冈山参观。去年也遨游江浙各名区。今年，明年，后年……我将继续游览我国名胜之地。

新的欢喜[1]

我住居上海,前后共有三十多年了。往日常常感到上海生活特点之一,是出门无相识,街上成千成万的都是陌路人。如果遇见一个相识的人,当作一件怪事。这和乡间完全相反:在乡间,例如我在故乡石门湾,出门遇见的个个是熟人。倘有一只陌生面孔,一定被十目所视,大家研究这个外来人是谁。

我虽然有时爱好上海生活,取其行动很自由,不必同人打招呼,衣冠不整也无妨,正如曼殊所云:"芒鞋破钵无人识,踏过樱花第几桥。"然而常常嫌恶上海生活,觉得太冷酷,有"茫茫人海,藐藐孤舟"之感。

然而这是往日的情况。近几年来,上海与我的关系变更了:出门常常遇见认识我的人,和我谈话,甚至变成朋友。有种种事实为证:

有一次我坐三轮车,那驾车人在路上问我:"贵姓?"我说:"姓丰。"他说:"这个姓很少。我所知道的只有一个老画家丰子恺。"我问他:"你何以知道丰子恺?"他说:"我常在报上看到他的画。"我向他说穿了,他就在途中买册子要我画,又和我交换通信地址,变

---

[1] 写于 1962 年。

成了朋友。我曾经特写一篇短文，叙述此事。

有一次我上剃头店，那理发师对我看看说："你老先生的相貌很像画家丰子恺呢。"我问他何以认识丰子恺，他说常在报纸杂志上看到我的照片。我也就说穿了，他很惊奇，仿佛以为我是不该剃头的。从此我们就成了相识。

有一次我自己上邮局寄挂号信。挂号信上必须写明发信人姓名。那邮局职员见了，便告诉邻桌的人，一传二，二传三，弄得柜台里面所有的职员都看我，有的还和我谈话。我去寄信，仿佛去访问朋友。

有一次我上咖啡馆吃冰淇淋。几个穿白制服的服务员聚在一角里向我指点窥探，低声议论。我觉得很奇怪。后来一个服务员走过来问我："你是不是丰子恺老先生？"我承认了。他就得意洋洋地向他的同事们说："我说是，果然没认错！我在报纸上看见过相片的。"以后我就常到这店里去吃东西，有人相识，就觉温暖，仿佛在家里吃。

再举一例吧：有一次我带了一个孩子到附近食品店买糖果，照例有一个店员因报纸上的照片而认识了我。他的一个同事不认识我，他便怪他："你不看报吗？"这一天我多买了些糖果，摸出钱包来一看，钞票不够付了，便要求他减少些货物，因为钱带得不多，下次再来买。这店员说："不妨不妨，下次补付吧。"我觉得不好意思。另一人说："我们替你送去，向家中取款吧。"我觉得好，便把门牌号码告诉他。我带了孩子又在别处走走，回家时东西早已送到了。

好了，不该再啰唆了。总之，近年来上海对我的关系变更了。我住在这七百万人口的大都市里，仿佛住在故乡石门湾的小镇上，不再有"茫茫人海，藐藐孤舟"之感了。

这变更的原因何在？很明显的：所有的工作人员都识字，都看报，都读杂志，因此认识我的人多起来了。我的画和文和照片登在报纸杂志上，并非近来开始，已有三四十年了。何以从前在上海滩上"芒鞋破钵无人识"呢？就为了车夫、店员等人大都不看报，不读杂志，甚至不识字。而解放以来，扫除文盲，提倡文化，一般人的知识都大大提高，因此认识我的人多起来了。

这在我是一种新的欢喜。乘这新年将到之时记录下来，以助新年佳兴。

韶华之贱,无过于今日[1]

1969 年 4 月 28 日 致新枚

你一定天天候好音,等得不耐烦了。所以我今天把详情告你,以资慰藉。并有好消息,即林×××报告中提及:"资产阶级学术权威,或一批二看,或一批二用,或一批二养,不作为敌我矛盾,而作为内部矛盾。"(大意如此,想你已看到了。)近一二月来,变化甚多,总之是一步一步地使斗批对象与群众接近:起初拆牛棚,与群众住在一起;改请罪为请示;改三鞠躬为一鞠躬;与群众一起学习;今天又废止劳动(本来每天早上劳动半小时,我是揩玻璃窗),前天起,大家戴像章。——总之,是渐渐地使我们与群众相融合。看来是逐步进展,直到解放。前天有工宣队声言,即日要定性定案,但二三天来杳无消息,想来是被"九大"耽搁了。总之,时间不会长了。我身体甚好,每天早上六时四十分出门,廿六路电车常有座位。星一、三、四、六,五时下班。星二、五,八时下班。但今天(星二)忽然六时下班了,可见此例也将改变。贺天健每天来,有时请病假。陈××捉进派出所了。马公愚病死了,此外无变化。我每天廿六路去,四十二路回家。走资

---

1 标题见作者 1970 年 11 月 1 日致幼子新枚信。

派程亚君隔离了一年多，最近放出来了，和我们住在一起。
……

1969年5月17日　致新枚

我很健康。生活也习惯了。北面房间，上星期已还给我，现在家里很舒服，我同母睡在北室，前室作吃饭间，阳台空着。可惜你不来看看。我单位"文革"进行迟缓，别的单位也如此，听说五月内要定性定案，但是否实现，很难说。总之，我现在不希望它早结束，反正总有结束的一天。林×××报告第四部分中指出对于资产阶级反动学术权威一段，你想必看到了。这证明党处理从宽。我放心了。我近来相信一条真理：退一步海阔天空。退一步想，对现在就满足，而心情愉快。例如你，远在石家庄，不得见所亲的人，但退一步想，如果到了更远的地方，还要苦痛，则现住石家庄，可满足了。你不在此，家中全靠阿姐，凡对外对内种种事体，都是阿姐主持。她近日观察，她不会下放插队落户。故可放心。我劝她重温日本文，因俄文无用，而英日文尚有用，是毛主席说的。

我们请罪已改为请示，鞠躬取消，身戴像章，劳动废止，与群众混处一起。只欠缺"解放"二字。由此看来，这不是一刀两断的，而是逐渐逐渐的，近日来，我完全无事，全面交代早已通过。现在天天看别人交代，也快交代完了，故前途看来不很远了。总有一天将好消息报告你。
……

1969年8月23日　致新枚

久未写信给你，有许多话想对你讲，拿起笔来不知从何说起。
首先：政策拖延，上周解放了三人，我不在内。还有二人未解放，不知何日轮到我。反正时间问题，我现在也不盼望了。我把上班当作日常生活，注意健康，耐心等候，我准备等过国庆，等到春节。

秋天到石家庄，已成泡影，明春一定可靠。其间，好毛要来生产，你要来探亲，见面有期了。今天阿姐说，她也许要派外码头工作。我劝她要求派到石家庄，我与母跟她走。倘能如此，我们可以长久团聚了，至于石家庄物质生活条件，我实在看得很轻，不成问题的。只要有酒（威士忌也好），我就满足了。近我酒量甚好，每日啤酒一瓶，黄酒半斤。

唐云撤销隔离已久，我与他很投合，互相勉励，得到安慰。我们近来星期一、二、三到博物馆，四、五、六到药厂或画院劳动。劳动很轻便，而且有兴味，往往三四点钟下班。我闲时用各种方法消遣，有时造"平上去入"四言句（前已告你），有时作"一声诗"，即个个字用平声，或上声，或去声，或入声。古人有"全仄诗"："月出断岸口，影照别舸背。且独与妇饮，颇胜俗客对。月渐入我席，暝色亦已退。此景最可爱……"以下忘了。我近作了"去声诗"："种豆又种菜，处处要灌溉……"未完，真乃无聊消遣也。

前日有人评一画，写"停车坐爱枫林晚，霜叶红于二月花"，画一人坐看红叶，是画错了。因为"坐"是"为了"之意，非真坐也。例如"坐罪下狱"，即为了犯罪而下狱也。此"坐"字我过去亦不解，以为真坐也。

……

1969年9月7日 致新枚

……

"八二八"命令后，加紧战备，诸事延搁，我已有思想准备，耐心等候，并不烦恼。听说，"退休"之风盛行。则我问题解决后，即可求退休，大愿遂矣。

你诗兴好，集"一"字起的七十多句，我无暇补集，想来可得一百句。我亦集句如下：新丰老翁八十八，儿童相见不相识，爱闲能有几人来，古来征战几人回，诗家清兴在新春，能以精诚致魂魄，记拔玉钗灯影畔，几人相忆在江楼，千家山郭尽朝晖，首阳山上访夷齐。[1]

今日华瞻来，欣赏你的集句，一字开头的，他加了几句。

"三"字开头的：三山半落青天外、三春三月忆三巴、三晋云山皆北向、三月三日天气新、三年谪宦此栖迟、三边曙色动危津、三千宠爱在一身、三月残花落更开、三春白雪归青冢、三分春色二分愁、三杯不记主人谁。"三"字很少。

……

1969年约10月上半月 致新枚

看花携酒去 携来朱门家 动即到君家 几日喜春晴 冷落清秋节 可汗大点兵 莫得同车归 死者长已矣 玄鸟殊安适 客行虽云乐[2]

你那集句，我看不懂，阿姐研究出了。现我也仿作如上，真乃无聊消遣，但亦雅事。

上周起，不到博物馆，到画院。可以不乘电车，步行十七八分钟。晨七半至下午五时。无甚事，真乃拖延时日，不知何意。"八二八"命令后，局势加紧，每天要写思想汇报。我货色多，不觉其苦，每天写一张耳。

贺工资已定，是一百七十元，如此看来，我将来不会比他少，但

---

[1] 此十句集句之首字连起来，是：新儿爱古诗，能记几千首。

[2] 此十句集句之首句首字与第二句第二字、第三句第三字……连起来，是：看来到春节，可得长安乐。

不知何日实现耳。我准备到春节,大约不会再延了。阿姐言,退休者甚多,我就希望退休耳。

……

1969年12月21日 致新枚

我二十日(星六)上午由乡返市,要在画院上班(博物馆已取消),约二星期,过元旦后再下乡。本定二十日上午在乡开大会,解决八个人的问题,岂知十九日下午上海发生了大事——文化广场失火——别的单位连夜返市,只剩我们一个单位,大会就作罢了。我看来,我们要在画院的二星期中解决。大都无甚问题,总是要解放的,不过拖延而已。

我身体很好,返家后,又吃补药,母也健康,眼很好,能写信。阿姐元旦前必返家,可与我见面。上次我返家,请假五六天,共住九天,曾到联娘家看好毛及新生儿丰羽。他们都很好。上次已函告你了?

天照顾:下乡后天天晴明,只有一个半天小雨。我在乡,吃早饭很好,粥、腐乳等。但午餐夕餐都不好,他们都是肉,我全靠自己带酱瓜、腐乳。但每餐二三两饭,并不饿。

唐云对诗词颇有理解,他有一次说"功盖三分国,名成八阵图。江流石不转,遗恨失吞吴",末句的意思是"诸葛亮应该联吴攻曹操,不应企图吞吴,故吞吴是失策的,是遗恨"。他说老杜诗用字仔细,故对李白粗枝大叶不满,有"重与细论文"之句。

我之所大欲,是退休。据说,大家解放后,才可申请。大约不久了。那时我首先到石家庄。

1970年4月10日 致新枚

嵌字之诗句,宜少作。我们是游戏,被人误解为"隐语",何苦。

但我还是不能忘情,有时要搜索"一、二、三……十"开头的诗句,甚多。"一枝秾艳露凝香……十三学得琵琶成。"可集几套。你信上"谢"字第三、第七,我与华瞻皆想不出。

……

1970 年 4 月 20 日 致新枚

今日是我回家第六天(四月二日),日见好转。惟体温仍在三十七度二左右。

昨上午有二青年来,态度异常客气(母称他们为"好人")。他们持画院介绍书,来调查抄家情况。我与母将几次抄家情况如实答复。他们记录了,给我看过,然后叫我签字,然后辞去,连称"打扰",所以母称他们为"好人"。此事不知说明什么?大约调查抄家物资贪污问题;或者是要发还抄家物资?不得而知了。

……昨夜梦"新丰老翁",他折臂,我伤腿,颇相似。他对我说:"我是'新丰',你是'老丰',我们大家活过八十八吧。"我卧床看字帖消遣,难得看书。

……

1970 年 6 月 6 日 致新枚

想到就写些,有便寄给你。

我生病,是因祸得福。天天吃鸡汤牛奶,以及好菜蔬(鸡、鱼、蛋、火腿、干贝)。如果不生病,决不会吃这些。酒不喝,省的钱正好买菜蔬。

……

Red Chamber(《红楼梦》),很可解闷。我桌上的 PAS 及雷米丰,倘能送给黛玉吃了,曹雪芹这部书的结尾就要改换面目。

阿姐等猜量，六月内或七月初，会解放我。我不急，迟早总要定案。上月去看病，挂号的、看病的、透视的，都知道我，和我谈了许多看病以外的话，很好笑。尤其是那挂号的，知道我很详细，并替我打算今后生活。

……

我回想过去，颇觉奇怪。二月二日早晨，我病明明是全身抽筋，是神经痛发作。为什么你和阿姐、好毛会带我去看肺病，而且果然验出严重的肺病来？秋姐很难得来，当天晚上会来苦劝我住院。凡此种种，好像都有鬼神指使的。可谓奇迹。

赖有上述奇迹，使我摆脱了奔走上班之劳。假定不病，即使解放了，到现在还要奔走（贺天健是其例）。到七月十六止，我已病半年，半年即为"长病假"，永不再上班了。近日，猜想画院的人也下乡"三夏"了，我倘不病，也要参加。

近每日早上五时半起来，大便后即坐在窗口洗面、吃粥、临帖。直到八时，吃了药，睡觉。睡到九时半起来吃牛奶，在床上看书写信，直到正午，在床上吃午饭，睡觉，三时起来，再看书休息，六时吃粥，黄昏闲谈，八时半就寝，旧梦甚多。——每天刻板似的，预感七月会好全，腿病亦渐愈，能独自步行，但不能持久，日后一定痊愈。

……

1970 年 6 月约 16 日　致新枚

前日宝姐替我送痰去验，回说"活动性"，即"开放性"，要传染的。于是家人大家去打预防针。结果小明抵抗力最强，其余都有传染可能，须打针。我本已没有参与人群的资格，如今又属开放性，更是"隔断红尘"了。近日体温照旧在三十七左右，不想喝酒。看来还得二三个月方可下床。

……

听说画院的人都下乡"三夏"了。那八十八岁的朱姓的也去,我很同情他。去冬他被上(因屋漏)落了许多雪,我睡的地方好些,枕边略有些雪。

我足疾好些,大便可以自己去,扶墙摸壁。这是神经痛。二月二日病发时,原是此病,不知你们为何拖我去看肺病,现在回想很奇怪。

……

我不想吃酒,足见体温未复正常。本来可以"掩重门浅醉闲眠",今只能"冥想闲眠"。冥想常入非非。有时回想过去,有许多事深悔做错了,但无法更正。此亦可以勉励今后,勿再做后悔之事。例如说,当年我花了七八千元(合今三万余)造缘缘堂,实在多事。还有,解放前夕,我顶进闸北汉兴里房子(十三根小金条),不久,以十根小金条顶出,也是多事。但五四年顶进这屋(出六千元),并不后悔。现在只差煤气在楼下,不方便,倘能把煤气改装在楼上,十全了。朱幼兰正替我设法。但我也并不十分盼望,因为以后住处未定。要看人事而定。

王介甫势盛时,有人(东坡?)作诗:"乱条犹未变初黄,欹得东风势便狂。解把飞花蒙日月,不知天地有清霜。"讽得甚好。后来王罢相,微行返乡,暮宿一农家,有老妪呼猪:"王安石!王安石!"盖其人家破人亡,皆害在王手里。恨极,以其名呼猪。

母眼还好,能缝纫,杭州寄来丸药,颇有效云。

再过三天,叫阿英妈去取药。再过一个月,七月十六,再去看病。算来已费了国家好几百元的医药费,这不可不感谢毛主席,祝他万寿无疆。

在重庆时,马一浮先生送我一诗:"红是樱桃绿是蕉,画中景物未全凋。清和四月巴山路,定有行人忆六桥。"他回杭时住六桥蒋庄。

可惜迟死了一二年，被逐出，到城中促居。在"文革"前死了，落得干净。

平生记得，关于吃酒，有两人最有趣：其一，你出世前一二年，抗战初，我家逃难到桐庐乡下，租屋而住，邻人盛宝函老人坐在一圆凳上，见我来了，揭开凳盖，取出热酒（用棉花裹好，常温）及花生，与我对酌。其二，西湖上（你八九岁时）有人钓虾，钓得三四只，拿到岳坟小酒店中，放在烫酒炉中煮熟了，讨些酱油，叫两碗酒，吃得津津有味。

居杭州时（你八九岁）客堂中挂一小联，用东坡句："酒贱常愁客少，月明都被云妨。"那时每月到楼外楼"家宴"，必请一外客，郑晓沧、苏步青、易昭雪等。楼外楼老板要我写额，我写古人句"湖光都欲上楼来"。此额解放后仍保存，但把老板之名割去，现在一定废弃了，作者，写者都是放毒呀。

岁晚命运恶，病肺又病足，日夜卧病榻，食面或食粥。切勿诉苦闷，寂寞便是福（全仄）。

1971年3月2日 致新枚

阿姐言：上次两人来看我，是准备开一批斗会，然后宣布解放。所以我必须准备到会一次。我记得那天他们问我"能下楼否？"看来就是要我再出席听骂一次，我已有心理准备，只要他们派人来扶。

你准备在城中觅屋，甚好。今秋我一定到石家庄，我对上海已发生恶感，颇想另营菟裘，也许在石家庄养老。你说有绍兴酒，那更好了。

……

1971年4月3日 致新枚

……

昨天来了个解放军,石门人,名周加骎,同我谈了多时,曾把你的住址抄去,他以后也许会来看你,所以我把本末详告你:

石门有一周紫堂,我年轻时,他在上海银楼工作,我与母常去看他(此时母在上海入学),此周加骎,即周紫堂之子,现在遵义某工厂(此厂造导弹云)当军管组。两三个月之前,此人从遵义来信,说起他一九五六年曾向我索画,我送他一幅。现在他又向我索新作。我看了此信,想不起他是何人(昨天才明白)。大家笑他冒昧,没分晓,此时还来向我索画。昨天他同我谈,才知道他都分晓,并不冒昧。他说:他室中向来挂我送他的一幅画。"文革"初,人们劝他勿挂,他就收了。去年,人们又说可以挂了,因此他又挂起来,并且向我索新作。我许他稍缓画给他。周加骎的通信地址是"凯山四七八信箱军管组"(保密不写遵义)。此人(他的夫人在长春,也未调拢)常常出差,周游全国。故也许会来看你。

上月来了一个新的工宣队,问问我病,最后对我说:"将来病好到画院来白相相。"前天又来一新工宣队,向我详细查问我家让出房子的经过。不知是何用意。阿姐说,如果将来要还我们,要求把煤气装到楼上来。华瞻说:现在,万事都要"落实",所以房子也要调查,不知究竟何意。

我正在写"旧闻选译"(古书上所见有意义的故事,用白话译出)。将来再写《往事琐记》。(前与你说过,写我幼时事。)两事都很有兴味。陶诗:"但愿长如此,躬耕非所叹。"又"在世无所需,惟酒与长年"。颇有同感。

1971年7月13日 致新枚

今日去看病,透视报告,照旧。约定十月十四再去看,给药三个月量。"衰年病肺惟高枕",大约老人患肺病只要高枕而卧就好了。

我自觉除肺外，百体皆健。语云"抱病延年"，因病，多休息，反而可以延年。

宝姐言，虽有"三还"消息，恐实行须拖延至国庆。因有许多头面人物（巴金等）还在斗批。我已等了多年，再等也不在乎。病人本来叫作 patient，是最会忍耐的。反正不会拖得很久了。

……

上次给你信，说及"译大乘"，此信须毁去，勿保留。此信也毁去。

1971年7月22日 致新枚

……有人劝我，将来可要求将你调上海，因你笔译口译皆能，上海用得着。此言不一定过分，也许能成事实，未可知也。我身体甚好，肺已入吸收好转期，在家日饮啤酒，早上研习哲学（已成五分之一，已给朱幼兰拿去看），真能自得其乐。

前日来的胡问遂是沈尹默的学生。言沈已于上月逝世，八十九岁。可见现在长寿者多。

尼克松访华后，中美关系势必加密，上海英译必多需要。故那人言调你来沪，并非空中画影，有希望也。来信勿言经济事，因信大家要看，我不愿大家知道。

1971年10月14日 致新枚

昨去看病，照旧。休假九十天之内，一定诸事都解决了。

以后来信，用"语录"二字代"画"字。因此间别人不知我寄你这许多画。我勿愿他们知道。

……

过去寄你的"语录"，已超过七十余幅，那序文将来要改。因尚有新的"语录"续作。

……

闻画院中老人大多上半天班,或全不上班。我将来一定不须再去上班。只要去看病,照例给假三个月也。

……

1972年4月16日 致新枚

此次诊治,X光透视,无变化。照旧给三个月药,七月十二再去看。

近日各方面(有三方面)向我报喜讯。大约不久可以打完牛皮官司(然而日期难说,我也不希望太早)。阿姐已在作各种具体计划:关于还款的,关于房子的……再见你们时,情况恐大变了。

一个插曲:我去看病时,旁边有一病客说:"此人姓名与上海一个大画家完全相同。"宝姐向他笑笑,我也不说。大约我的样子不像腔,他想这个人总不是大画家。

1972年5月9日 致新枚

……关于我的牛皮官司,各方喜讯都说得很确实,但是直到今天,只闻楼梯响,不见人下来。……

此间清和四月,柳絮已尽。窗外一片绿荫。

我很盼望初秋到杭州去一下,到石家庄去一下。余无话。

1972年6月2日 致新枚

我的官司至今没有打完,无颜写信给你们。目今万事拖延,我也不在乎了。

香港有读者,无端寄我港币一百元,即四十元二角。我分二十元给小羽买东西,另行汇出。(你们切不可买东西回敬我,使我反而扫兴。)

……

我盼望官司打完，到杭州去，到石家庄去。现在好像一根无形的绳子缚住我，不得自由走动。虽然我早上的工作很有兴味（译日本古典文学），总是单调。

我近来吃烟大减（日吸六七支）。吃酒也换一种方式：同外国人一样，把酒一气吞下，取其醉的效果。因我不爱酒的味道，而喜欢酒的效果（醉）。

……

1972年8月4日 致新枚

……

我最近早上翻译日本古典物语，很有兴味。因此幽居小楼，不觉沉闷。日饮啤酒二瓶，高级烟十余支，自得其乐。

今天是八月四日，一年前七月三日，画院老孙来，给我一信，内有十几个问题，要我答复。老孙说："简单回答些，问题就解决。"

……

市革委也有一女人来，口头问我几个问题，特别指出我歌颂新中国的作品。后来阿仙和民望都来报喜，说可靠消息，我是意识形态问题，毫无政历问题，故不久可无事解放。岂知直到今天，还是杳无音信。可见拖延得厉害。我已下定决心，从此不再等候，听便可也。好在我有丰富的精神生活，足以抵抗。病假两年半以来，笔下产生了不少东西，真是因祸得福。

……

联阿娘说：邵远贞写信与李先念，替你叫屈，说你因我关系，远放在石家庄，应该出来北京、上海当译员。此女如此肯管闲事，倒也想不到。好毛必知其详。

1972年9月9日 致新枚

……

昨来了市革委二人，同我谈了许久，几乎都是闲话，问病，问房子，问钱够用否？我与母都如实答复。最后说："你的问题快解决了。房子、工资等，那时一同解决。"看来，此次是真要解决了。也许深秋我可到石家庄来。我告那人："我要转地疗养，问题不解决，不好出门。"他答："快了，耐心一点。"

近来万事拖拉得厉害，所以对此事我也半信不信。且看。

……

1972年11月2日 致新枚

久不写信与你们，天寒，我室十一度，遥念北国，心思黯然。但你等决不会久居北地，不久可以图南，后事难料。此数年北地生活，亦是人生一段经历，可作他年佳话也。

此间，用不满足的心来说，是岑寂无聊，用满足的心来说，是平安无事。我是知足的，故能自得其乐，翻译日本王朝物语（一千年前的），已有三篇，今正译第四篇，每篇皆有十余万言，"文革"前完成的《源氏物语》（其稿现存北京文学出版社）有九十八万言，乃最长篇。此等译文将来有否出版机会，未可必也。

1972年11月7日 致新枚

好多天不写信了。今略有事相告：

（一）阿姐到画院去，问他们，书及画集已出版了（《猎人笔记》在北京再版，《丰子恺画集》在上海发卖，每册五元八角，我题签的字帖皆已发卖了），为何不定案。画院工宣队答言：他们亦盼望早解决，因为账早已算好，只等上头指示，立即交还物资。但他们只管"定性",无权管"定案"。因我是"头面人物",须中央宣布定案。他们已将"性"报告中央,所以书都出了。但何日宣布,他们也不得知。最后慰我们说"快了快了"。

如此我也安心了。性既定,则大事已定。迟迟宣布定案,且耐性等待,想来不会太长久了。我在此,眠食俱佳,身体很好。来客甚多,多年不通消息者,今皆已来访。

……

1972年11月8日 致新枚

……

郑晓沧来信,给一吟的,寥寥一行半,只问"令尊安否"。我亲复了。他又来信说:有刘公纯者(马一浮先生的学生),在杭州盛传我已死了。造成这误会。这在我是替灾免晦,已经假死过,不会真死了。余后述。

1972年12月30日 致新枚

今日画院工宣队人来,告知我,我已于上周五解放,作为自由职业者,内部矛盾。

工资照长病假例,打八折,电视机嘱即去领回。房屋亦将全部还我。抄家财物,过年后,可派人去领回云云。

……

1972年12月30日 致软软

告诉满娘,我今日被解放。工资照长病假例打八折。抄家物资、电视等,开年叫一吟去领回。他们派我自由职业者,属于内部矛盾。总算太平无事。

过春节后，我即将到杭州，在你家住多日，六七年来不曾离上海，也觉气闷。今后当走动。新枚在石家庄，近迁居，房屋较大，我也想去。

1973 年 1 月 23 日 致新枚

今日阿姐到画院，带了四大箱书画来。从前抄去的，都还来。

存款要等春节后原经手来，如数发还。至于扣发补不补，正在打报告请示。阿姐说："既是内部矛盾，大家都发还的。"他们说："可能发还，但不一定。"如此看来，至少，存款是一定发还的。

……总之，他们解放我，使我精神愉快，亲朋都为我庆贺，此精神上的收获，已属可贵。"皇恩浩荡"，应该"感激涕零"，少收回些钱，终是小事。

……

1973 年 4 月 2 日 致新枚

我到杭州去了一星期，胡治均陪去，照顾十分周到，竟像照顾小孩一样管我。我的脚力也操练出了。以后到石家庄，不须人陪了。满娘八十三岁，甚健，吃得比我多。看来可以长命百岁。软姐和维贤都竭诚招待，……杭州供应极差：馆子无好菜（西湖醋鱼吃不到），交通工具难觅。不可久留。我身体健好，尽日闲居休养。余后述。

1973 年 4 月 2 日 致软软

此次我游杭，非常快活。第一是看见满娘健康，甚为欣慰。今世长寿者多，此间有九十八岁之婆婆自去泡开水者。可知百岁以上不稀奇也。

……

1974年4月24日　致佩红

新枚大约即将回石，此信你看后留给他看，下面说的是上海等处文艺界近况。

北京有个画家，是林派，画一个树林，下面三只老虎。——意思是"林彪"。

又有一画家，画一个弹琵琶的女人，题曰"此时无声胜有声"。此人曾入牢狱，此画上一句是"别有幽愁暗恨生"。借此发牢骚也。

有一工厂中，贴一张大字报，说我的"满山红叶女郎樵"是讽刺。红是红中国，樵取红叶，即反对红中国。然而没有反响。见者一笑置之。由此，我提高警惕，以后不再画此画，即使画，要改为"满山黄叶女郎樵"。

……

北京的名画家李可染、吴作人等，向一个外宾发牢骚，说画题局限太紧，无画可作，此言立刻在外国报上发表。

……

唐云画一只鸡，也被批评；说眼睛向上，不要看新中国。但也无反响。

此种吹毛求疵的办法，在"文革"初期很新鲜，但现在大家看伤了，都变成笑柄。

……

1974年7月11日　致新枚

来信语重心长，我很感动。此次为巩固"文革"成果，上海又开批判会，受批判的四人，我在其内。原因是我自己不好，画了一幅不好的画给人，其人交出去，被画院领导看到了，因此要去受批判。但很照顾，叫车子送我回来（上海现在三轮车绝少，三轮卡也少）。第一次在画院，不过一小时，一些人提出问题，要我回答，我当然都认错，就没事。送我回来，外加叫一个小青年骑脚踏车送来，防恐我走不上楼。第二次在天蟾舞台，那是听报告，不要我回答，不过报告中提到我的画。这次南颖陪我去，他们叫三轮卡送我回来。事过两月，我的工资照旧一百五十元，"内部矛盾"的身份也不改，你可放心。

自今以后，我一定小心。足不出户，墨也不出户。真不得已，同阿姐等商量过行事。我近日正在翻译夏目漱石的小说，是消闲的，不会出门。每天吃酒一斤半，吸烟一包半。近日已有蟹，吃过几次了。

……

有一个人从洛阳来，向邮局探得我的地址，来求写字，我写了毛主席诗及另一幅白居易诗给他。

文彦难得来。上周来，带一包田鸡（青蛙）给我，我不吃，让他带回去。

……

有一个人在杭州放谣言，说我死了。害得许多朋友来信给华瞻、一吟，问我健康否。我亲笔写回信辟谣。我到今年阴历九月廿六，是实足七十七岁。现在百体康强（只是右足行路不便），看来当比章士钊寿长。（章九十三岁死在香港。）

海外极少通信，大都不复。香港《大公报》（是党办的）的记者高朗，有时来信，问候而已。

1974 年 8 月 24 日　致新枚

……

我气喘病，早已好了。有人（石门湾同乡）送我一棵灵芝草，此物难得，乃从深山中采得，据说煎汤服用，可治气喘。我现已好全，暂时不用。放在抽斗里，香气溢出，闻之气爽。昔人有联云：

芝草无根，醴泉无源，人贵自立。

流水不腐，户枢不蠹，民生在勤。

……

前信我说"足不出户，墨不出门"。今应改为"画不出门"。因求字者甚多，未便拂其意，写毛主席诗词，万无一失。求画者，婉谢之。

1975 年 4 月 24 日　致新枚

我到乡下十天，他们招待周到，我很开心。只是来访的亲友甚多，应酬亦很吃力。送土产的很多，满载而归。胡治均照顾我，非常热心。他也收得许多土产。石门湾新建的石门镇"人民大会堂"，正在工作中，门额是我写的，每个字二公尺见方。

我写了许多张字去送人，是贺知章诗：

少小离家老大回，乡音无改鬓毛衰。

儿童相见不相识，笑问客从何处来。

我每次入市，看者人山人海，行步都困难。有人说我上海不要住了，正在乡间造屋，养老。如此也好，可惜做不到。

1975 年 6 月 11 日　致软软

知道满娘患病，甚为挂念。我又不能亲来探望，心甚焦急。我想，满娘年纪不算大。生育少的人，元气充足，小病定能复健。今世寿长的人很多。古语云："夜饭少吃口，活到九十九。"满娘定可向他们看齐。你和维贤都请假侍奉，甚好。但望不久收到好消息。

1975 年 7 月 29 日　致新枚[1]

与宝姐信我已看过。你送妻子入京，端居多暇，作嵌字诗，亦是一乐。时人对你评判甚好，深为喜慰。不批评别人，亦是厚道存心，无伤也。我一向老健，读书写字消遣，今晨写二纸，附寄与你，赠人可也。此间来客，闲谈笑乐，颇可慰情。母亦健康。姐仍多忙。嫂（志蓉）昨日赴京省亲，须二十余日还来。我日饮黄酒一斤，吸烟一包，可谓诗酒尚堪驱使在，未须料理白头人也。

1　此信是绝笔，丰子恺因患肺癌，于 1975 年 9 月 15 日在上海华山医院急诊观察室与世长辞。

艺术年表

丰子恺(1898—1975)

丰子恺夫妇初婚时于上海

1898 年（清光绪二十四年，戊戌）1 岁
—— 11 月 9 日（农历九月二十六日）生于浙江省石门县玉溪镇（今浙江省桐乡市）。乳名慈玉。
—— 父丰鐄，母钟云芳。

1903 年（癸卯）6 岁
—— 就读于父之私塾。学名丰润。

1907—1909 年（丁未至乙酉）10—12 岁
—— 转入于云芝私塾继续求学。
—— 按《芥子园画谱》勾描人像，被塾师发现。塾师命其画孔子像供同学朝夕礼拜，从此丰子恺负有"小画家"盛名。

1910—1914 年（庚戌至甲寅）13—17 岁
—— 就学于溪西两等小学堂、崇德县立第三高等小学校。改名为丰仁。

1914 年（甲寅）17 岁
—— 年初，以第一名成绩毕业于崇德县立第三高等小学校。因当时各校已改为秋季始业，在母校又滞留半年。
—— 2 月，在《少年杂志》第 4 卷第 2 期寓言四篇：《猎人——戒贪心务寡欲》《怀挟——戒诈伪务正直》《藤与桂——戒依赖务自立》和《捕雀——戒移祸务爱群》。署名：丰仁。此乃迄今为止发现的丰子恺最早发表的作品。
—— 9 月，考入浙江省立第一师范学校。

1915 年（乙卯）18 岁
—— 师从单不厂学习国文，单为丰仁取名子颛，后改为子恺。
—— 师从李叔同学图画、音乐。在李叔同的指点下，丰子恺确定了一生艺术之事业。

1916 年（丙辰）19 岁
—— 本年始，师从夏丏尊学习国文，视夏丏尊为自己的文学启蒙者。

—— 任浙江省立第一师范学校校友会文艺部干事。

1917 年（丁巳）20 岁
—— 参加学校桐阴画会及金石篆刻研究活动。
—— 任浙江省立第一师范学校校友会文艺部、言论部干事。

1918 年（戊午）21 岁
—— 5 月，作《清泰门外》等速写画。此乃迄今发现的丰子恺最早的画作。
—— 8 月 19 日，李叔同出家，号弘一，赠送给丰子恺的物品有：李叔同在俗时的照片、一卷李叔同亲笔写的自作诗词、《人谱》、一部残缺的原著《莎士比亚全集》。
—— 秋，在《浙江省立第一师范学校校友会志》第 16 期发表《晨起见园梅飘尽口占一绝》《溪西柳》《春宵曲》《浪淘沙》《朝中措》《满宫花》《减兰》《西江月》8 首诗词。此乃迄今发现的丰子恺最早的诗词作品。

1919 年（乙未）22 岁
—— 3 月，回故乡石门，与徐力民女士结婚。
—— 5 月，参加桐阴画会在杭州平海路省教育会二楼举行的第一次作品对外展览会。
—— 7 月，毕业于浙江省立第一师范学校。
—— 秋，与吴梦非、刘质平在上海创办中国第一所私立的艺术专科学校——上海专科师范学校，教授西洋画、日语等课程。同年，在上海东亚体育学校兼任图画、音乐课老师，在爱国女学、城东女学等学校兼课。
—— 11 月 16 日，与姜丹书、吴梦非、刘质平、刘海粟、张拱璧、吕澄、周湘、欧阳予倩等人发起成立中华美育会。
—— 12 月，在《上海东亚体育学校校刊》第 1 期发表《图画教授谈》。此乃迄今发现的丰子恺最早的艺术理论文章。

1920 年（庚申）23 岁
—— 在中华美育会出版的中国第一本美育学术刊物《美育》第 1 期发表《画家之生命》，第 2 期发表《忠实之写生》，第 5 期发表《文艺复兴期之三大画杰》。

——11月，在《上海东亚体育学校校刊》第2期发表译文《素描》。此乃迄今发现的丰子恺最早的译作。

1921年（辛酉）24岁
——早春，筹得在日本十个月的生活学习费用，搭"山城丸"号客轮赴日游学。
——7月，在《美育》第6期发表《文艺复兴期之三大画杰（续）》。
——冬，回国。复任教于上海专科师范学校，同时又在吴淞中国公学中学部兼课。

1922年（壬戌）25岁
——初夏，由夏丏尊介绍赴上虞白马湖春晖中学教图画音乐，兼授英文。授课之余，努力钻研文艺理论，开始用毛笔作简笔画，画风受日本漫画家竹久梦二、蕗谷虹儿，中国画家陈师曾、曾衍东等人影响。
——在《春晖》第4期发表《经子渊先生的讲演》《女来宾——宁波女子师范》（漫画），此乃迄今所发现丰子恺最早的漫画。

1923年（癸亥）26岁
——11月19、26日和12月3日，在《民国日报·艺术评论》第31、32、33号发表译文《艺术教育的哲学》。
——为夏丏尊译作《爱的教育》配作插图，并设计封面。

1924年（乙丑）27岁
——1月，在《春晖》第22期发表《英语教授我观》，建议取英美的名词，配上英美的名曲，合成音乐，使学生更切实地体验英美人的思想和精神。
——2月，在《教育杂志》第16卷第2号发表《小学生的描画能力及其开发指导》。
——在《春晖》第24、25、26、28期"白马读书录"发表读书札记。
——在《民国日报·艺术评论》第49、50、51号、52期[1]连载《音乐知识》；第49期发表《西洋美术的根源》，第52期发表《印象派以后》《曲线与直线的对照美》，第54期发表《构图上的均衡》，第55期发表《关于绘画的根

---

[1] 《民国日报·艺术评论》以"51"为界，之前用"号"，从"52"起用"期"。

本知识》，第 57—59 期连载《艺术教育问题的特色》，第 63 期发表《直到世界末——上海艺术师范五周纪念》。

——7 月，《我们的七月》由亚东图书馆出版，在刊物上发表漫画成名作《人散后，一钩新月天如水》。

——12 月，装帧画被用于亚东图书馆出版的朱自清诗与散文合集《踪迹》封面。

——离开春晖中学，到上海参与创办立达中学。

1925 年（乙丑）28 岁

——3 月，译作《苦闷的象征》由商务印书馆出版，此乃丰子恺的第一本译著。

——4 月 15、30 日，在《心之窗》第 3、4 号发表《近世音乐大家》。

——5 月 10 日，在《文学周报》第 172 期发表漫画《燕归人未归》。自该月起，该刊为其漫画标上"子恺漫画"字样。

——6 月，在《立达》季刊第 1 卷第 1 期发表《各国音乐的特征》以及《春莺》《花生米不满足》《黄昏》《晚凉》《吴稚晖》《月上柳梢头》《浣纱》。

——12 月，《子恺漫画》在文学周报社出版。此乃丰子恺最早的漫画集。

——12 月，《音乐的常识》由上海亚东图书馆出版。此乃丰子恺最早的一部音乐理论著作。

1926 年（丙寅）29 岁

——1 月，在《教育杂志》第 18 卷第 1 号发表《青年的艺术教育》。

——5 月 30 日，装帧画"矢志"图被用于中国青年社出版的《中国青年》纪念五卅惨案专号封面画。

——9 月，立达学会创办《一般》（月刊），为美术装帧设计及主要撰稿人。

——10 月，《音乐入门》由开明书店出版。

——秋冬时节，弘一大师在上海停留，居丰子恺家，为丰子恺取室名为"缘缘堂"。

1927 年（丁卯）30 岁

——2 月，第二本漫画册《子恺画集》由开明书店出版。

——8 月，与裘梦痕合编的《中等教科使用歌曲集·中文名歌五十曲》由开明书店出版。

——10 月 21 日，从弘一法师皈依佛门，法号婴行。皈依后的丰氏与弘一大师共同发心编绘《护生画集》。

——11月，译著《孩子们的音乐》由开明书店出版。

1928年（戊辰）31岁

——1月8日，在《立达》三周年纪念号第22—23期合刊发表《图画月话》。

——4月，《西洋美术史》由开明书店出版。

——5月，译著《艺术概论》由开明书店出版。

——7月，《艺术教育ABC》和《构图法ABC》由世界书局出版。

——与夏丏尊、杜梅生、吴仲盐、胡仲持等共同发起，改组开明书店，成立股份有限公司，当选为董事，后又任监事。

1929年（己巳）32岁

——1月，在《民铎》第10卷第1期发表译文《西洋音乐史鸟瞰图》。

——2月，《护生画集》由开明书店出版。

——3月，与裘梦痕合编的《洋琴弹奏法》由开明书店出版。

——3月，在《一般》3月号发表《对于全国美术展览会的希望》。

——在《美展》第4期发表《无用的绘画——告一般入场者（一）》，第6期发表《看展览会用的眼睛——告一般入场者（二）》，第8期发表《展览会场的壁——告一般入场者》。

——5月，译著《现代艺术十二讲》由开明书店出版。

——10月，《生活与音乐》由开明书店出版。

——11月，编著的《谷诃生活》由世界书局出版。

1930年（庚午）33岁

——1月，开明书店创办《中学生》，任艺术编辑。

——在《中学生》创刊号发表《为什么学图画》《眼与手》《美与同情》《图画成绩》等，第2号发表《从梅花说到美》《从梅花说到艺术》，第3号发表《告初学美术的青年》，第4号发表《怎样学习图画》，第5号发表"画得像"和"画得好"》，第6号发表《夏夜的星座巡礼》，第7号发表漫画作品《用功》、PAIRS、《必修科》《卫生家》《师生》，第8号发表《文学中的远近法》，第9号发表漫画作品《大考期内》《放假归家》，第10号发表《秋景与野外写生》。

——3月，《西洋画派十二讲》由开明书店出版。

——5月，《音乐初步》由北新书局出版；《近代二大乐圣的生涯与艺术》由亚东图书馆出版；译著《音乐的听法》由大江书铺出版；《近世十大音乐家》由开明书店出版。

——是年，译著《美术概论》由大江书铺出版。

1931年（辛未）34岁

——1月，第一部散文集《缘缘堂随笔》由（上海）开明书店出版。该集收散文《剪网》《渐》《立达五周纪念感想》《自然》《颜面》《儿女》《闲居》《从孩子得到的启示》《天的文学》《东京某晚的事》《楼板》《姓》《忆儿时》《华瞻的日记》《阿难》《晨梦》《艺术三昧》《缘》《大账簿》和《秋》。

——5月，《世界大音乐家与名曲》由亚东图书馆出版；《光明画集》由国光印书局出版。

——6月，《西洋名画巡礼》由开明书店出版。

——9月，与裘梦痕合编的《怀娥铃演奏法》、《学生漫画》由开明书店出版。

1932年（壬申）35岁

——1月，《儿童漫画》由开明书店出版。

——叶圣陶、夏丏尊和章锡琛等发起创办开明书店函授学校，成立开明中学讲义社，丰子恺被列为讲师。

——3月，《儿童生活漫画》由儿童书局出版。

——4月，译著《自杀俱乐部》由开明书店出版。

——5月，编选的《怀娥铃名曲选》《风琴名曲选》由开明书店出版；傅彬然编、叶圣陶书、丰子恺绘的《开明常识课本》由开明书店出版。

——6月，叶圣陶编纂、丰子恺绘图眷写的《开明国语课本》由开明书店出版。

——9月，应母校石门湾崇德县立第三小学校长沈元之请求，为该校作校歌并谱曲；译著《艺术教育》由大东书局出版；编选的《洋琴名曲选》由开明书店出版。

——10月，编选的《英文名歌百曲》由开明书店出版；《中学生小品》由开明书店出版。

——12月，《西洋音乐楔子》由开明书店出版。

——是年,《护生画集》由(上海)佛学书局出版;译著《音乐概论》由开明书店出版。

1933 年(癸酉)36 岁
——石门湾缘缘堂落成。
——秋,广洽法师请丰子恺为弘一法师造像一帧,请丰子恺题偈一章,分赠诸净友。丰子恺题:"广大智慧无量德,寄此一躯肉与血。安得千古不坏身,永住世间刹尘劫。"
——8 月,《护生画集》(英译本)由中国动物保护会发行;
——9 月,《子恺小品集》由开华书局出版。该集收《伯豪之死》《旧话》《出了中学校以后》《甘美的回味》《寄宿舍生活的回忆》《佛法因缘》《关于修培尔德》和《画家的少年时代》。
——是年,编选的《西洋名歌百曲》由开明书店出版。

1934 年(甲戌)37 岁
——5 月,《绘画与文学》由开明书店出版。
——8 月,《随笔二十篇》由天马书店出版。该集收《吃瓜子》《读书》《邻人》《蝌蚪》《给我的孩子们》《作父亲》《儿戏》《旧地重游》《两场闹》《梦痕》《两个?》《怜伤》《爱子之心》《梦耶真耶》《新年》《春》《五月》《九日》《随感五则》和《随感十三则》。
——9 月,《近代艺术纲要》由中华书局出版。
——11 月,《艺术趣味》《开明图画讲义》《开明音乐讲义》由开明书店出版。

1935 年(乙亥)38 岁
——4 月,《艺术丛话》由良友图书印刷公司出版;《云霓》由天马书店出版。
——7 月,《车厢社会》由良友图书印刷公司出版;与裘梦痕合编的《开明音乐教本》由开明书店出版。
——8 月,《绘画概说》由中国文化服务社出版;《人间相》由天马书店出版。
——9 月,《都会之音》由天马书店出版。
——12 月,《西洋建筑讲话》由开明书店出版。

1936年（丙子）39岁

—— 1月，开明书店为纪念创办十周年，创刊了一份以初中学生和高小学生为读者对象的重要的刊物《新少年》（半月刊），仍由夏丏尊任社长，丰子恺、叶圣陶等为编辑。

—— 6月，加入中国文艺家协会，并在《中国文艺家协会宣言》署名。

—— 10月，《艺术漫谈》由人间书屋出版；《丰子恺创作选》由仿古书店出版。

1937年（丁丑）40岁

—— 1月，《缘缘堂再笔》由开明书店出版。

—— 3月，《少年美术故事》由开明书店出版。

—— 11月21日，丰子恺率全家告别故乡，踏上了逃难之路，经杭州奔桐庐，径直投奔马一浮。12月21日，离桐庐西行。

1938年（戊寅）41岁

—— 1月，丰子恺等抵达江西上饶、樟树镇，接着抵达萍乡。在萍乡，丰子恺遇上当年在上海时的学生萧而化，并在那里的乡下暇鸭塘暂住度过1938年的春节。

—— 2月28日，离萍乡。

—— 3月12日，抵湘潭，未觅得住处，借宿一旅馆。13日，抵长沙，在长沙南门外天鹅塘旭鸣里附1号萧而化叔父家安顿家属。

—— 3月23日，率长女、次女赴汉口，住开明书店仓库近二月。

—— 在《文艺阵地》创刊号发表《〈我们四百兆人〉附说》；在《抗战漫画——全国美术界动员特辑》发表《漫画是笔杆抗战的先锋》。

—— 5月4日，《抗战文艺》创刊，丰子恺为该刊题写封面。

—— 5月，桂林教育局致函丰子恺，聘请其到桂林担任广西全省中学艺术教师教暑期训练班的课。

—— 6月24日，应桂林师范学校之聘，率眷抵桂林，暂居大中华旅馆。因桂林师范学校校舍尚未竣工，桂林开明书店经理陆联棠为丰家租得靖江王城附近的马皇背三间平房。暑假后租住泮塘岭40号谢四嫂家。

—— 7月，编著的《漫文漫画》、与萧而化合编的《口琴吹奏法初步》由大路书店出版。

—— 12月1日，为桂林师范学校学生作题为《漫画宣传艺术》的讲演。

—— 12月23日，接马一浮来信。浙江大学老友郑晓沧托马一浮转言，竺可桢校长诚意相邀，聘丰子恺往浙江大学任教。
——12月25日，在桂林师范学校仪式上发表讲演，提出"艺术办学"和"礼乐治校"的理念。
——是年，《兴华大力士（儿童战事画）》《大同大姊姊（儿童战事画）》由特种教育社出版；与萧而化合编的《抗战歌选》第一集由越新书局出版；与萧而化合编的《抗战歌选》由大路书店出版。

1939年（己卯）42岁

——1月，王星贤来函，告知马一浮已花去二百法币把一亩地和三间茅屋买下，要丰子恺去宜山浙江大学任艺术讲师兼训导。丰子恺决定前往。
——3月，筹备《中学生》复刊，丰子恺被提名为编辑委员。
——4月，抵达宜山，在浙江大学任讲师，授艺术教育、艺术欣赏两课。
——7月，《漫画阿Q正传》由开明书店出版。
——8月，编选的《中文名歌五十曲》由开明书店出版。
——8月18日，迁家属至思恩。日寇攻南宁。浙大嘱师生员工各自疏散。丰氏一家亦化整为零，历经千辛万苦，往指定地点贵州都匀进发。12月1日，全家相聚于都匀。
——是年，完成《续护生画集》，由弘一法师题字，共60幅，为祝弘一法师60岁寿。此书初由开明书店于次年11月印行。

1940年（庚辰）43岁

——续任浙江大学讲师，兼全校艺术指导。在都匀约住一月，又随校迁黔北遵义，几经辗转，在南潭巷的熊宅定居。
——2月，《大树画册》由文艺新潮社出版。
——4月，《缘缘堂随笔》由日本汉学家吉川幸次郎译成日文在日本创元社出版。此乃丰子恺作品第一次译成外文出版。
——11月，《子恺随笔》由三通书局出版。
——12月，《甘美的回味》由开华书局出版。

1941年（辛巳）44岁

——在浙江大学增授新文学课。

—— 在星汉楼，重绘旧作漫画，成六册，名《子恺漫画全集》。
—— 2月，《图画常识》由文化供应社出版。
—— 7月，《艺术修养基础》由文化供应社出版。
—— 10月，《子恺近作散文集》《子恺近作漫画集》由普益图书馆出版。

1942年（壬午）45岁

—— 5月，与赵廼康合著的《子午山纪游册》由遵义孤儿所发行。
—— 8月，《客窗漫画》由今日文艺社出版。
—— 9月，与萧而化合编的《口琴歌曲集》由越新书局出版。
—— 10月13日，弘一法师在泉州圆寂。18日，丰子恺知弘一法师"生西"，即静坐数十分钟，发愿为弘一法师造像100尊，分寄各省追随大师之人士。
—— 11月，应国立艺术专科学校校长陈之佛之聘，率眷去重庆，任该校教授兼教务主任；在重庆第一次举行个人画展，这次展出的都是逃难以来所作彩色风景画，并发表《画展自序》，阐述由黑白简笔漫画转变为彩色人物风景画之经过。

1943年（癸未）46岁

—— 1月，为实践诺言，开始作100幅弘一法师像。
—— 3月，《音乐初阶》由文光书店出版。
—— 4月，《画中有诗》由文光书店出版。
—— 5月，迁居刘家坟租屋，与雕刻家刘开渠为邻。夏，在沙坪坝正街以西租地自建竹壁平屋，命名为"沙坪小屋"。
—— 秋，辞去国立艺术专科学校教务主任之职。
—— 8月，《漫画的描法》由开明书店出版。
—— 10月，丰子恺著、汪子美绘的《我教你描画》由文风书局出版。

1944年（甲申）47岁

—— 1月，《艺术与人生》由民友书店出版。
—— 2—3月，携一吟去长寿、涪陵、丰都等地旅行并举行个人画展。
—— 2月，与吴甲原合作的《世态画集》由文光书店出版。
—— 3月，《音乐合阶》由文光书店出版；《文明国》由作家书屋出版。
—— 4月，《艺术学习法及其他》由民友书店出版。

——6月,《教师日记》由万光书局发行。
——9月,《人生漫画》由万光书局发行。
——12月,在南充、阆中举行个人画展。

1945年（乙酉）48岁
——元旦,邮政发行抗战时的军邮邮票,邮票图案由丰子恺绘。
——6月,参加立达学园成立二十周年纪念活动,并于6月23—26日在隆昌举办个人画展。
——7月,参加在成都举办的国际救济会的手工艺讨论会,举行个人画展,并为杜甫草堂书写杜甫《茅屋为秋风所破歌》。
——8月10日,日本投降。作画《八月十日之夜》,又名《狂欢之夜》,分赠亲友。
——11月1—7日,在重庆举行个人画展。
——12月,《子恺漫画全集之一:古诗新画》《子恺漫画全集之二:儿童相》《子恺漫画全集之三:学生相》《子恺漫画全集之四:民间相》《子恺漫画全集之五:都市相》《子恺漫画全集之六:战时相》由开明书店出版。

1946年（丙戌）49岁
——1月11—20日,在重庆举办《丰子恺漫画续展》。
——4月20日,卖去沙坪坝小屋,迁居重庆凯旋路特7号开明书店栈房,候舟车返江南。
——4月,《毛笔画册》由万叶书店出版。
——7月,乘汽车离开重庆,取道绵阳往广元。经陕西汉中至宝鸡,在夏宗禹母家小住。
——8月1日,乘火车抵开封。卧病开封,盘川将绝。不得已,回郑州,下武汉。住开明书店栈房,并举办个人画展以筹盘川。然后乘江轮至南京。
——9月,由南京乘火车到上海,暂居宝山路宝山里学生鲍慧和家。
——10月,《率真集》由万叶书店出版。
——11月,回故乡,凭吊一片瓦砾之缘缘堂并探望亲友。
——秋,在上海举行个人画展。画展期间,会见内山完造。
——12月,《子恺漫画选》（彩色版）由万叶书店出版。此乃丰子恺第一本彩色漫画册。

1947年（丁亥）50岁

——3月11日，迁入杭州静江路（今北山路）85号小平屋内，称之为"湖畔小屋"。
——4月，《又生画集》由开明书店出版。
——5月，《劫余漫画》由万叶书店出版。
——6月，《中日对照缘缘堂随笔》（共4册，《作父亲》《山中避雨》《西湖船》《谈自己的画》），由日本汉学家吉川幸次郎译成日文在（台北）开明书店出版。
——7月，《幼幼画集》由儿童书局出版。
——9月，《音乐十课》《猫叫一声》由万叶书店出版。
——10月，《小钞票历险记》由万叶书店出版。
——是年，为立达学园筹募复校基金，在上海、南京、无锡等地举行个人画展。

1948年（戊子）51岁

——2月，《博士见鬼》由儿童书局出版。
——3月，《丰子恺画存》第一、二集由（天津）民国日报社出版。
——9月，率幼女一吟离杭赴沪，与开明书店章锡琛一家去台湾旅游。
——在台期间，举办个人画展，并在台北电台发表演讲《中国艺术》。
——11月下旬，率一吟由台湾到厦门，与来自新加坡的广洽法师在厦门南普陀寺相会。凭吊弘一法师讲律遗址，作漫画《今日我来师已去》；发表讲演《我与弘一法师》《艺术的精神》《人生的三个境界》《广义的艺术》；在花巷民众教育馆举办个人画展。

1949年（乙丑）52岁

——居厦门，闭门三月，完成《护生画三集》创作。
——1月5日，丰子恺妻子徐力民率次子、幼子从杭州迁厦门，长女已先在该地任教。
——4月，赴香港举行三次个人画展；在香港《星岛日报》发表《嫁给小提琴的少女》《香港画展自序》；发表讲演《青年对于艺术修养》；请叶恭绰为《护生画三集》题字；4月23日返回上海。
——6月，《西洋音乐知识》，原书名为《西洋音乐的楔子》，由开明书店出版。
——7月，被选为"南方代表第二团"代表，列名"中华全国文学艺术工作者代表大会"，后因健康原因未到会。

1950（庚寅）53 岁

—— 1 月 23 日迁至福州路 671 弄 7 号开明书店章锡琛旧宅。开始学俄文，选高尔基短篇小说中俄文对照本习之。

—— 2 月，《护生画三集》由（上海）大法轮书局出版。

—— 4 月，《绘画鲁迅小说》由万叶书店出版。

—— 7 月，列席华东军政委员会第二次会议；出席上海市首次文学艺术工作者代表大会，当选为理事。

—— 是年，《音乐知识十八讲》由万叶书店出版；为周作人《儿童杂事诗》作插图 69 幅，以一文一图之形式发表于上海《亦报》。

1951 年（辛卯）54 岁

—— 在《进步青年》第 233 期发表《苏联的音乐》，第 235 期发表《苏联音乐家——阿雷桑德罗夫》，第 237 期发表《阿萨非耶夫（苏联音乐家之二）》，第 238 期发表《布洛西罗夫斯基（苏联音乐家之三）》，第 240 期发表《杜纳耶夫斯基（苏联音乐家之四）》；在《人民音乐》第 2 卷第 3 期发表译文《社会主义哲学对音乐的影响》。

—— 4 月，作为文艺界代表，参加上海市第二届第二次各界人民代表会议；《子恺漫画选》（彩色版平装本）、《世界大作曲家画像》由万叶书店出版。

—— 6 月，吴朗西译、丰子恺书写的《童年与故乡》由文化生活出版社出版。

1952 年（壬辰）55 岁

—— 4 月，《笔顺习字帖》由宝文堂书店出版。

—— 5 月 23 日，印度艺术展览会第一次筹备会议在上海外滩二号抗美援朝分会举行，参加会议，会议决定由丰子恺、张骏祥各撰一文。

—— 6 月，在《弘化月刊》第 8 卷发表《印度艺术展览介绍》。

—— 7 月，译著《管乐器及打击乐器演奏法》由万叶书店出版。

1953 年（癸巳）56 岁

—— 1 月，译著《阿伊勃里特医生》由万叶书店出版。

—— 2 月，与丰一吟合译的《中小学图画教学法》由万叶书店出版；

—— 4 月，译著《猎人笔记》由文化生活出版社出版；被聘为上海文史馆馆务委员。
—— 5 月，译著《苏联音乐青年》由万叶书店出版。
—— 11 月，与丰一吟合译的《朝鲜民间故事》，与青西、丰一吟合译的《蒙古短篇小说集》由文化生活出版社出版。
—— 是年，与丰一吟合译的《音乐的基本知识》由万叶书店出版。

1954 年（甲午）57 岁
—— 本年起，任中国美术家协会常务理事，上海美术家协会副主席。
—— 4 月，与丰一吟合译的《小学图画教学》由人民教育出版社出版。
—— 5 月，译著《学校图画教学》由春明出版社出版。
—— 6 月，译著《幼儿园音乐教育法》由新音乐出版社出版。
—— 7 月，与丰一吟合译的《唱歌课的教育工作》由人民教育出版社出版。
—— 9 月 1 日，丰子恺全家迁居陕西南路 39 弄 93 号。二楼有一个室内小阳台，阳台中部有一个梯形的突口，东南、正南、西南都有窗，上方还有天窗。丰子恺选择此室内阳台作为自己的书房，取名"日月楼"。马一浮撰联奉赠，上联是"星河界里星河转"，下联是"日月楼中日月长"。丰子恺在此定居，直至终老。

1955 年（乙未）58 岁
—— 3 月，与杨民望合译的《唱歌和音乐》由人民教育出版社出版。

1956 年（丙申）59 岁
—— 2 月，与丰一吟合译的《幼儿园音乐教育》由人民教育出版社出版。
—— 7 月，《雪舟的生涯与艺术》由上海人民美术出版社出版。
—— 10 月，与杨民望合译的《小学音乐教学法》《雪舟的生涯与艺术》由人民教育出版社出版。
—— 12 月，当选为上海市人民代表，并出席大会。
—— 是年，北京外文出版社以英文、德文、波兰文三种文本出版《丰子恺儿童漫画》。

1957 年（丁酉）60 岁
—— 本年起，任上海市政协委员、上海外文学会理事。
—— 5 月，与丰一吟合译的《我的同时代人的故事》由人民文学出版社出版。

——7月,《听我唱歌难上难》由少年儿童出版社出版。
——10月,在《弘一大师逝世十五周年纪念册》发表《李叔同先生的教育精神》。
——11月,《近世西洋十大音乐家故事》由东海文艺出版社出版。

1958年(戊戌)61岁
——本年起,任第三届全国政协委员。
——1月,编选的《李叔同歌曲集》由音乐出版社出版。得稿酬1150元,全部用于增修杭州弘一大师之塔。
——6月,《夏目漱石选集》(共收两篇,其中《旅宿》为丰子恺译)由人民文学出版社出版。
——11月,译著《石川啄木小说集》由人民文学出版社出版。

1959年(己亥)62岁
——4月,赴京出席全国政协第三届第一次会议。会议期间,受到周恩来总理的接见。
——5月,与丰一吟合译的《我的同时代人的故事》第二卷由人民文学出版社出版。夏,任中华书局新编本《辞海》编辑委员、艺术分册主编。
——6月24日至7月8日,以茅盾小说《林家铺子》为题材,作10幅情节漫画刊于《文汇报》出版。
——8月,编选的《陈之佛画集》由人民美术出版社出版。
——9月,《子恺儿童漫画》由天津少年儿童美术出版社出版。

1960年(庚子)63岁
——3月,赴京出席全国政协第三届第二次会议。会议期间,再次受到周恩来总理的接见。
——6月20日,上海中国画院正式成立,就任院长。上任前后,曾作《画赞》《上海中国画院成立纪念书感》等诗词。
——7月,任中国对外文化协会上海分会副会长。

1961年(辛丑)64岁
——4月中旬,偕妻徐力民、女儿一吟游黄山,作《游黄山欣逢双喜》等。

——8月8日，梅兰芳逝世，丰子恺前往吊唁。随后，在《解放日报》发表《梅兰芳不朽》，在《上海戏剧》发表《怀梅兰芳先生》。
——10月，译著《日本的音乐》由音乐出版社出版。
——是年，《护生画四集》由新加坡薝葡院出资在（香港）商务印书馆印刷，新加坡弥陀学校赠送。

1962年（壬寅）65岁

——3月，赴京出席全国政协第三届第三次会议。
——5月，当选为中国美术家协会上海分会主席、上海市文学艺术界联合会副主席；在上海市第二次文学艺术工作代表大会上，发表演说《我作了四首诗》，提倡百花齐放、百家争鸣方针；编选的《弘一大师遗墨》由上海三一印刷厂印制。
——5月下旬至6月，偕妻徐力民、女儿一吟游金华。
——6月，在《美术》第3期发表《〈在延安文艺座谈会上的讲话〉发表二十周年纪念书感》。
——7月28日，致函广洽法师，表示从是日起绘观音圣像100帧，广赠信善，以纪念弘一大师圆寂二十周年。
——秋，由中央新闻纪录电影制片厂拍成纪录片《画家丰子恺》。
——11月，《子恺漫画全集》由岭南出版社出版。

1963年（癸卯）66岁

——11月10日，赴京出席全国政协第三届第四次会议。
——12月，《丰子恺画集》由上海人民美术出版社出版。

1964年（甲辰）67岁

——1月，与丰一吟合译《我的同时代人的故事》第三、四卷由人民文学出版社出版。
——6月，在《文字改革》发表《简化字一样可以艺术化》。
——10月，《护生画初集》50幅重绘完毕，寄广洽法师。
——11月，编选的《弘一大师遗墨续集》由新加坡释广洽法师等募印。

1965年（乙巳）68岁

——9月，《护生画五集》由新加坡薝葡院出资在（香港）商务印书馆印行。

——10月,《源氏物语》译毕。原稿寄人民文学出版社。
——11—12月,陪同新加坡广洽法师前往苏州、杭州,并为法师绘有肖像,临别作诗《送广洽上人》。

1966年（丙午）69岁
——6月,上海中国画院出现第一张批判丰子恺的大字报。
——"文革"爆发。

1967—1972年（丁未至壬子）70—75岁
——仍按旧题材作画甚多,名之曰"敝帚自珍"。
——译出日本古典文学《落洼物语》《竹取物语》《伊势物语》,创作《缘缘堂续笔》。

1973年（癸丑）76岁
——是年,完成《护生画六集》的创作。

1975年（乙卯）78岁
——9月2日,经上海华山医院诊断,右叶尖肺癌已转移到脑部。15日12时8分,在上海华山医院急诊观察室逝世。

1978年
——6月5日,丰子恺平反昭雪。

1979年
——6月28日,丰子恺骨灰被安放在上海烈士陵园革命干部骨灰室。

1949年元旦在厦门某照相馆

1957年六十大寿时与妻在上海某照相馆

1934年在缘缘堂廊下看书

1934年在缘缘堂楼下西书房看图章

1935年全家七人在乌镇（第二排左三为丰子恺）

与妻儿及外甥女夫妇在三潭印月（右二为丰子恺）

（京）新登字083号

图书在版编目（CIP）数据

丰子恺自述：我这一生/丰子恺著.—北京：中国青年出版社，2015.4
ISBN 978-7-5153-3149-2

Ⅰ.①丰… Ⅱ.①丰… Ⅲ.①丰子恺（1898~1975）—自传 Ⅳ.①K825.72

中国版本图书馆CIP数据核字（2015）第033585号

本版责编：秦婷婷 马福悦
原版责编：万玉云
书籍设计：瞿中华

出版发行：中国青年出版社
社　　址：北京市东城区东四十二条21号
邮政编码：100708
网　　址：www.cyp.com.cn
营 销 部：010-57350370
媒体运营：010-57350395
编 辑 部：010-57350406
印　　刷：北京科信印刷有限公司
经　　销：新华书店
开　　本：880×1230 1/32
印　　张：12.75
图　　幅：28
字　　数：300千字
版　　次：2015年4月北京第1版
印　　次：2022年1月北京第10次印刷
印　　数：34001—39000 册
定　　价：39.00元

本图书如有印装质量问题，请凭购书发票与质检部联系调换
联系电话：（010）57350337

丰子恺
自述：
我这一生

丰子恺 著

中国青年出版社

うさぎようさぎ
おまえそのみヽは
なぜそんなにながい
びわのはをたべて
それでみヽが
ながい